エデ族が所有するチエン・ラオと呼ばれるゴングセット（57–60 頁参照）

上　墓放棄祭でゴングを演奏するジャライ族の男たち（第 4 章参照）
左下　霊廟を囲う柵に彫られた木像（116, 117, 125, 147 頁参照）
右下　墓放棄祭で墓地内を練り歩くブラム（135, 136 頁参照）

左上　ゴング演奏に合わせて踊りを踊るバナ族の女性（82 頁参照）
右上　ジャライ族の集会所（34 頁参照）
下　　子どもたちにゴング演奏を教えるバナ族の男性（77 頁参照）

ベトナムの大地にゴングが響く

柳沢英輔

灯光舎

凡例

①ベトナム語の表記について

本書籍で用いる各民族名は、一九七九年にベトナム統計総局より公布された「ベトナム各民族成分一覧表」に定める国定民族五四のなかに数えられているものと、その下位集団について、カタカナで表記する（初出時にベトナム語で併記）（例：バナ（Ba-na）族、ロンガオ（Rơ Ngao）グループ）。

ベトナム語の地名（村名など）は原則としてカタカナ表記とする。ただし、初出時には、ベトナム語を併記する。村名の頭にKon, Plei, Đắkなどの単語が付くことがあるが、すべて「集落」を意味する単語であり、漢字では「村」があたる。本書では「村」と訳さずにそのままの形で表記する。たとえば、Plei Yăngはヤン村の意味であるが、プレイヤン（Plei Yăng）村と表記する。また近年、行政による村の再編が進められており、伝統的な村名が「Thôn＋数字」の形へと変えられている。たとえば、ケプラム村（Làng Kép Ram）→第五村（Thôn5）など。混乱を避けるため原則として、旧名を用いることとする。

②用語などの表記について

ベトナム中部高原には、先住少数民族以外に、平野部や北部などからさまざまな時代に移住してきたキン族や少数民族がいるが、本書ではゴング文化を継承している先住少数民族を対象としているので、特に断りがないかぎり、本書の「少数民族」とは先住少数民族のことを指す。また少数民族の言語による表記はイタリック体で記す。「ゴング（Gong）」は、ベトナム語では「Cồng Chiêng」、日本語では「ゴング」または「銅鑼」と書く。本書ではすべて「ゴング」とする。また「ゴングアンサンブル」と「ゴンググループ」は、それぞれ同じ意味で用いる。本書では、「音」、「音声」は同じ意味で用いるが、文脈に応じて使い分ける。「映像」は「動画（moving image）」を意味し、「静止画（still image）」の場合は、「画像（image）」、「写真（photo）」を用いる。なお、本書掲載の写真、参照の動画・音声はすべて筆者が撮影（録音）したものである。

③ベトナムドンについて

日本円（ＪＰＹ）とベトナムの通貨ドン（ＶＮＤ）の為替レートは、筆者が初めてベトナムに滞在した二〇〇六年三月の時点では一円≒一三三ドン、その後二〇一一年一一月の一円≒二七一ドンをピークに下がり、二〇一九年四月一三日現在は一円≒二〇七ドンである。本書で出てくる値段は調査時点での値段であり、また物価も現在とは変わっている。本書では、混乱を避けるため、一円≒二〇〇ドンで換算して記載する。

動画リスト

番号	頁	題	撮影日	撮影場所
2･1	63, 106	ティンニンとゴングアンサンブルの演奏（葬礼曲）	2013 年 3 月 4 日	コントゥム省サータイ県ホモーン郡ダクヴォク村
3･1	81	ジャライ族の墓放棄祭におけるゴング演奏	2013 年 2 月 24 日	ザライ省チュパ県イアフィー社コンコテー村
3･2	86, 98	ゴングフェスティバルにおける改良ゴングアンサンブルの演奏	2006 年 12 月 27 日	コントゥム省コントゥム市内文化会館広場
3･3	88	ジャライ族の葬式における改良ゴングアンサンブルの演奏	2013 年 3 月 24 日	ザライ省イアパ県イアムロン社ボンソマサン村
4･1	38, 139	ジャライ族の墓放棄祭	2013 年 2 月 22–27 日	ザライ省チュパ県イアフィー社コンコテー村
5･1	161	サン氏のゴング製作技法	2013 年 3 月 2, 3 日	クアンナム省ディエンバン県ディエンフオン社フッキウ村
6･1	206	ウェック氏のゴング調律技法	2007 年 3 月 11 日	コントゥム省コントゥム市イアチム社クラウンゴルゴー村
6･2	210	ナイファイ氏のゴング調律技法	2018 年 2 月 24 日	ザライ省クロンパ県フートゥック社ブオンズー村
8･1	254	葬礼曲のゴング演奏	2013 年 3 月 4 日	コントゥム省サータイ県ホモーン郡ダクヴォク村
8･2	257	水牛供犠曲の第 1 部「トゥータップ」のゴング演奏	2017 年 2 月 19 日	同　上
8･3	260	水牛供犠曲の第 2 部「ペルヴァン」のゴング演奏	2017 年 2 月 19 日	同　上
8･4	261	水牛供犠曲の第 3 部「ボージュアル」のゴング演奏	2017 年 2 月 19 日	同　上

音声リスト

番号	頁	題	録音日	録音場所
2･1	64, 106	ブリキの容器を共鳴体に使用したティンニンの演奏	2015 年 8 月 17 日	コントゥム省ダクハ県ダクラー社第 5 村
3･1	95, 106	聖歌の伴奏楽器として演奏されるゴング	2006 年 4 月 15 日	コントゥム省コントゥム市レロイ社プレイルーハイ村
6･1	217, 218	調律前の平ゴング D の音	2007 年 3 月 11 日	コントゥム省コントゥム市イアチム社クラウンゴルゴー村
6･2	217, 218	調律後の平ゴング D の音	同　上	同　上
6･3	219, 220	調律前の平ゴング F の音	同　上	同　上
6･4	219, 220	調律後の平ゴング F の音	同　上	同　上

上記のすべての動画・音声は以下の QR コードから視聴することができます。

URL：https://www.youtube.com/playlist?list=PLRT_Ee2qL8Zy4BRB8t1qfOU2zIm6b3dOp

目次

第1章

ゴングに魅せられて

ゴングとの出会い

ベトナムのゴング音楽に興味をもったきっかけは一枚のCDだった。そのCDはフランスの小さなレーベルからリリースされていて、ベトナム中部高原とラオス南部の少数民族のゴング音楽が収録されていた（Kersalé 2002）。ゴングといえばインドネシアのガムランが有名で、タイやラオスの寺院で吊り下げられているものを見たことはあったが、ベトナムとゴングは結びつかなかった。聴いてみると、多数のゴングが重なり合う重層的な響きと永遠に繰り返されるような旋律に感銘を受けた。特にバナ（Ba-na）、ジャライ（Gia Rai）と呼ばれるベトナム少数民族のゴング音楽は、琉球音階を思わせるどこか懐かしい旋律に、アンダーグラウンドな音楽にも通じるミニマリズムやドローン、音色へのこだわりといったものも感じられ、衝撃的な美しさであった。数百年以上もその地域で受け継がれてきたであろうゴング音楽に、現代の先鋭的な音楽と共通するものが感じられたのである。またライナーノーツには、ゴングが演奏される儀礼や演奏方法などの民族誌的情報が書かれていた。そしてその文化が生活の近代化などを背景に近年急速に衰退しつつあることも。当時、大学院の一回生で、東南アジアの土着の音楽文化やサウンドスケープを研究しようと調査対象を探していた私は「これだ」と思った。初めて、心から興味を惹かれる対象を見つけたのだった。

調査を開始した当初は、日本人の研究者も比較的に多く、同様のゴング文化がある隣国ラオスに滞在していた。首都ビエンチャンで語学を学びつつ、南部の少数民族村落でゴング演奏も聴いたが、どうしてもベトナムのゴング音楽への思いが断ち切れなかった。そこであるとき思い立って長距離バスに乗り、国境を越えて中部高原に飛び込んでいった。調査が難しい地域であることは先達の研究者からも聞いていた。ベトナムのなかでも最も経済発展が遅れている地域の一つで、ベトナム戦争後は政治的な事情から長い間外国人の入域が禁止されていた。もちろん現地には知り合いもツテも何もなかったし、ベトナム語もまったくしゃべれなかった。でもまず現地に行ってみないと状況がわからないし、とにかく行ってみようと思ったのである。それからさまざまな困難を乗り越え、毎日が行き当たりばったりのフィールドワークが始まった。ゴングを求めて、砂埃が舞う未舗装の赤土の道を現地で出会った調査助手のバイクに乗って村から村へ渡り歩く。ときには腰まで水につかって川を渡り、照りつける太陽でふらふらになり、野犬の群れに追いかけられ、竜巻に巻き込まれそうになり、酔っ払いに絡まれ、伝統的な甕《かめ》酒を目が回るほど飲まされ、警察官に尋問され、地元のテレビ局からインタビューされ……いろいろなことがあった。葬送儀礼を調査したときは、月明かりの下、墓地のごつごつした地面の上にござを敷いて眠ったこともあった。

初めて中部高原に行ってからもう一三年が経つ。現地で出会った多くの人に助けられながら、なんとかこれまで調査を続けてきた。その間、調査拠点であるコントゥムの町もずいぶん変わった。主要な道のほとんどが舗装され、Ｗｉ－Ｆｉの使えるお洒落なカフェや近代的なスーパーマーケットもいくつかできた。以前はバイクばかりだったが、車の数もずいぶん増えてきた。毎日食べるフォーの値段も数倍になった。訪れた村は百を超え、撮影した映像や録音も少しずつ蓄積されてきた。現地で優れたゴング演奏の場に出会い、それを記録しているとき、いつも不思議な力が沸く。初めて聴いたときと同じように今もゴング演奏を聴くと身体が震え、心が浮き立つ。中部高原全体では一万を超えるゴングセットがあるらしく、その多くは外部者の目に触れることもなく、今もどこかで演奏されている。まだまだ知られざるすばらしい音楽を奏でる村があり、楽器があり、演奏者がいる。そうしたことを想像するとまた中部高原に行きたくなるのである。

本書の意義

東南アジアの基層文化の一つとしても挙げられるゴング文化の研究は、これまでインドネシアのガムランやフィリピンのクリンタンなど島嶼部の青銅打楽器アンサンブルに焦点が当てられてきた。本研究は、政治的な事情もあり、これまで外部者による調査がほとんど行われてこなかったベトナム中部高原および周辺地域のゴング文化について、長期間にわたるフィールドワークにもとづきその実態を明らかにした初めての研究といえる。特にゴング文化を支えるゴング調律師とその調律技法に焦点を当てた研究は、国内外を問わず先行研究がほとんどなく、本研究の着眼点といえる。大陸部のゴング文化に焦点を当てた本研究は、島嶼部を含めた地域間のゴング文化の比較やゴングの伝搬の歴史などアジア全体を視野に入れた研究へとつながる可能性がある。

また地域研究、民族学、音楽学、音響学といった学際的な視点から現地の音楽文化を明らかにしようとしている点が、従来の研究にはあまりみられない特徴である。特に、近年テクノロジーの発達によってコンピュータを用いた音響解析が容易になり、音楽研究においてもそうした手法の有用性が指摘されている[1]（Clarke & Cook 2004; 金城 二〇〇七）。また音の順序やリズム、和声などの楽譜に記すことのできる意味論的情報に加えて、音色や音量といった楽譜に記すことのできない情報の重要性が指摘されている（徳丸 二〇〇八：四七）。本研究では、ゴングの周波数スペクトルを分析して部分音の周波数と音圧レベルを明らかにし、そこからゴングの音高を確定し、ゴングセット内の各ゴング間の関係性について考察するなど、音響学的な手法も用いて分析を進めている。

本書は、ウェブサイト上に掲載された映像・音響資料を視聴しながら文章を読み進めていく新しいタイプの学術書であり、マルチメディア民族誌の可能性を広げる試みである。フィールドワークで、映像・音響メディアを活用して民族誌的情報を収集すること自体は、多くの研究者が行なっている。しかし、記録した映像・音響資料を、論文執筆の際の資料としてだけでなく、それらを文章とともに読者に開示した書籍はこれまでほとんどなく、本書の特徴といえる。近年、ＤＶＤを付録としてつけた書籍が映像人類学分野ではいくつか出版されているが、それらは映像人類学者が制作した民族誌映画（の一部）が収録されたものであった。[2] 民族誌映画は特定のテーマにフォーカスして物語を構成し、それ自体が完成された作品であるため、書籍と対応した映像資料には必ずしも適していない。

本書籍が参照する映像や音声は、ゴング文化のさまざまな側面が記録されたフッテージ映像でありフィールド録音である。[3] それらは文章や写真では表現することが難しい音や身体動作、場の雰囲気といった情報を具体的に提示することで読者の理解を助けるだけでなく、論述の根拠となる一次資料として開示されることで、読者が筆者の論証や分析を検証することが部分的にせよ可能となる。研究者が記録した映像や録音の価値、それらがアーカイブ化されて共有されることの意義や可能性、問題点については本書の射程を超えているが、フィールドで映像や音声をどのように記録し、記録した映像・録音資料をいかに活用するかといった問題は、デジタル機器で誰もが容易に映像・音声を記録できるようになった現代において研究分野を超えて共有すべき課題である。特に人類学や地域研究、民族音楽学においては、ソースコミュニティとの研究成果の共有、コミュニケーションや議論の活性化といった観点からも、映像・音響メディアを活用できる可能性がある。

関連する試みとして、たとえば、「オンライン民族誌」（湖中 二〇〇五）では、フィールドワークで得たさまざまな民族誌的情報をウェブ上で公開し、調査対象者を含む閲覧者からのフィードバックをもとに随時内容を書き換えていくことで、閲覧者との相互性を重視した新しい民族誌のあり方、知的資源の共有方法を提示している。また民族音楽学者のアンソニー・シーガーは、一九世紀末の理論的立場が現在では評価されないのに対し、その当時の録音（ここでは蝋管録音）は研究者だけでなく、被録音者の子孫からも高い評価が与えられていることを例に以下のように述べている。「研究者は苦労の末生み出した理論ではなく、彼（彼女）が残した録音によって後世に名を残すことになるかもしれない」（Seeger 1986: 267）。民族音楽学分野では、研究者が記録した録音・映像資料とそのアーカイブがもつさまざまな価値、ソースコミュニティとの共有可能性、倫理的な問題などについて多くの研究者が指摘している（Seeger & Chaudhuri 2004; Landau & Topp Fargion 2012; Nannyonga-Tamusuza & Weintraub 2012; Terada 2013; Treloyn & Emberly 2013; Thram 2014）。

最後に、なぜ書籍にＤＶＤなどのメディアを付録としてつけずにウェブ上の映像や音声を参照する形式にしたのかについて述べる。まず現代の音楽、映像の視聴環境はインターネット配信が主流になっており、近い未来にはＤＶＤを再生する機器を探すのも困難な状況になる可能性が否定できない。ウェブであれば、元データの解像度や再生環境に合わせて動画のクオリティを変えられるのと、ノートＰＣ、タブレット、スマートフォンなど持ち運び可能なデバイスで視聴できるため、書籍を読みながらアクセスしやすいと考えた。ただしウェブの場合、ＵＲＬを正確に手で打ち込まないといけない点がネックである。それを解決するためにＱＲコードを掲載することで、スマホを介して容易にアクセスできるようにした。また先述したように、新たな動画や音声を随時アップして更新していくことが可能なため、将来的にはソースコミュニティを含む一般社会との共有、対話を促すプラットフォームとして公開することも検討したい。

本書の構成

第1章「ゴングに魅せられて」では、ベトナムのゴング音楽に興味をもったきっかけ、本書の意義、現地調査の方法と調査内容の概要、調査地（中部高原）の歴史、そして、主な調査対象であるバナ族、ジャライ族の概要について述べた。第2章「ベトナムのゴング文化」では主に楽器、モノとしてのゴングに焦点を当てた。ゴング文化の概要、先行研究と本書の射程を述べたあと、ゴングセットの多様性とその価値、ゴングと竹筒弦楽器ティンニンとの関係性などについて述べた。第3章「ゴングを奏でる」では、ゴング演奏の役割について演奏形態に着目して考察した。ゴング演奏の社会的役割、ゴング演奏者、演奏方法を説明し、伝統的なゴング演奏形態と改良ゴングアンサンブルという二つの演奏形態を比較して、後者が生まれた社会背景について考察した。第4章「ゴングの演奏機会」では、バナ族、ジャライ族、セダン（Xơ Đăng）族のゴングの演奏機会を集計し、そのなかで特に重要と考えられる葬式と墓放棄祭におけるゴング演奏について具体的な事例を描写し、考察した。第5章「ゴングを作る」では、鋳造によるゴング製作方法について、中部沿岸部のゴング製作工房を事例に明らかにした。

第6章「ゴングを調律する」では、ゴング文化を支えるゴング調律師に焦点を当てた。ゴング調律師が激減している問題について考察したあと、ゴングの調律方法について説明した。また調律前後のゴングの音響変化を分析した結果、ゴング調律には主に二つの目的があることを明らかにした。第7章「ゴングの音を分析する」では、バナ族のゴングセットの各ゴングの部分音の周波数と音圧レベルを分析した。そこからゴングセット内のすべてのゴングが完全五度で関連づけられ、さらに、一組のゴングセット内に二つの異なるオクターブの関係性が共存していることを明らかにした。第8章「ゴング演奏を分析する」では、「葬礼曲」と「水牛供犠曲」を例に、ゴングの楽曲形式と旋法、和音の役割などについて明らかにした。第9章「ゴング文化を守る」では、ベトナム政府の無形文化遺産保護政策に焦点を当てた。優秀芸術家顕彰制度を事例に、ゴング文化保護政策の実態を批判的に考察し、研究者（の映像）が現地の伝統文化の継承に与える可能性について述べた。

村落をめぐる

ベトナム中部高原は、ベトナム戦争時ホーチミン・ルートをめぐり、米軍と南ベトナム解放民族戦線が戦った激戦地であった。戦後、中部高原は外国の支援を受けた反政府グループの活動拠点となっていたため、外国人に対しては長らく閉ざされてきた地域である。二〇〇〇年代前半にも土地問題や宗教問題が複雑に絡み合い、少数民族による大規模な反政府暴動が勃発するなど不安定な情勢が続いている。ドイモイ（「刷新」）による政策転換後、一九九〇年代に入り中部高原地域においても観光客か、開発援助にかかわるような研究者なら外国人でも滞在できるようになった。しかし、少数民族の社会や文化に関する長期滞在型の調査は、依然として調査許可を得るのが非常に困難な状況にある。また少数民族の生活実態やライフヒストリー（特にベトナム戦争や戦後の土地所有、宗教問題にかかわることなど）に関する聞き取りは、政府批判につながる可能性があるため聞き取りすることは難しい。筆者はなるべく後述する調査助手を介してコントゥム省の文化情報局（現コントゥム省文化スポーツ観光局）や調査地域を管轄する人民委員会、警察などに連絡したうえで、調査テーマをゴング文化に絞り調査を行うこととした。したがって、儀礼などで村落に一時的に滞在する場合を除き、基本的にはコントゥム市、ダクハ町などのキン族が多く住む市街地に滞在し、そこから周辺の少数民族村落に通うという調査手法をとった(4)。

また特定の村落に長期滞在して、村落の社会構造や人びとの生活を調べるような人類学的な調査を行わなかったもう一つの理由は、私がゴング文化を担う人や社会よりも、彼／彼女らが作り出す音楽や儀礼の場、ゴングそのものに興味があったからである。また後述するように、実際に村を訪れると同じ民族でも村ごとにゴング文化（曲、演奏が行われる儀礼、ゴングセットの種類など）が多様であることがわかった。そして、担い手の高齢化やゴングの流出が進み、ゴング文化が急速に衰退、変容しつつある状況で、少しでも多くの村のゴング文化を、文章だけでなく、映像や音響メディアを用いて記録に残したいと考えた。記録した映像や音声をとおして、ゴング文化のもつ多様な価値や衰退しつつある状況について世界に発信することが可能になるとともに、将来、もし文化が失われたり、変容してしまったときに、ソースコミュニティの人びとやその子孫が残された映像や録音を視聴したり、文化の再活性化に何らかの形で役立てられたりする可能性があるのではないかと考えた。

村落調査は、長年コントゥムに住み、警察、人民委員会など各地方機関に顔が広く、地理にも明るいボー・タイン・ロン氏を伴って行なった(5)。ロン氏は北ベトナムの共産党幹部を父にもつキン族で、ベトナム戦争中、少数民族村落を回りながら薬を売り歩いていた人物である。そのためコントゥム省の役人や警察だけでなく、少数民族村落にも知人、友人がおり、村落の場所にも詳しい。儀礼の撮影、聞き取り調査などで村に滞在するときはしばしばロン氏の友人や村長を紹介してもらった。またロン氏とは村に行く前に、あらかじめ調査内容、インタビュー項目などについて話し合った。

フィールドワークでは、初期の頃（二〇〇六—二〇〇八年頃）は事前に作成した質問表（【付録1】☞三〇一頁）をもとに行い、ロン氏がインタビューおよびメモを、私はビデオ撮影を主に担当し、状況に応じて私も質問した。質問は基本的にベトナム語で行なった。コントゥム周辺に住む少数民族はごく一部の高齢者を除いてベトナム語を問題なく理解する。それは学校ではベトナム語で授業が行われており、キン族の先生や友人との会話、テレビをとおして日常的にベトナム語に触れているからだと思われる。私が接した少数民族の若者のなかには、少数民族言語よりもベトナム語のほうが得意だという者もいた。

調査方針として初期の頃はまずゴング文化の現状を把握するため、できるだけ多くの村落を訪れて、ゴングセットや演奏機会などの調査を行なった。また儀礼・祭礼のなかでゴングがどのように演奏されているのかを明らかにするため、村落を周りながら儀礼・祭礼の開催情報を収集していった。なお儀礼・祭礼の多くは、乾季の一一—四月の間に行われるため、その時期を中心に調査を行なった。しかし、儀礼はほとんどの場合、あらかじめ決められた日に行われるというものではないため、情報を前もって得ることは非常に困難であった。また苦労して得た情報も不確かなものが多く、当日の朝、コントゥムの町から悪路を数時間かけて村に行ったものの、その日は儀礼を行わない、あるいは儀礼は行うが小規模でゴングは演奏しないということが判明し、また数時間かけて戻るということも少なくなかった。また平日はゴング演奏者である男性は朝早くから田畑で農作業をしており、村には女性や子どもしか残っていない場合が多く、ゴングに関する聞き取り調査は困難であった。したがって、主に祭りや儀礼が行われる日、あるいは農作業を行わないことが多い週末を中心に調査を行なった。

ある程度現状が把握できた二〇一〇年以降は、調査テーマを決めて、特定の村落に通うようになった。たとえば、墓放棄祭（第4章参照）を調査するときは、祭りを行ういくつかの村落に滞在して調査を行なった。また第6章、第8章で述べるようにゴング調律やゴング演奏の詳細を記録するために特定の村落に通うこともあった。また本書では詳しく取り上げないが、ニャーロンと呼ばれる伝統的な集会所の役割とその建築方法や、村落のサウンドスケープに焦点を当てて複数の村落を移動しながら調査したこともあった。したがって、一度しか訪問していない村落もあれば、何度も通って調査を行なった村落もある。

本研究の調査方法は、フィールドワークを主体とした「現場研究」（櫻井二〇〇五：二）にもとづいている。現場研究には、集約的調査と広域調査の二つの方法があり、前者は、特定の地域共同体内部で長期の参与観察にもとづき、ある集団の社会的・文化的脈絡において音楽を分析しようとする民族学的・文化人類学的研究であり、後者は音楽を社会や文化全体と切り離して独立に解明しようとする音楽学的な研究である（櫻井二〇〇五：七）。本研究は方法的に両者にまたがるが、どちらかといえば後者に近いだろうか。先述したように、単一の村落に長期滞在してその村落の人びとの生活や社会と音楽との関係性を明らかにしようとしたわけではなく、複数の村落を移動しながら、ゴング文化というある一定の地域に共通してみられる文化現象を広域的に調査して、その多様性と共通性、継承における問題点を明らかにしようとしたのである。したがって本書は、ある特定の地域共同体内部の社会構造や親族体系、人びとの生活様式を記述した民族誌ではなく、ゴング文化という切り口である一定地域の音の文化の諸側面を記録し、分析した論考である。【表1・1】にこれまでの調査の概要をまとめた。調査村落のリストは巻末に【付録2】（☞三〇二―三〇五頁）として付けた。また調査地であるコントゥム（Kon Tum）省、ザライ（Gia Lai）省とそのなかでの主な調査地域について、それぞれ、【図1・1】、【図1・2】に示す。

表1・1　調査の概要

調査期間	主な調査内容	主な調査対象	備　考
2006年3月	少数民族のゴング文化	バナ族：3村	2006年4月～11月までハノイに滞在
2006年11月～2007年3月	少数民族のゴング文化	バナ族：21村 ジャライ族：15村 セダン族：5村 ブラウ族：1村	儀礼・祭礼の撮影、聞き取り調査、ゴングセットの調査など
2008年1月～2月	少数民族のゴング文化	バナ族：6村 ジャライ族：3村	ゴング調律、ゴングセットの調査など
2010年11月～2011年2月	少数民族のニャーロン（集会所）	バナ族：18村 ジャライ族：7村 セダン族：6村 ゼチエン族：5村	
2012年10月	ゴング製作	キン族：1村	
2013年2月～3月	ゴング製作、ゴング演奏、墓放棄祭	キン族：1村 バナ族：3村 ジャライ族：3村 セダン族：1村 ゼチエン族：2村	2月22日～27日はVincenzo Della Rattaと、3月1日～4日は福岡正太・虫明悦生・藤岡幹嗣と共同調査
2015年2月	バナ族の音楽	バナ族：3村	藤岡幹嗣と共同調査
2015年8月～9月	バナ族の生業と音文化	バナ族：6村	
2016年8月～9月	バナ族、セダン族の生業と音文化	バナ族：4村 セダン族：2村	
2017年2月	バナ族のゴング文化	バナ族：6村	
2017年8月	バナ族のゴング文化	バナ族：3村	ザライ省文学芸術協会を訪問
2018年2月～3月	バナ族、ジャライ族のゴング文化	バナ族：2村 ジャライ族：2村	櫻井直樹、桜井真樹子と共同調査

図1・1　コントゥム省、ザライ省の位置

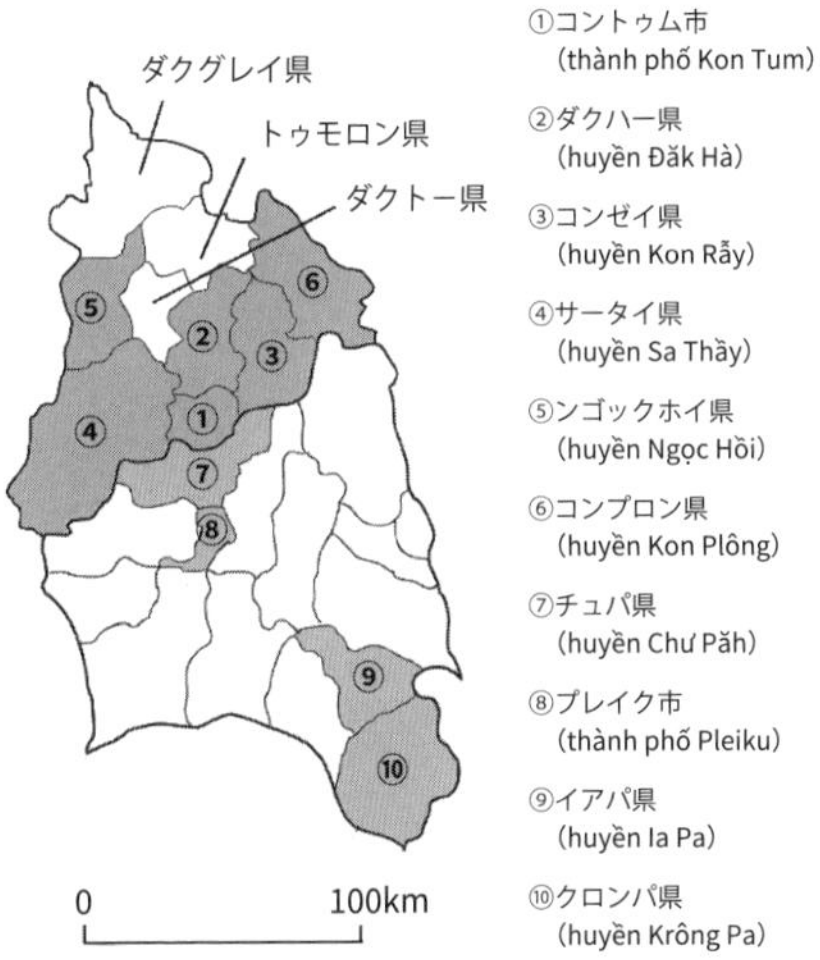

図1・2　主な調査地域の位置[7]

ベトナム中部高原の歴史

ベトナム中部高原[6]は、ベトナム・ラオス・カンボジアのインドシナ三国が国境を接する地域であり、二〇一九年四月現在、コントゥム省、ザライ省、ダクラク（Đắc Lắc）省、ダクノン（Đắc Nông）省、ラムドン（Lâm Đồng）省の五省で構成されている。以下、新江（二〇〇七：六七—一〇六）を参照して、中部高原の歴史について概観する。

ベトナム中部高原の歴史は、チャンパー時代（一〇〇〇―一六九三年）、阮朝《グエン》時代（一六九三―一八八八年）、仏領時代（一八八八―一九四五年）、インドシナ戦争時代（一九四五―一九五四年）、ベトナム戦争時代（一九五四―一九七五年）、社会主義化時代（一九七五―一九八〇年代後半）、市場経済化時代（一九八〇年代後半―現在）の七つの段階に分けられる。西暦一〇〇〇年、チャム族が中部沿海のクイニョンにチャンパー王国ヴィジャヤ王朝を建設した。当時のチャンパーはヒンドゥー王国であり、交易を通じて中部高原少数民族にインド文化をもたらした。ヴィジャヤ王朝は一四七一年に滅び、その南辺をパーンドゥランガ王朝が継承した。一六九三年、阮朝がパーンドゥランガ王朝を属国化し、中部全域の支配者となった。近世の中部高原にはホアサ（火舎）国・トゥイサ（水舎）国と呼ばれる民族連合がおり、その首長層は阮朝国王・カンボジア王やチャム王と盛んに朝貢貿易を行なった。阮朝もカンボジア王も中部高原の首長たちに対しては、象徴的な宗主権を主張するのみで、直接官吏や軍隊を送ることはなかった。

一八八八年、フランスが、ベトナム（阮朝）・ラオス・カンボジアを征服し、阮朝の旧領を北部・中部・南部に三分割し、保護国化して、五カ国からなる仏領インドシナ連邦を建設した。中部高原の首長層は、フランス人や華人・キン族・阮朝皇帝が所有する農場に労働供与を行う役割を務めた。一九四五年末のフランスのインドシナ復帰以後、中部高原ではフランスとベトミン（ベトナム独立同盟会）による戦いが激化し（第一次インドシナ戦争）、両陣営がそれぞれ自陣営に取り込むべく先住少数民族に「自治」の約束をした。フランス軍はディエンビエンフーの戦いでベトミンに敗北したため、一九五四年にジュネーヴ協定が締結され、第一次インドシナ戦争は終結したが、自治は実現されなかった。

一九五四年に暫定的に分離独立したベトナム共和国は、一九五七年には旧来のアメリカ軍事援助団に加えてアメリカ特殊部隊を受け入れ、大統領となったゴ・ディン・ジエムは、軍事・警察力を増強して共産勢力およびバジャラカ運動（一九五八年）などの反ジエム運動を弾圧した。共産勢力の浸透を阻止するため、一九六二年、ジエム政権はアメリカの政策支援を得て戦略村政策を実施し、少数民族を山々から各地の戦略村に強制的に定住させた。しかし、故郷を追われた人びとは、共産勢力や非共産党系の少数民族反政府勢力に合流し、中部高原自治運動（共産系、一九六〇年）や被抑圧諸民族闘争統一戦線（FULROフルロ：反共系、一九六四年）などの反政府組織を創設した。FULROの登場によって、南ベトナムにおける内戦は、少数民族を親米（南ベトナム国軍及びアメリカ反共同盟軍）・親共（親北ベトナム勢力、南ベトナム解放民族戦線）・親カンボジア（FULRO）の三つの勢力に引き裂く三つ巴の戦争（ベトナム戦争）となった。

ベトナム戦争後、共産党のレー・ズアン政権は、農地所有権の否定やキン族の大量入植、食糧確保のための半強制的な定耕定住政策など、ジエム政権と同様に外部から移民を入植させる政策をとったために先住少数民族の反発を招いた。(8) 撤退前の米軍による反共活動の要請を背景に各地で自然発生的に再建されたFULRO3は軍・警察を襲撃し、反ズアン闘争を行うが、ベトナム軍の徹底的な掃討作戦によりベトナム国内での足場を失い、一九九二年一〇月に国連カンボジア暫定統治機構(UNTAC)に投降した。難民としてアメリカ・ノースカロライナ州へ移住したFULRO3の先住少数民族将兵とその家族たちは反共的なプロテスタントに改宗、山岳民協会(MFI)を組織し、新しい宗派であるデガ福音教会を結成した。ベトナム政府は、このデガ福音教会関係者が中部高原に潜入し、土地収用などで政府に不満を抱く人びとを対象に布教したとしている。

一九九五年以後、中部高原は空前のコーヒー景気に沸き、先住少数民族の定住化政策に伴う不公平感は緩和された。しかし、二〇〇〇年のコーヒー価格暴落によって不満は再び増大し、二〇〇一年二月、中部高原諸都市で数万人規模の同時多発暴動へとつながった(二〇〇一年二月暴動)。ベトナム政府は平和的手段で暴動の鎮静化を図る方策をとったが、約一〇〇〇人の少数民族が弾圧を恐れてカンボジアへ越境し難民となった。二〇〇四年四月には、中部高原の三つの省(ザライ省、ダクラク省、ダクノン省)で、土地問題・宗教問題を背景に、数万人の少数民族による反政府デモが勃発した(二〇〇四年四月暴動)。ベトナム政府は、いずれの暴動も、主犯は、山岳民協会議長のクソル・コック氏と、在米の旧FULROメンバー、国内の旧FULRO支持者とデガ福音教会信者であるとし（実情は不明）、外国勢力の支援を受けた反共少数民族暴動を強く警戒している。

このように中部高原の先住少数民族は、フランス、アメリカ、多数派のキン族など外部の勢力に翻弄されつづけてきた歴史をもち、キン族との間の相互不信は今も根深く残っている。ただし、二〇〇四年の暴動以後現在まで大規模な暴動は起きておらず、情勢は安定化しつつある。

ゴングを受け継ぐ人びと

本書の主な調査対象であるバナ族、ジャライ族について、筆者の現地調査、および、先行研究を参照して、その概要を述べる(9)。

1　バナ（Ba-na）族

◉人口、言語、分布

バナ族のベトナム全体における人口は二二万七七一六人で（General Statistics Office of Vietnam 2009）、中部高原の先住少数民族のなかでは、ジャライ族、エデ（Ê Đê）族に次いで人口が多い。サブグループとして、居住地域などの共通性から、コントゥム（Kon Tum）、ロンガオ（Rơ Ngao）、ジョロン（Jơ Lơng）、クレム（Krem）、ゴラー（Gơ Lar）、トロー（Tơ Lô）、トーロー（Thǒ Lǒ）、ヴァンカイン（Vân Canh）に分けられる[10]（Bùi Minh Đạo 2011: 5–6）。このうち、本書が対象とするのはコントゥム省に居住する、コントゥム（コントゥム市）、ロンガオ（コントゥム市、ダクハ県、サータイ県）、ジョロン（コントゥム市、コンゼイ県）の各サブグループである。

バナ族の言語（バナ語）は、オーストロアジア語族のモン・クメール語派、北バナ語群に属し、アルファベットによる筆記法をもつ[11]（Bùi Minh Đạo 2011）。セダン、ゼチエン（Giẻ Triêng）、ブラウ（Brâu）、ロマム（Rơ Măm）といった少数民族も同じモン・クメール語派の北バナ語群に属している（Bùi Minh Đạo 2011: 4）。またバナ族は自らをバナール（*Bahnar*）と呼ぶが、それは古いバナ語で、小川の近くの平らな土地に住む人びとのことを意味する（Vũ Quốc Khánh 2012: 12）。また古くから中部高原のザライ省、コントゥム省に居住する先住民族であり、ビンディン省、フーイエン省の西部などにも一部が居住している（Nguyễn Văn Huy 2006: 6）。バナ族はかつて、現在のクアンガイ省やビンディン省にあたる沿岸部に居住していたが、その後、西の山岳地帯に移動した（Đặng Nghiêm Vạn et al. 2010: 37）。なお本研究の主な調査地であるコントゥム省の総人口の約一三%を占め、同省の先住少数民族のなかでは、同じモン・クメール系のセダン族に次いで二番目に人口が多い[12]。

◉村落社会(13)

バナ族の村落は、プレイ（*plei*）と呼ばれる。バナ族の村落名は、通常二つの語句からなる。一つめの語句は、コン（*Kon*）、ダク（*Đắc*）、コン（*Kông*）のいずれかであることが多い。*Kon* は村、*Đắc* は水や川、*Kông* は山を意味する。二つめの語句は川、湖、山、丘、生活圏の特徴、または村の創設者にちなんでつけられる。たとえば、コンロバン（*Kon Rbang*）村は、ロバン（*Rbang*）と呼ばれる花がたくさん咲く場所にある村を意味し、コンローヴァク（*Kon Rơ Wăk*）村は、ローヴァク（*Rơ Wăk*）と呼ばれる小川の近くにある村のことを指す。

バナ族にとって、村落が唯一の伝統的な社会構成単位である。かつて一つの村落は同じ血統の人から構成されていたが、現在は一つの村落内に異なるクランに属する人が居住している。バナ族のクラン（クルン・クトゥム *krung ktum*）は五、六世代かそれ以上前の先祖（ヤ・ボク・トム *yă bok tơm*）を同じくする直系の子孫のことを指す。各クランにはクラン長（プゴル・クルン・クトゥム *pgơl krung ktum*）がいる。クランの団結は村落の団結とともに尊重され、同じクランの人は家の建設、結婚、葬式といった主要な行事の際には物質的、精神的に助け合う。たとえば、祭礼などの際は、近い血統の親戚は豚を提供し、遠い血統の親戚は鶏や甕酒などを提供する。

バナ族にとって、村落共同体の団結の感覚が人と人を結びつける。バナ族は自分のことをしばしば名前ではなく、「どこそこ村の出身です」と言う。実際のところ、バナ族は国家の法律に違反することよりも、村落の慣習法に違反することを恐れる。たとえば、結婚式や葬式では、一族（クラン）だけでなく、村落中の人が大勢やってきて、お祝いし、悲しむのである。したがって、バナ族にとって最も深刻な裁定は村落からの追放であり、それは社会的な死を意味する。

◉慣 習 法(14)

村落の慣習法は文書には記されず、口頭伝承であるが、国の法律と共通点がある。それは強制力のある条約、規則であり、あらゆる経済的、社会的、文化的な人間同士の関係性と人間と自然の関係性を維持、調整するためのものである。村長（トン・チュオン thôn trưởng、バナ語：トム・プレイ *tơm plây*）と村長を補佐する四―五人の長老（ザーラン già làng、バナ語：ボク・キャ・プロイ *bok kră pơlơi*、ロンガオ語：ボー・ポタウ *bô pơtău*）によって長老会議（キャ・プレイ *krặ plei*）が構成される。村落に何か特別な事件が起きると、村長は必ず長老会議を招集して問題について意見を交換し、合意を形成する。村長と長老は、慣習法廷の構成員でもあり、慣習法の違反や慣習法にかかわる訴訟事例に判決を下す。

現在は政府の人民委員会が村落の行政を担っており、殺人、放火など重大な犯罪は国家の法律が適用される。したがって、慣習法は、村落内におけるもめごと（夫婦の不和、村人同士の喧嘩など）を仲裁するのに適用される。(15) たとえば、筆者が二〇一一年に調査したバナ族ロンガオグループのコンチャンモネイ村の場合、次のような規定があった（柳沢二〇一三：二六五）。

（一）不倫の場合は、通常二〇万ドン（約一〇〇〇円）の罰金を配偶者に支払う。
（二）窃盗の場合は、盗んだ品物を倍にして返す。
（三）喧嘩は、それほど深刻なものでなければ、当事者同士で話し合いをさせ、怪我をさせたほうが治療費を支払う。夫婦喧嘩の場合は、仲裁した長老に一〇万ドン（約五〇〇円）から五〇万ドン（約二五〇〇円）を支払う。

◉婚　姻(16)

バナ族の慣習法では、大人になれば結婚を推奨する。独身でいようとすれば、人びとから軽蔑され、非難される。伝統的な信仰によれば、独身の死者は、あの世へ行くための霊魂が通るべき暗い門（マン・ルン *mang lung*）を通ることができず、臼の神（ヤン・トパン・ポー・ハン *yang tpan pǒ hăng*）のもとに永久にとどまるため、先祖の霊魂と暮らすことができない。また、独身者は既婚者よりも簡易に埋葬される。バナ族にとって、最も好ましい結婚は、同じ村落内の異なるクランの間でなされる結婚である。また隣接するよい関係の二村は、兄弟村の関係になり、家の建設、結婚式、葬式などの際には相互に助け合い、二村の若い男女が結婚することが推奨される。村落の閉鎖性、言語や文化、慣習の相違、過去における部族間の相互差別の結果、バナ族の慣習法は他民族との結婚を推奨しない。(17)

◉家　族(18)

バナ族にとって、家族は同じ家に住む人びとの集まりとして理解される。バナ族の世帯は、夫（クロ *klo*）、妻（アカン *akan*）、子（コン *con*）、孫（サウ *sâu*）からなる。かつては高床式のロングハウスに数世代が同居していたが、現在ではキン族と同じように核家族化が進行している。

キン族や北部の山岳少数民族の父系制、さらには、オーストロネシア語族のジャライ族、チャム（Chăm）族、チュルー（Chu Ru）族、エデ族、ラグライ（Ra Glai）族の母系制とは異なり、バナ族は双系制である。かつて、結婚後は、まず妻方の家に住み、その後、夫方、妻方両方の家に一、二年ごとに代わるがわる住む慣習があった。

結婚して子どもができると、両親のことを自分の子どもの立場からヤ（*yă* 祖母）、ボク（*bok* 祖父）と呼ぶようになる。そして、両親や村人は夫婦のことを、夫婦の第一子（男女にかかわらず）の名前で呼ぶようになる。たとえば、第一子の名前がクリュー（*Kliuh*）だと、父はバ・クリュー（*bă Kliuh* クリューの父）、母はメ・クリュー（*mẹ Kliuh* クリューの母）と呼ばれる。このように第一子の名前で両親を呼ぶ習慣は、ほかの中部高原の少数民族（ジャライ、エデ、マ、コホーなど）に同様にみられる。両親から息子と娘は平等に愛され、シャツ、腰布、ゴング、農具、家畜などが相続される。両親は年老いると末子と住むことになるため、通常、性別にかかわらず末子が遺産の多くを相続する。(19)

◉生　業

かつては鍬、鋤、斧などを用いた焼畑陸稲栽培を行なっていたが、現在は政府が焼畑を禁止していることもあり、川の近くで水の利用が可能な村落は水稲栽培が中心である。筆者が調査を行なった村落では、二月に田植えをして六月に収穫、八月にまた田植えをして一二月に収穫という二期作あるいは三期作が行われていた。また自ら所有する畑やキン族が経営するプランテーションで、キャッサバ、コーヒー、ゴム、コショウなどの商品作物の栽培を行なっている者も多い。伝統的に女性の役割は、家事全般、腰機を用いた機織り、子育て、裁縫、種まき、草刈り、収穫といった農作業、果実や植物などの採集など、男性の役割は、焼畑農地の開墾、家の建設、道具の作成、狩猟、川漁などである（Bùi Minh Đạo 2011: 61）。

ベトナム戦争以前は中部高原全体が鬱蒼とした森林に覆われ、多くの野生動物が棲んでいたが、戦争による荒廃とキン族の移住に伴う大規模な農地やプランテーション開発、ダム開発などにより森林の伐採が進んだ。コントゥム山塊（コントゥム省）とプレイク高地（ザライ省）を含むチュオンソン山地では、生息地の喪失やその質の低下などによって、中・大型の哺乳類の数が激減し、アジアゾウ、ガウル、トラ、ツキノワグマなどの種が絶滅の危機にある（濱田二〇一一：三四〇）。現在、多くの哺乳類が絶滅危惧種に指定され、私的・商業目的の利用が法律（政令32/2006/ND-CP）で禁止または制限されている（濱田二〇一一：三四一）。また農薬の使用やダムの建設などで、川や湖の魚の数も少なくなり、伝統的な竹籠を使った川漁はあまり行われなくなった。一方、釣り竿や投網による川漁や、タニシ、淡水エビ、淡水カニなどの水生生物の捕獲は多くの地域で行われている。伝統的には女性は機織機で民族衣装を織り、男性は竹や籐を編んでバスケットなどの生活道具を作るが、安価な既製品が流通する現在では、こうした伝統工芸も観光業で行われているものを除くと、失われつつある。

◉経済活動、食生活

ベトナム戦争以前は物々交換が主流であったが、現在は貨幣経済が多くの地域で浸透している。近年では、多くの世帯がバイクを所有しており、交通・輸送の手段として使用している。バイクは村落内を移動するだけでなく、町に出たり、離れたフィールド（田畑）や川に行ったり、別の村に行くときなどに欠かせない。また、農作業でフィールドへ行くときや、公共の水汲み場に水汲みや水浴びに行く際には、竹を編んだ背負い籠（ベトナム語でグィ Gùi、バナ語

図１・３　川辺で洗濯をするバナ族の女性

でフカ H'ká）がしばしば使われる。また川は、魚を捕り、洗濯をし、飲み水[20]を得るなど、人びとの生活に欠かせない場所であり、川沿いに集落（村）が位置していることが多い【図1・3】。

食事は米と野菜が中心で、卵、川魚が加わることがある。肉、野菜、魚、調味料、乾物などの食材や日用品、菓子、酒、たばこなどの嗜好品は、村落内、村落周辺でキン族が営む売店で購入することができる。また近年、少数民族のライフスタイルの変化とともに、市街地にある市場、スーパー、個人商店などで、食料、日用品、洋服、家具、家電などを購入することも増えている。お祝い、客を歓迎するとき、儀礼の際には、各家で飼われている鶏、豚、山羊、水牛などの家畜を絞めて料理をすることもある。儀礼・祭礼や客人を迎える際には、各家が代々レシピを受け継いできた伝統的な甕酒（ズオッカン rượu cần）を飲むほか、人が集まるとビニール袋に小分けで売られている安価な焼酎や缶ビールなどを飲むことも多い。酒、タバコは多くの男性が嗜む。

◉衣類、住居、信仰

民族衣装として、男は藍色に赤の刺繍が入った上衣、腰布（ふんどし）をつける。女性は藍色に赤や白の刺繍が入ったワンピースやセーターを着る【図1・4】。しかし、日常生活ではキン族と同じように洋服を着る者が多く、民族衣装は一部の高齢者を除いて日常的に着ることはほとんどない。またかつては高床式住居（土台や柱は木、壁などは竹を編んだもの、屋根は藁葺き）に数世代が同居し

図１・４　民族衣装を着て踊るバナ族の女性

図１・５　バナ族の集会所

ていたが、現在は核家族化が進行し、キン族の住居のように木造でトタン屋根の土間形式の家や煉瓦造りの家が増加している。また各村にはロン（ベトナム語でニャーロン Nhà Rông、バナ語でフナムロン *hnâm rông*）と呼ばれる村のシンボルでもある大きな草葺き屋根をもつ高床式の集会所【図1・5】があり、長老が集まってさまざまな問題を話し合ったり、儀礼・祭礼などの文化的な行事を行う場としての役割を担っている。

バナ族はアニミズム的な精霊（ヤーン *yang*）信仰をもっている。また一八四八年にフランスの宣教師がキリスト教を布教して以来、コントゥム省の大多数のバナ族がカトリックを信仰している（Nguyen Thu Huong 2016: 179）。各県、社の市街地だけでなく、村落内や村落に隣接してカトリックの教会があることも多く、毎週末のミサには多くのバナ族が礼拝に訪れる。つまり、現在のバナ族の村落では、伝統的な精霊信仰と外来のカトリックが共存している。[21] またバナ族にはさまざまな禁忌があり、前兆を信じている。たとえば狩猟に行く森の中で、カオ（*Cao*）という鳥の声が進行方向の右の方角から聞こえたら、悪いことが起きると考えられているため、引き返す必要がある（柳沢二〇一八：一一）。

◉儀礼、無形文化

死者と同じ家族のメンバーは通常は同じ墓に土葬される。かつて死者の家族は一定期間墓の世話を行なったあと、墓放棄祭を行なっていたが、現在はコントゥム省のほとんどの地域でこうした儀礼は行われていない。バナ族は、叙事詩（ホモン *Hơ mon*）や民謡、民話など豊富な口承芸能を受け継いできた。かつては、多くの村落で夜になると集会所の囲炉裏に集まり、語り部が叙事詩を語り聞かせてきたが、語り部には多くの知識や想像力が要求されるため、その数も少なくなり、現在はそうした伝統も廃れつつある[22]（Bùi Minh Đạo 2011: 171）。

図1・6　水牛供犠に使われる儀礼柱

農耕や葬送にかかわるさまざまな儀礼・祭礼が年をとおして行われる。特に葬式、集会所の落成式、水資源の感謝儀礼、水牛供犠祭などが重要な儀礼である。またコントゥム省のバナ族はカトリック教会で行われる祭礼も重視している。民族衣装、水牛供犠祭などに使う儀礼柱（グン・サーカポ *Gưng Sakapô*）【図1・6】、集会所や霊廟（ボサット *Bơxat*）、木像などには、伝統的な模様の彫刻・装飾が施されている。演奏する楽器には、ゴング（チン・チェン *Ching Chêng*）のほか、長さの異なる竹筒の開口部に掌で空気を送り演奏するクロン・プット（Klông Pút、バナ語：ディンポル *Đinh Pơl*）、竹琴のトルン（*T'rưng*）、瓢箪の共鳴体をもつ竹筒弦楽器のティン・ニン（*Tình Ninh*）やブロー（*Broh*）などがある。

2　ジャライ（Gia Rai）族

◉人口、言語、分布

ジャライ族のベトナム全体における人口は四一万一二七五人で（Gereral Statistics Office of Vietnam 2009）、中部高原における最大の人口を擁する先住少数民族である。サブグループとして、居住地域などの共通性から、チョール（Chor）、フドゥルン（Hđrung）、アラップ（Aráp）、ムドゥール（M'đhur または Mthur）、トブアン（Tbuăn）などに分けられる（Vũ Quốc Khánh 2012）。またジャライ族は近隣に住むバナ族やセダン族と古くより交流があったため、彼／彼女らの慣習の多くを身につけている。(23)

ジャライ族の言語（ジャライ語）は、オーストロネシア語族のマレー・ポリネシア語派に属し、言語的に、エデ族、チャム族、チュルー族、ラグライ族の言語と非常に近い（Vũ Quốc Khánh 2012: 10）。ジャライ族の起源は、台湾を起点に東南アジア島嶼部や太平洋諸島に拡散したオーストロネシア語族のなかで、紀元前五世紀頃に現在の北ボルネオから東南アジア大陸部に移住した集団の一部である可能性が指摘されている（Bellwood 1995; Della Ratta 2016: 4）。もともと文字はもっていなかったが、バナ族と同様の経緯で現在はアルファベットによる筆記法をもつ。主にザライ省、コントゥム省西部、ダクラク省北部、フーイエン省北西部に居住している（Vũ Quốc Khánh 2012: 10）。また国境を接するカンボジアのラタナキリ州にも二万人を超えるジャライ族が居住しており（Bourdier 2014: 7）、アメリカ（主にノースカロライナ州）にもジャライ族を含む多くの山地民が移住している[24]（Kinefuchi 2010）。

◉村落社会[25]

ジャライ族は、バナ族と同様に村落（プロイ *Ploi* またはボン *Bôn*）を基本単位とする社会を構成する。土地や慣習に詳しく、経験豊富な村落の年長者（通常四〇歳以上）の男性はタープロイ（*tha ploi*）と呼ばれ、村落代表者会議のタープロイポーブット（*tha ploi po but*）の構成メンバーとなる。ジャライは伝統的に母系社会で、女性が家族のなかで重要な役割を果たす。婚姻関係においては女性が主導権を握る。末娘は両親の世話や家事を行うことが多く、その場合、財産の多くを相続する。

近代以前、ジャライは部族間戦争においてほかの先住諸民族を圧倒したが、統一的な政体をもたず、儀礼的な王である「火の王（*Po-tao Pui; Potao Apui*）」と「水の王（*Po-tao Ia*）」を中心に、周辺のバナ族やセダン族を含む緩やかな連帯をもっていた（新江 二〇〇九：二二）。また阮朝（一八〇二—一九四五年）は、火の王、水の王と朝貢関係を結び、一部地域には人頭税を課すなどして、中部高原全体を間接的に統治していた（中田 一九九六：一二七—一三二）。

◉生　業

生業は隣接するバナ族と大きな違いはない。また水牛【図1・7】、牛、豚、ヤギ、犬、鶏などを家畜として飼育していることが多い。キン族の移住により、ジャライ族も住んでいた土地を追われ、従来行われていた自給自足的な焼畑陸稲栽培から水稲栽培へ、近年はキン族が経営するゴムやコーヒー、胡椒などのプランテーション農園で働く者が増えている。

◉経済活動、食、衣類、住居

かつては物々交換が主流であったが、現在はほかの少数民族と同様にベトナムの通貨である「ドン（Đồng）」が多くの地域で流通している。食事は米と野菜、川で捕った魚などが中心で、来客があるときなどに鶏や豚などの家畜を絞めてふるまう【図1・8】。祭や儀礼など特別な機会には、竹筒にもち米やココナッツミルクなどを入れて蒸したご飯（cơm lam）を食べ、甕酒（ジャライ語でトゥパイ topai）を飲む。伝統的

図1・7　水牛を放牧地に連れていくジャライ族の子ども

な民族衣装として、男は藍色に赤や白、黄色の刺繍が入った半袖のシャツを着て、腰布（ふんどし）をつける。女性は藍色に赤や白、黄色の刺繍が入ったセーターとラップスカートを身につける。衣装に使われている色や模様は村落によっても異なる。バナ族と同じように日常生活において民族衣装を着ることは、一部の高齢者を除くとあまりない。祭や儀礼を行う際、政府主催の祭やイベントに参加する際に民族衣装を着る。昔は高床式住居（土台や柱は木、壁などは竹を編んだもの、屋根は藁葺き）に住んでいたが、近年はバナ族と同様、木造でトタン屋根の土間形式の家や煉瓦造りの家が増えている。

またバナ族と同様に、各村には伝統的な高床式集会所（ジャライ語ではルーン *rôông*）がある。しかし、近年ジャライ族の村落ではトタン屋根でコンクリートの柱を使用した近代的なニャーロンが増えている（柳沢二〇一三）。バナ族と同様、多くの世帯がバイクを所有しており、輸送・交通手段として日常的に使われる。またかつては象を輸送・交通の

図1・8　ジャライ族の伝統料理

手段として用いていた地域があったが、現在ではみられない。

◉慣習法、信仰

二〇世紀初頭のフランスによる安南保護領（仏領インドシナ時代の中部ベトナム）統治において、フランス人行政官が現地の村落の首長を直接掌握し、現地において正当性をもつ法を制定するために各少数民族の「慣習法」を収集し、成文化するとともに、「慣習法廷」に公的な権威を与えた（樫永 一九九九a：二二二―二三二）。ジャライ族の慣習法は、一九五〇年代中頃にラフォンによる現地調査によって口承詩が収集され、編纂されたが、その時点で、口承の慣習法は消滅の途上にあり、村や県の慣習法廷の判事はすでに口承詩を誦すことはできなくなっていた（Lafont 1963: 14; 樫永 一九九九a：二二三―二三四）。

ジャライの慣習では夫が亡くなると、妻は夫の弟と結婚する。また結婚後は妻方の家に居住する。[26] 同一の家母長制家族の成員は、共通の墓に埋葬される。ジャライ族はバナ族と同様にさまざまな種類の精霊（ヤーン *yang*）を信じている。たとえば、山の精霊（ヤーン・チュー *yang chư*）、水源の精霊（ヤーン・ペン・イア *yang pên ia*）、家の精霊（ヤーン・サン *yang sang*）、米の精霊（ヤーン・フリ *yang hri*）、村の精霊（ヤーン・アラ・ボン *yang ala bôn*）、王の精霊（ヤーン・プタオ *yang ptao*）、祖先の精霊（ヤーン・ペン・ター *yang pên tha*）などがある（Đặng Nghiêm Vạn et al. 2010: 202）。

◉儀礼・無形文化

ジャライ族の各村落では、一年を通してさまざまな儀礼・祭礼が行われる。ジャライ族にとって最も大切な儀礼・祭礼は墓放棄祭（プティー *Pơ thi*）である[27]。死者は死後も村落の共同墓地にとどまっており、生者の世界に災いをもたらす。墓放棄祭を行なって初めて死者の魂は死後の世界へと旅立つことができる。また未亡人（寡夫）も再婚することが可能になる。また雨季が始まる四月、五月頃には雨（ホージャン *Hơ Jan*）を祈願する祭[28]（Lễ hội cầu mưa）、収獲直前の八月、九月には米や山、水の神に感謝を捧げる祭、一二月頃には豊作を農業の神（ヤーポム *yă pôm*）に感謝する祭（Lễ hội cầu mùa; *Pơ trum*）、乾季の時期（一二—三月）には水牛を供犠し、さまざまな神や先祖などに感謝を示す水牛供犠祭が行われる（Vũ Quốc Khánh 2012）。またジャライ族はバナ族と同様に、ダムサン（*Đăm San*）、シンニャー（*Xinh Nhã*）、ダムジー（*Đăm Di*）などの叙事詩をはじめとする豊富な口承芸能を受け継いでいる（Nguyễn Văn Huy 2006: 42）。演奏する楽器は、重要な儀礼・祭礼に際に必ず演奏されるゴング（ジャライ語でチン *Ching*）【図1・9】のほか、竹琴のトルン（*T'rưng*）、竹筒打楽器ディン・プット（*Đinh pút*）、瓢箪の共鳴体をもつ竹筒弦楽器のグーン（*Goong*）など、バナ族と類似、共通するものが多い。ジャライ族が墓に建てる霊廟（ボサット *Boxat*）【図1・10】や木像（クラコム *Kra kôm*）は、彫刻、装飾、建築の粋が集められた中部高原の少数民族を代表する芸術作品である（Nguyễn Văn Huy 2006: 42）。

図1・9　ゴングを演奏するジャライ族の男性

図1・10　ジャライ族の霊廟と木像

注——第1章　ゴングに魅せられて

（1）音響学的な手法を用いた研究として、たとえば、インドネシア・バリ島で製作された複数のガムラン・ゴング・クビャールの周波数分析を行い、その音高を明らかにした研究（塩川・梅田・皆川 二〇一四）、尺八や能管、三味線など和楽器の超音波帯域を含む音響分析と生理心理学的分析を行なった研究（田村・堀田・山崎 二〇一一）がある。

（2）たとえば、北村・新井・川瀬（二〇〇六）、村尾・箭内・久保（二〇一四）など。

（3）ただし、【動画4・1 ☞vii頁】「ジャライ族の墓放棄祭」は映像作品として編集した動画の短縮版である。調査資料としての映像を収録したCDやDVDなどのメディアを書籍の付録としてつけた民族誌の事例として、末成（一九九八）や梶丸（二〇一三）が挙げられる。また川田（一九九八）は、西アフリカのサヴァンナ地帯に暮らすモシ族の音の世界を、カセット二本組とブックレットのセットで刊行している（一九八二年に二枚組LP＋ブックレットとして発売されたものの再刊行）。民族音楽学分野の書籍では、中島・月渓・山口（二〇〇六）やミラーとウィリアムス（Miller & Williams 2008）、トゥリノ（Turino 2008）がある。一方、ウェブ上の映像・音声を参照する書籍として民族音楽学分野ではオブリエン（Ó Briain 2018）などがあり、またクラウス（二〇一三）では、書籍の参照音源として高音質なフィールド録音が特設のウェブサイト上に多数掲載されている。また動画や音声などのマルチメディアを組み込んだ論文（マルチメディア論文）の投稿を受け付ける映像人類学のオンライン学術雑誌に *Anthrovision* がある。またアメリカ文化人類学会（Society for Cultural Anthropology）が発行する *Cultural Anthropology* 誌でも、二〇一六年一一月発行の Issue 31.4 より Sound + Vision という新たなセクションを設けて、マルチメディア論文の投稿を促している。

（4）少数民族の友人の家に滞在することはあったが、その場合も村長や警察には報告し、短期での滞在とした。

（5）ロン氏とは二〇〇六年一一月、コントゥム市内に隣接するバナ族のコンフラチョット村で集会所の落成式を撮影していたときに、たまたま声をかけられて知り合った。また調査が進むにつれて、バナ族、ジャライ族など少数民族の友人に調査を手伝ってもらうこともあった。

（6）ベトナム中部高原はキン族が多く居住する沿岸部からみて西に位置していることから、ベトナム語でテイグエン（Tây Nguyên 西原）と呼ばれる。

（7）二〇一五年にサータイ県が分割してイアフドライ（Ia H'Drai）県が誕生したため、二〇一九年四月現在コントゥム省は一市九県から構成されるが、この地図には反映されていない。

（8）政府は少数民族の伝統的な土地所有権を認めず、少数民族が代々使用してきた土地を没収して国有化し、入植した多数派のキン族に分与した（新江 二〇〇七）。コントゥムに近いあるバナ族の村では、一九七五―一九八五年の間に三〇ヘクタールもの貴重な農地が没収され、キン族に分与された（Salemink 2003: 272）。一九八七年以降、政府はバナ族の伝統的な土地使用権を認めるようになったが、すでに没収した土地に対する補償はいっさいなかった（Salemink 2003: 272）。

（9）各民族の生活、信仰、儀礼などの状況は地域によっても相当異なると考えられるため、本節はあくまで筆者が調査した範囲（バナ族は主にコントゥム市とその周辺地域、ジャライ族は主にコントゥム市およびザライ省チュパ県）でまとめたものである。

（10）伊藤（二〇〇八）も指摘するように、国家という上からの権力によって作られ、人びとに当てはめられてきたベトナムの「公定民族」分類は、必ずしも現地の実態にそぐわない面がある。たとえば、ロンガオは現在バナ族の下位グループとされているが、言語や慣習的に異なる部分も多く、ベトナム戦争以前はバナとは異なる民族として扱われていた（Lebar et al. 1964; Schrock 1966）。現在もロンガオの人は、自分たちはバナではなくロンガオだと自認していることが少なくない。またロンガオはバナとセダンの混血と考えられており、セダンのサブグループともみなせるが、現在まで議論は一致していない（Schliesinger 2014: 69）。

（11）一九世紀後半、フランス人宣教師がキリスト教の布教のために聖書をローマ字でバナ族の言語に訳したことをきっかけに筆記法が生まれ、二〇世紀前半には仏領インドシナ政府が当地での影響力を強めるために、一九六〇年代には南ベトナム解放民族戦線がプロパガンダ目的の新聞やリーフレットに採用したことで多くのバナ族居住地域に広まっていった（Bùi Minh Đạo 2011: 8–9）。バナ語は、ベトナム語と同じようにアルファベットによる筆記法だが、ベトナム語にはない「B̆」、「L̆」、「Chr」、「Ngr」などの文字も使う。

（12）二〇〇九年度国勢調査によると、コントゥム省の総人口（四三万一三三人）のうち、キン族が二〇万一一五三人、セダン族が一〇万四七五九人、バナ族が五万三九九七人、ゼチエン族が三万一六四四人、ジャライ族が二万六〇六人である（General Statistics Office of Vietnam 2009）。

（13）この項目は、ブイ・ミン・ダオ（Bùi Minh Đạo 2011: 43–44, 54–56）を参照した。

（14）この項目の最初の段落は、ブイ・ミン・ダオ（Bùi Minh Đạo 2011: 47–49）を参照した。

（15）国家の法律が優先されるようになった現在では、慣習法は強制力のある法というよりは象徴的なものに変わりつつある（Nguyen Thi Phuong Cham 2016: 82）。

（16）この項目は、ブイ・ミン・ダオ（Bùi Minh Đạo 2011: 55–57）を参照した。

（17）ただし現在では、キン族など他民族との結婚もそれほど珍しいことではなくなっている。

（18）この項目は、ブイ・ミン・ダオ（Bùi Minh Đạo 2011: 60–62）を参照した。

（19）現在では末子以外と両親が居住することも多く、その場合、その子どもに遺産が多く相続されるようである。

（20）飲料水は井戸からも得られる。

（21）バナ族はキリスト教に改宗後も精霊信仰を忠実に守っている（Đặng Nghiêm Vạn et al. 2010: 41）。

（22）最も有名なのはダム・ノイ（*Đăm Noi*）叙事詩で、悪と戦って村を守ったバナの英雄についての物語が中心である。中部高原の叙事詩の研究者で、バナ、セダンの叙事詩をベトナム語に翻訳した多数の著作があるプレイドン

(Plei Đôn) 村のアヤー (A Jar) 氏によれば「叙事詩をとおして歴史、慣習、文化などわれわれの祖先がどのように生活をしていたのかを知ることができる」、という。ザライ省では、バナ族の叙事詩は一九八〇年代に「発見」されて以降、キン族の研究者による収集(録音)、翻訳が進んでおり、現在二〇余りの語り手が現存しているとされ、二〇一四年にはベトナム政府により無形文化遺産にも指定された (Thái Bá Dũng 2015)。

(23) 特にアラップグループは隣接するバナ族の文化に強く影響を受けている (Vũ Quốc Khánh 2012: 12)。

(24) 一九八六年以降、ジャライやエデをはじめとする中部高原の先住山岳少数民族 (Montagnards) が避難民として、あるいはすでに移住した親族を頼りに、アメリカ(主にノースカロライナ州)に移住しており、その数は現在も増えつづけている (Kinefuchi 2010: 229)。

(25) この項目の最初の段落は、ヴウ・クオック・カイン (Vũ Quốc Khánh 2012: 24, 98) を参照した。

(26) ただし筆者が知るかぎり、現在では他民族と結婚した場合はもちろん、ジャライ族同士の場合でも妻方居住でない場合がある。実際には、経済的に豊かなほうの家に嫁入り(婿入り)する例が増えていると考えられる。また外国人と結婚して、海外(主にアメリカ)に居住しているジャライ族、バナ族の親族がいる家もコントゥム周辺の村ではときどき聞く話である。

(27) 第4章を参照。墓放棄祭は筆者が調査を行なったザライ省のチュパ県では乾季の二—三月頃に多くの村で行われていた。

(28) ザライ省フーティエン (Phú Thiện) 県の「火の王の精霊に雨を祈願する祭 (lễ cúng cầu mưa của *Yang Potao Apui*)」が二〇一五年に国の無形文化遺産に登録された。それは、干ばつのときに火の王が魔法の剣を使って雨を祈願したという伝説にもとづく (Phan Diệp Hoàng 2017)。

コラム１　少数民族のメディア環境

二〇〇六年に初めて少数民族の村に行ったときにバナ族の若者が粗末なスピーカーから爆音で聞いていたのは、多数派のキン族の歌手が歌う流行歌であり、韓国や欧米のポップスであった。またテレビの横にはVCDプレーヤーが必ずといっていいほど置いてあり、プラスチックのかごにはハリウッド映画や韓流ドラマなどの海賊版のVCDがたくさん入っていた[1]。ゴング演奏などの伝統的な音楽を求めて村にやってきた私は、すすめられるままにバナ族の若者たちと一緒に、さして興味のないハリウッド映画を見るはめになったのである。

当時すでに若者のほとんどがガラケーを持っていたと思う。彼/彼女らと友達になって電話番号を交換すると、次々に知らない番号から電話がかかってきた。最初は間違い電話かと思ったが、そうではなく、私の友人となった子がそのまた友人に私の電話番号を教えていたのだった。彼/彼女らにとって電話番号はプライベートなものという観念はあまりないようだ。だから他人に電話番号を教えるのにいちいち本人の許可を得たりする必要はないのである。また電話は誰であろうと遠慮なくかけてよい。出たくなければ出なければいいだけの話であるから。私はベトナムではプリペイドのSimカードを購入して使用する。電話番号がベトナムに行くたびに変わるため、私の電話番号が私の知らないところで流通していても問題がない。そして彼/彼女らもしょっちゅう電話番号が変わる。

また街の至るところに格安のインターネットカフェがあり、若者はネットゲームやSkyoeなどをして時間を潰していた。バナ族の友人(女性)は既婚者で子どももいるのだが、インド人や西洋人の男性から言い寄られていると、自慢げにしょっちゅう私にSkyoeの画面を見せてきた。なかには本当に会いに来る外国人もいるようだ。彼女は英語をほとんど話せないのだが、恋愛に語学はたいして関係ないらしい。二〇一〇年代に入ると少数民族の若者の間でもスマートフォン(以下、スマホ)が瞬く間に普及する。個人のスマホでSNSアプリをとおして世界とつながるようになった。私とFacebook上で友達になった少数民族の友達が、一度も会ったことのないはずの私の日本の友達とつながっているのを見たときは思わず噴き出した。その友達(女性)は、私の友達のなかから顔がタイプ(?)の友達にリクエストを送っていたようである。つまり、彼/彼女らにとって、スマホは通話可能なメッセンジャー、カメラ、音楽プレーヤー、YouTube、Facebook、Instagramである。もちろんインターネット検索も使いこなしている。日本の若者と大差ない。そしてキン族の若者がそうであるように、少数民族も、日本製のヤマハやホンダのバイクを所有し、iPhoneなど人気ブランドのスマホを所有することがステータスとなる。すなわちスマホは現代の威信財でもあるのだ。

近年こうしたスマホを使って撮影したと思われるゴング演奏の動画をYouTubeでもしばしば見かけるようになった。以前からベトナムの国営放送が制作したニュース映像の転載などはあったが、明らかに少数民族自身（多くは若者であろう）が自分たちあるいは友人の村で撮影した儀礼やゴング演奏と思しき動画が検索結果に出てくるようになった。そのなかには、まだおそらく調査がほとんどされていない地域のゴング演奏や、消滅しつつある儀礼の様子などが映っていることがあり、とても興味深い。さらに興味深いのは、そうした動画のコメント欄にアップロード主と同じあるいは別の少数民族、多数派のキン族、外国人など異なる文化的背景をもつ人が書き込みをし、内容について意見を言い合ったりしていることである。これは動画共有サイトという共有可能性が高いメディアだからこそ可能となった新たな社会的空間であろう。ちなみに、彼／彼女らのスマホに記録された映像はPCなどの保存環境がないために、メモリーの容量を超えると随時上書きされ消えていく運命にある。したがって、一部のアップロードされた映像のみがウェブ上に漂いつづけるのである。

このようにベトナムの少数民族にもさまざまな機能をもつスマホが急速に普及した。そしてその進化は日本のように、固定電話→PHS→ガラケー→スマホ、固定回線→無線（Wi-Fi）と時間をかけて進化したのではなく、多くの場合、パソコンはおろか固定電話もクーラーも電気掃除機も冷蔵庫も温水シャワーも水道もない村にいきなりスマホが普及したのである。スマホは村落外の世界と、時間、空間を超えて気軽につながることのできるツールであり、何百年とつづいてきた村落の歴史において革命的な変化であることは間違いない。今後もこうしたデジタルツールが彼／彼女らの生活にどのような変化をもたらすのか、そしてそれがゴング文化にどのような影響を与えていくのか注目したい。

（1）　海賊版のVCDは安価で購入できるため若者に人気で街角で堂々と売られていたが、現在は取り締まりがきびしくなったためか、スマホの普及により需要が減ったためかはわからないが、かつてほど販売店を見かけなくなった。

第2章

ベトナムのゴング文化

ゴング文化とは

ゴングはその深く長い響きが、人びとの身体、大地、森、精霊を震わし、この楽器と楽器を生み出し、所有する人びとには特別な聖性が付与されてきた[1]。東南アジアでは大陸部、島嶼部を問わず、ゴング(gong)と呼ばれる青銅の体鳴楽器が、政治的・宗教的なステイタス・シンボルとして、王宮や地域の有力者などによって所有され、演奏に用いられてきた[2]。ゴングはほとんど例外なく、宗教儀礼や農耕儀礼、または、葬礼などと密接に関連して作られ、使われてきた(田村二〇〇二：五四)。また東南アジア音楽を確立させる音楽上の特徴として、①打奏楽器を主とした合奏楽をもっている、②ゴング属が合奏楽の中心となっている、という二点が挙げられる(黒沢一九七〇：六二)。つまり、ゴングは古くより東南アジア全域に流通し、神や精霊と交信する神聖な楽器として儀礼・祭礼に用いられ、東南アジアの音楽・音文化を特徴づけてきたといえる[3]。

ゴングの歴史は古く、その起源はいまだ明らかになっていない[4]。ベトナム中部高原でいつ頃からゴングが演奏されるようになったのかも不明である。しかし、紀元前四世紀頃に始まるドンソン文化の遺跡(ベトナム中北部タインホア省)から発掘された(ドンソン銅鼓やゴクリュー銅鼓などの)ティンパニー状の大きな銅鑼が東南アジア全体にわたって売買されていたこと(リード 一九九七：二八一)、それらの銅鼓の装飾モチーフに、ゴングセットの彫刻絵柄がみられること(Đào Huy Quyền 1998: 280)

などから、ドンソン文化の時代（紀元前四世紀から紀元一世紀頃）には、すでに中部高原においてもゴングが使用されていたのではないかと推測される。また大航海時代にも、青銅のゴングは依然として重要な商品であり、難破船に残された積荷の考古学的調査記録から、一〇―一七世紀にかけて、平ゴング（打面が平らなゴング）は中国からフィリピン、ボルネオ島へ、こぶ付きゴング（打面中央に半球型の突起があるゴング）は、中国やタイから、フィリピン、インドネシア、ボルネオ島、ベトナムなどに輸出されていたことが明らかになっている（Nicolas 2009: 87; リード 一九九七：二八一）。

ベトナム中部高原では、山岳少数民族ごとに異なる様式のゴングセットが受け継がれ演奏されてきた。ゴングには精霊（*Yang Chêng*）が宿っていると考えられている。したがって古いゴングほど宿る精霊も強大であり、宗教的に大きな価値をもつ。ゴングは権力や権威の象徴であり、ゴングを多く所有する者は裕福なだけでなく、ゴングの精霊の庇護を受けて宗教的な力が付与されると考えられており（Viện Văn hoá Thông tin 2006: 105）、威信財とみなすことができる。ゴングは重要な儀礼・祭礼において演奏される。たとえば、出産や葬式をはじめとする人生儀礼、収穫祭、家や集会所の落成式、村への訪問者を歓迎する祭、水牛供犠祭、水資源に感謝する祭、墓放棄祭などの儀礼・祭礼の際に演奏される。さらにゴングは交換財としても用いられ、特に古く大きいゴングは水牛数十頭と交換されることもある。ベトナム中部高原の少数民族は自らゴングを製作しておらず、中部沿岸地域に住むキン族（多数派のベトナム人）や国境を接するラオス、カンボジアから購入した、由来や製作年代の異なるさまざまな種類のゴングセットを受け継ぎ、ゴング調律師が、民族ごとに異なる音階に調律し、各村において使用（演奏）している。本書では、このようなゴングをめぐる人びとの知識、わざ、行動、信仰、表現などを「ゴング文化」と定義する。

ベトナム中部高原のゴング文化は、二〇〇八年にユネスコの無形文化遺産として代表リストに記載された。(5) 一方、生活の近代化や貨幣経済の浸透に伴いゴングを売却する家が増えており、ゴングの流出や毀損も急速に進んでいる（Viện Văn hoá Thông tin 2006: 141）。また各村で演奏できる曲の数も減少しており、後述するように、ゴング調律師の数も激減している。

先行研究と本研究の射程

ラオス南部、カンボジア北東部、ベトナム中部高原という連続する一つの地域では、ゴング音楽は山岳少数民族の音楽として知られている。本書が対象とするバナ、ジャライ、セダンなどの中部高原北部に居住する先住山岳少数民族の村落では、さまざまな来歴をもつゴングセットが代々受け継がれ、演奏に使用されている。そのゴングアンサンブルの特徴は、打面が平らな平ゴング（flat gong）と、中央に半球型の突起があるこぶ付きゴング（bossed gong）の両方を演奏に用いる点にある【図2・1】。また各奏者は原則として一枚のゴングのみを担当し、それぞれ決まったタイミングでインターロッキング（Maceda 1978; 由比 二〇一四）に奏することで複雑な旋律や和音、リズムを生み出す。これはベトナム中部高原、ラオス南部、カンボジア北部という地域一帯にみられる特徴的な演奏形態である。これまで東南アジアのゴング音楽に関する研究は、インドネシアのガムランやフィリピンのクリンタンなど島嶼部の青銅打楽器アンサンブルに焦点が当てられる傾向があり、東南アジア大陸部のゴング音楽やゴング文化についてはほとんど研究の蓄積がない。

ベトナム中部高原のモンタニャール（Montagnard フランス語で山地民）の文化が初めて記録に残されたのは、一九世紀後半から当地でキリスト教の布教活動を行なった宣教師の報告書、調査記録においてである。たとえば、宣教師として中部高原に長期滞在し、山岳少数民族への布教活動の様子を描いた初期の調査記録としてドゥリスブール（Dourisboure 1873）、ゲルラッハ（Guerlach 1887）などがある。かれらは山地民の改宗を促進させるため、個人的な体験、観察にも

図2・1　ベトナム中部高原のゴングセット
（ゼチエン族がジャライ族より購入した）

とづく民族学的な調査と執筆を行なった（Salemink 2003: 44）。また福音派（Christian and Missionary Alliance）の宣教師でカナダ系アメリカ人のローラ・スミスは、一九二九年から夫のゴードン・スミスとともに仏領インドシナに滞在し、山地民への布教活動について多数の著書を記している。スミス（Smith 2007: 91–96）では、滞在していたラデ族の集落の描写のなかで、ゴングが彼／彼女らにとってとても大切な財であり、ゴングセット（真鍮製で一〇―一二枚のこぶ付きゴング）は、たくさんの象牙あるいは象一頭と交換で北部のトンキン人や中国人から入手されること、墓放棄祭の儀礼で若者がゴングを演奏し、牛や水牛が供犠される様子について記述がある。[6] 宣教師たちは、ゴング演奏や動物の供犠を伴う山地民の儀礼を、「悪霊に対する恐怖から行う、堕落的、暴力的、ぞっとするような行為」（Pearson 2009: 121）としてとらえており、ゴングやゴング演奏の美的、音楽的側面についてあまり関心を示していなかったようである。

またフランスによるインドシナ植民地時代には、フランス極東学院（École française d'Extrême-Orient）のメンバーとしてコントゥムに滞在した民族学者ポール・ギルミネ（Paul Guilleminet）による一連の民族学的研究（Guilleminet 1942, 1943, 1952a, 1952b）、彼が編纂したバナ語辞典（Guilleminet 1959, 1963）などがフランス語で出版されている。[7] またギルミネの案内のもとコントゥムのフォークロアを収集したキン族の研究者にグエン・キン・チー、グエン・ドン・チー兄弟がおり、彼らが一九三七年に出版したバナ族の民族誌 *Mọi Kontum* のなかで、ゴングの演奏形態など音楽についても少し触れている（Nguyễn Kinh Chi & Nguyễn Đổng Chi 2011: 255–256）。二〇世紀中頃には、ジョルジュ・コンドミナス、ジャック・ドゥルヌ、ジェラルド・キャノン・ヒッキーといった人類学者、民族学者が、長期フィールドワークにもとづき山地民の民族誌を書いている[8]。それらの民族誌のなかで、ゴングは、甕《かめ》とともに富の象徴として威信を示す財であり[9]（Hickey 1982b: 24; Condominas 1972: 207）、奴隷、砂金、香木、蜜蝋、シナモン、象、象牙などとの交換により低地のキン族やラオスの商人から入手され（Hickey 1982a: 186–187, 297, 1993: 208）、儀礼や祭礼の際に用いられる神聖な楽器（Dournes 1980, 1988; コンドミナス 一九九三; Hickey 1982b: 25, 2002: 61）として時折触れられている[10]。またジャライの音楽や楽器を紹介したドゥルヌ（Dournes 1965: 217–222）では、ゴングセットの種類やゴングが演奏される儀礼についての記述がある。

ドイモイ以後に中部高原で外国人研究者が人類学的調査を行なった研究は非常に少ない[11]。ザレミンクは、中部高原の民族政策、定住化、先住民の権利、民族意識、アイデンティティなどについて、複雑な歴史、宗教、土地問題などと絡めて論じてきた（Salemink 1997, 2001, 2003, 2006, 2009, 2012, 2013, 2016, 2018）。そのなかで特にゴング文化を事例として扱ったものとして、無形文化遺産の保護と活性化について扱った論文集（Salemink 2001）、遺産化（heritagisation）に伴うさまざまな問題、政治性を論じたもの（Salemink 2016）などがある。

日本人による中部高原を対象にした人類学的研究や地域研究に、先述した新江（二〇〇七）のほか、中田（一九九五、一九九六）、樫永（一九九九a、一九九九b）、田村（二〇〇二）、本多（二〇〇七、二〇一一）、下條（二〇一一）などがある。中田（一九九六：一四）は、二〇世紀中頃までの民族誌を村落内外の交易に着目して検討し、少数民族が行なっていた交換あるいは交易には政治的、宗教的動機が明らかに存在し、彼らの社会組織と深くかかわった積極的な活動であったと指摘する。また本多（二〇一一：一六八、一七七―一七九）によれば、コホー族チル集団にとってゴング（鉦）は水牛とともに最も価値の高い財であり、婚礼時に女側から男側へ渡る最も高価な贈与財（花婿代償）、慣習法違反に対する賠償の財として使用された[12]。

ゴングやゴング音楽に着目した数少ない先行研究として、ベトナム国内では民族音楽学者ダオ・フイ・クエンによるバナ族、ジャライ族の楽器に焦点を当てた研究（Đào Huy Quyền 1998）、民族学者トー・ゴック・タンによる各民族の楽器を紹介した研究（Tô Ngọc Thanh 1997）、トー・ゴック・タンとグエン・チー・ベンがゴング文化の概要をまとめた書籍（Viện Văn hoá Thông tin 2006）、東南アジア音楽のアンソロジーのなかでベトナムの各少数民族の楽器を紹介した研究（Phong T. Nguyen 2008）、フレ族の楽器に焦点を当てた研究（Nguyễn Thế Truyền 2011）などがある[13]。それらは、主に楽器分類学的な観点から中部高原および周辺地域の少数民族のゴングを含むさまざまな楽器とその演奏方法について紹介している。そしてレ・スアン・ホアン（Lê Xuân Hoan 2014）は、ザライ省におけるバナ族の音楽の音階と旋法を音楽学的に分析している。しかし、ザライ省以外の地域のバナ族の音楽はいまだほとんど研究がされていない。またこれらのベトナム人研究者による研究は、調査対象や時期、方法などが明示されていないことが多く、その記述の仕方も「伝統」に焦点を当てる傾向が強く、現代的な変化については取り上げないか、十分に考察していないという問題がある。

外国人研究者による当地のゴング音楽に関する研究はさらに少ない。田村（二〇〇二）は、中部高原におけるゴング演奏方法の地域的特徴を見出している。中島・月渓・山口（二〇〇六）は、中部高原を含むベトナム少数民族の芸能調査と映像記録化の方法をＤＶＤ付き書籍で報告している。アルパーソンらは、音楽美学的な観点から中部高原のゴング音楽について考察している（Alperson et al. 2007）。何氏・新江（二〇一〇）は、フレー族のゴング（銅鑼）使用について報告している。また中部高原隣接地域における楽器や儀礼に焦点を当てた研究に、ラオス南部アラック人のゴングを含む楽器と儀礼に焦点を当てたイェーニッヘン（Jähnichen 2013）、カンボジアのゴングを含むさまざまな楽器を紹介したサム（Sam 2003）、カンボジア北東部の村落儀礼をゴングと霊的なものとのかかわりに焦点を当てて描いた井上（二〇一四）などがある。

このようにベトナム中部高原および周辺地域のゴング演奏の特徴にかかわる研究は散見されるものの、その音楽的特徴や演奏の実態はこれまでほとんど分析されてこなかった。またゴング文化を根底から支えるゴング調律師に着目した研究もみられない。

以上を背景に、本書は現地でのフィールドワークと、記録した文字・映像・音響資料の分析にもとづき、当該地域のゴング文化について、ゴングセットの種類、演奏形式、演奏機会、ゴングの製作、調律技法、音階と旋法、楽曲形式、政府の文化保護の取り組みなどさまざまな側面から明らかにし、考察する。

ゴングの種類

ゴングは二〇世紀前半に確立した楽器分類法であるザックス＝ホルンボステル分類によると、体鳴楽器に分類される。またベトナム中部高原の少数民族が使用しているゴングは、黒沢（一九七〇：六八）の分類に従えば、平ゴングが盆形式、こぶ付きゴングが瘤形式と考えられる。ゴングの材質はその製作方法や種類によっても異なるが、主に青銅（銅と錫《すず》の合金）や真鍮（銅と亜鉛の合金）と考えられる。先行研究では、「バナ族のゴングには銅のほかに鉄や金、青銅などが含まれることがある。ジャライ族（アラップグループ）のゴングは真鍮、鉄や鉛などが含まれており、エデ族のゴングには高い割合で金や銀が含まれている」（Viện Văn hoá Thông tin 2006: 112）と指摘されている。しかし、実際に各民族（グループ）が使用するさまざまな種類のゴングセットの金属成分を分析した研究は見つかっていない[14]。

ベトナム語でゴングを総称してコン・チエン（Cồng Chiêng）と呼ぶ。コン（Cồng）はこぶ付きゴングを、チエン（*Chiêng*）は平ゴングのことを指す。さらに民族ごとにゴングは異なる名称で呼ばれる。バナ族は、ゴングをチン・チェン（*Ching Chêng* または *Chinh Chênh*）と呼ぶ。チン（*Ching*）が平ゴングで、チェン（*Chêng*）がこぶ付きゴングである。ジャライ族、エデ族、フレ族はゴングをチン（*Ching* または *Chinh*）と呼ぶ。ゼチエン族はこぶ付きゴングをチェン・ゴン（*Chêng Gong*）、平ゴングをチエン・ハン（*Chiêng Hân*）、セダン族はゴングのことをゴン・チェン（*Gong Chêng*）と呼び、ゴンがこぶ付きゴング、チェンが平ゴングを指す（Tô Ngọc Thành 1997: 86–87）。

ゴングセットには特定の名称と使用用途がある。たとえば、ジャライ族が使用するチン・アラップ（*Čing Aráp*）と呼ばれるゴングセットは、こぶ付きゴング六枚、平ゴング九枚で、主に墓放棄祭や葬礼などの際に演奏される。[15] 一方、チン・チュム（*Čing Trum*）と呼ばれるゴングセットは、こぶ付きゴング三枚のみで主に水牛供犠祭の際に演奏される。

さらにゴングセットを構成する各ゴングは、個別の名称がつけられていることがある。[16] たとえば、ジャライ族（ムトゥールグループ）のチン・アラップの各ゴングの名称（ゴングの直径）は以下のとおりである。[17] こぶ付きゴング六枚は、直径の大きい順に、アニア（*Ania*: 五五センチ）、クラ・チン（*Krăh Cing*: 四三・五センチ）、ボッ・チン（*Bot Cing*: 三六・五センチ）、ボッ・タン・クラッ（*Bot Tang Krăh*: 三〇センチ）、ボッ・ラーオ（*Bot Lao*: 二三センチ）、ボッ・タック（*Bot Tăk*: 二〇・五センチ）である。平ゴング九枚は、直径の大きい順に、アニア・ディン（*Ania Ding*: 四〇センチ）、アニア・フロー（*Ania

Hloh: 三六センチ)、アニア・トラー(Ania Tlăh: 三三センチ)、キウ・チン(Kiu Cing: 三〇センチ)、クラ・チン(Krăh Cing: 二八センチ)、ダイ・トラー(Đai Tlăh: 二六センチ)、ダイ・カウ(Đai Câu: 二四センチ)、ダイ・チ(Đai Ti: 二四センチ)、ダイ・フロアイ(Đai Hloai: 二二センチ)である。

バナ族ジョロンググループのコンジョゼ(Kon Jơ Dreh)村におけるゴングセットの各ゴングの名称は以下のとおりである。こぶ付きゴングは、大きい順に、ブハ(Buha: 六四・五センチ)、モン(Môn: 五〇センチ)、ペペ(Pêpê: 三九センチ)の三枚。平ゴングはそれぞれ、ザン(Zân: 三八センチ)、ゾン(Zông: 三六センチ)、コン1—5(Kon1: 三三・五センチ; Kon2: 三〇センチ; Kon3: 二六・五センチ; Kon4: 二五・五センチ; Kon5: 二三センチ)の七枚である。ブハ(Buha)、モン(Môn)、ペペ(Pêpê)の名称はゴング打音時の音色からきており、コン(Kon)は子どもの意味である。またセダン族スラーグループのコンゾック(Kon Rốk)村で、平ゴングのうち最も直径の大きなものはトーカインマームイ(Tở Canh Ma Múi)と呼ぶが、トーカイン(Tở Canh)は妻、マームイ(Ma Múi)は夫の意味である。またバナ族は、ゴングセット内の最も大きなこぶ付きゴングの直径を伝統的な計測方法(肘から拳を握った先までを1 thước = 一メートルとする)によって計測し、たとえば、「1 thước 5(一・五メートル)」、「1 thước 7(一・七メートル)」というような名称をゴングセットに付けることもある。このように、ゴングやゴングセットの名称は、ゴングの音やその直径、親族呼称などを含むことがある。

ゴングの価値

ベトナム中部高原の少数民族が演奏に使用するゴングは、大きく分けて、キン族が製作したゴング、ラオスやカンボジアなど近隣諸国から入手したゴングの二種類がある。前者をチエン・ユアン（Chiêng Yuăn）、後者をそれぞれチエン・ラオ（Chiêng Lào）、チエン・クル（Chiêng Kur）と呼ぶ。またキン族が製作したゴングで、ジャライ族やバナ族の間で最も多く使用されているゴングセットをチエン・ホン（*Chiêng Honh*）と呼ぶことがある。これは一九三〇年頃に初めて登場した比較的新しいゴングセットのことで、壊れやすく、値段は比較的安い（Tô Đông Hải 2002: 178）。

先述したように、古いゴングほどゴングに宿る精霊（*Yang Chêng*）が強大になると考えられているため価値が高い。調査を行なったバナ族やジャライ族の村では、二〇〇―三〇〇年前に製作されたとされるゴングを受け継いでいる家もあった[18]。またバナ族やジャライ族は、「旋律」だけでなく、ゴングの「響き」や「音色」に対しても非常に強い拘りをもつ。コンローバン村ゴンググループのリーダーであるヴェ氏（バナ族ロンガオグループ）によれば、「チエン・ラオは非常に貴重で取引される価格も高価であるが、それは音色がよいからである。チエン・ホンが、一セット十数枚で、二千万―五千万ドン（約一〇万―二五万円）程度であるのに対し、チエン・ラオは通常こぶ付きゴング三枚一セットで、チエン・ホンの数十倍の価値があるものも少なくない。それはチエン・ホンが青銅のみで鋳造されているのに対し、チエン・ラオは、こぶ付きゴングのこぶ部分に金が混ぜてあり、叩いたときに音の響きがよいためである」[19]。またジャライ族のフィン氏（ケプラム村）によれば、「チエン・ラオにはチエン・ラオ・ベール（*Chiêng Lào Ber*）とチエン・ラオ・グロン（*Chiêng Lào Glong*）の二種類があり、後者のほうがサイズが大きく、前者に比べてより遠くまで音が伝わり、響きもより大きく広がる」という。また七セットのチエン・ラオを所有するエデ族のイー・ティム氏（ダクラク省バンメトート市クエアブア社エアボン村）によれば、「チエン・ラオは金が含まれる割合で価値が変わり、一セット（こぶ付きゴング三枚）で、二億ドン（約一〇〇万円）、三億ドン（約一五〇万円）、六億ドン（約三〇〇万円）の三種類がある。チエン・ラオは、製造されてから一〇〇年以上音色が変わらず、通常のゴング（チエン・ホン）に比べて、より重く、厚く、遠くまで音が響く。かつては、チエン・ラオは一セットで象三頭と交換された」。セダン族コムローグループのインフォーマント（ヤンローモット村）によれば、「一九五五年にラオスの商人と一五頭の水牛と交換でチエン・ラオを購入した。チエン・ホンは壊れても修理ができるが、チエン・ラオは壊れたら修理ができない。またチエン・ラオはとても重く演奏が難しいため、有力者の葬式などの特別な儀礼・祭礼の際にしか演奏に使うことはない」という[20]。同様に、チエン・クルも、こぶ部分に金が使われており、音がよいとされるため高値で取引される[21]。また主にジャライ族が使用するチエン・パット（*Chiêng Pát*）、チエン・ポム（*Chiêng Pôm*）またはチエン・ボム（*Chiêng Bom*）と呼ばれるゴングセットもチエン・

ラオと同様にこぶ付きゴングのみのセットで非常に価値が高い。ゴング外面は両者とも黒光りした色で似ているが、一方、チエン・パットのゴング内面にはハンマーの叩き跡があるが、チエン・ポムの内面には叩き跡がないという違いがある（Tô Đông Hải 2002: 175–176）。

ジャライ族のゴング調律師ナイファイ氏によれば、「私は長い間ゴングセットを収集し、調律して必要な村に売ってきた。二〇〇七年には、二二組のゴングセットを調律して少数民族の村に売った（一セット約八〇〇万―一千万ドン（約四万―五万円））。古いゴングを収集しているのだけれど、最近はなかなか見つからない。ダナン省で製造された新しいゴングを買ってきたこともあるが、調律しても、昔の古いゴングに比べて音がよくない。古いゴングは、青銅のほかに、白銅、真鍮、金、銀などを混ぜて製造していたのだが、現在は青銅にニッケル（リサイクルメタル）を加えているため音が悪く、調律も難しい」という。

チエン・ラオ、チエン・カンプーチアは、それぞれラオス、カンボジアのゴングという意味であるが、それらが実際にラオス、カンボジアで製造されたものであるかは明らかでない[22]。ベトナム中部高原からラオスを通り、中国南西部雲南への象を使った交易路を通って、中国から鋳造のゴングが運ばれていた可能性も指摘されている（田村 二〇〇二：六五）。ナイファイ氏所有のゴングセットのなかには、ミャンマーやモンゴル、エジプトで製造されたとされるものもあり、当時の交易路を通ってベトナム側にゴングが供給された可能性がある。

ゴングの価値を、ゴングの大きさや古さだけでなく、ゴングの音色にもとづいて判断していることは興味深い。ではどのような音がよい音かというと、バナ族の元ゴング調律師クオン氏（プレイトンギア村）によれば「よいゴングとは、遠くまで音がよく響くゴングである」という[23]。またバナ族ロンガオグループのトゥット氏（ダクヴォク村）によれば、「ゴングの価値は、使われている金属の種類と質、音、鋳造技術、製作時期（古さ）で決まる。またゴングは長い間演奏に用いないと音が悪くなるため、よい音を保つためには演奏に使う必要がある」という。先述のナイファイ氏によれば、「よいゴングの条件は、ゴングに使われる銅の質がよいこと、きちんと調律されていることの二つである。古いゴングは、新しいゴングに比べて音がよく、残響がより長く、遠くまでよく響く」という。ナイファイ氏によれば、ゴング表面の色や模様、形状などからも、ゴングの製作年代やその価値がわかるという。「古いゴングは金属の表面の色が新しいゴングとは異なる。また古いゴングは縁がつるつるしているが、新しいゴングは縁がぎざぎざである。さらに古いゴングには表面に細かな直線が多数刻まれていたり、裏面にクジャクの羽根のような少数民族の伝統的な模様が描かれていたりすることがある」。

チエン・ラオは色が黒っぽく、持ってみると非常に重量があり、チエン・ホンとは異なる材料や鋳型を使っていることが想像された。また実際に叩いてみると、身体全体を震わせるような重厚な音で、余韻が長いと感じた。彼／彼女らにとって、ゴング演奏（ゴングの音）は先祖や精霊（*Yang*）

と交信する言葉であり、葬送儀礼などでは、生者の世界と死者の世界を結ぶ架け橋となるため、より遠くまで音が響くゴングほど、価値が高いと考えられているのではないか。

ゴングとティンニンの関係性

バナ族のトゥット氏（コントゥム省サータイ県ダクヴォク村）によれば、ティンニン（*Tinh Ninh* または *Ting Ning*）と呼ばれる竹筒琴はバナ族の間でおそらく最も古くから使われている楽器の一つであり、その音は自然の音（鳥の声、風の音、滝の音、森の音など）を模倣していると考えられている（柳沢 二〇一八：三）。ティンニンは、もともとは男性が女性に求愛するときに使う楽器で、それからさまざまな儀礼に合わせて曲が作られ、演奏されるようになった。だが儀礼で使用するにはティンニンの音は小さすぎる。昔は弦もバナ語でロンヤップ（*Long Jáp*）と呼ばれるヤシの繊維などの天然素材を使っており、瓢箪の共鳴体もなく、あまり大きな音が出なかったため、村落の儀礼には別の楽器が必要とされたのではないか(24)。そこにゴングがある時代に平地のキン族あるいはチャムとの交易によって中部高原にもたらされ、ティンニンの代わりに使われるようになったのではないか。実際に、平ゴングの調律はすべてティンニンの弦の調律に従っており、ティンニンの一一本の弦の音高とその役割は、平ゴングの音高、および、その役割と一致する（ゴングにはない一一本目の弦は和音に寄与する）。

またおそらくベトナム戦争の頃にもたらされた電話線（コーティングを外した中の鉄線）がティンニンの弦に使われるようになり、音も大きく響くようになった。

現在、トゥット氏は、ティンニンの弦にギターのナイロン弦を使っている。電話線は錆びやすいが、ギターの弦は高品質なので三年間はよい音で鳴るという。ペグにはチャック（cây trắc、学名：*Dalbergia cochinchinensis*）と呼ばれる木材が使われている。この木材は高価だが耐久性が高い。ほかの村では安い木材をペグに使っているところもあるが、伝統的にはチャックがよいとされるため、トゥット氏はチャックを使用している。共鳴体に使う瓢箪は山腹で栽培する。瓢箪は四月、五月に種植えをして一二月に収穫する。収穫した瓢箪に穴を開け、川の水を何度も入れて中身を腐らせ、中身を取り出し、中身がなくなったところで屋外に置いて長期間乾燥させる。乾燥させて初めて飲み水を入れる容器や楽器の共鳴体として使うことができる。また瓢箪には保冷効果があり、この性質が音を反響させるのに役立っていると

図2・2　ティンニンを演奏するトゥット氏

いう。(25)

ティンニンの製作方法は共鳴胴の竹筒に指孔を開け、ペグを取り付け、弦を張り、共鳴体の瓢箪を固定する。ペグの取り付け位置、角度、ペグ間の適切な距離をよく知っている者はとても少ないという。またティンニンに塗っている黒い模様はアスファルトで、単なる模様ではなく、虫を遠ざける役割があるという。トゥット氏はさらにティンニンのボディにピックアップを取り付けギターアンプにつなげるように改造している【図2・2】。アンプで音を増幅することで、ティンニンがゴングの音にかき消されることなく一緒に演奏することが可能になった【動画2・1 vii頁】。それはトゥット氏の演奏グループがしばしば国内外の公演などのステージで演奏するため、そうした需要に対応するための工夫であろう。このようなティンニンの進化とゴングとの関係性はバナの音楽が時代の変化に応じ

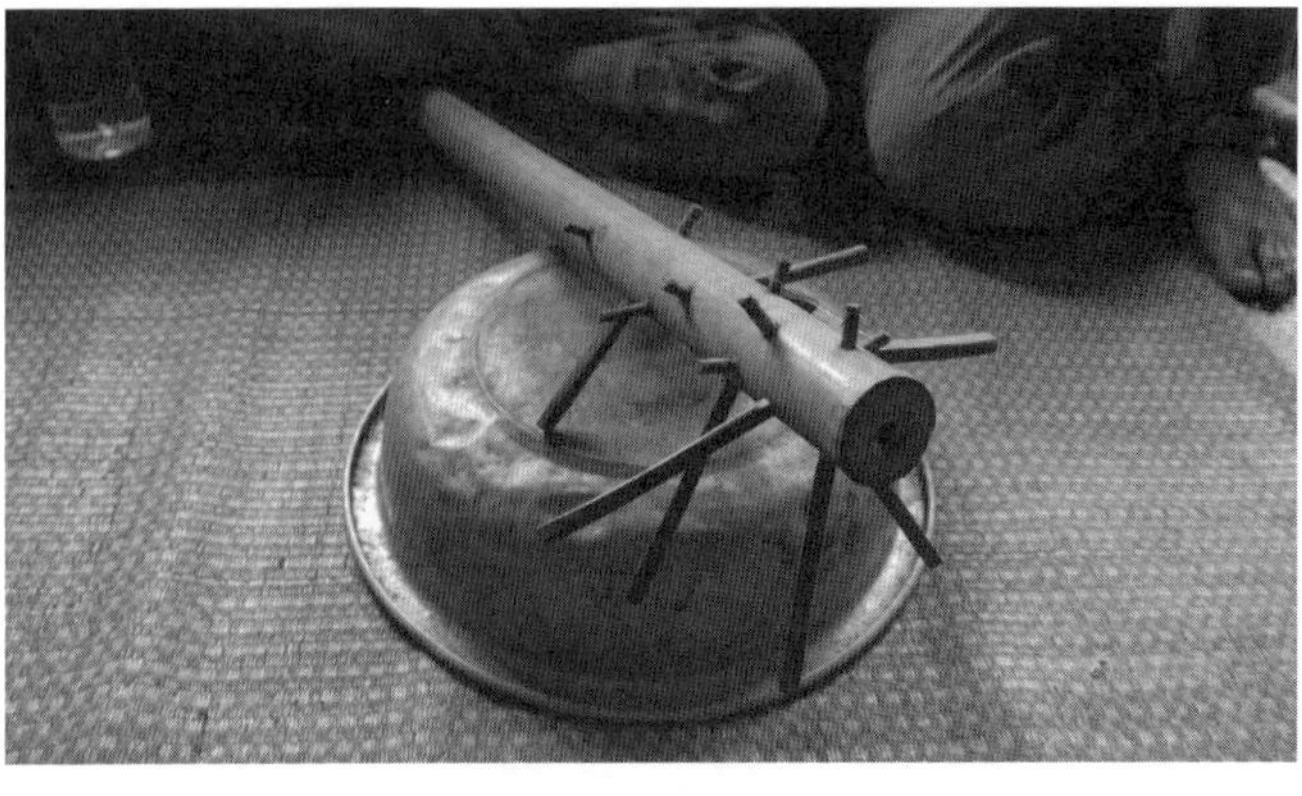

図2・3　ブリキの容器を共鳴体として使用したティンニン

て変容しながら受け継がれてきたことを示すものである。

またバナ族の別の村のティンニンは、共鳴体の瓢箪が壊れたため、代わりにブリキの容器を瓢箪の代わりに下に置いて、音を増幅させていた【図2・3】。その音は通常の柔らかい音とは明らかに異なり、金属容器のメタリックな共鳴が加わっていた【音声2・1 vii頁】。またこのティンニンの弦には自転車のブレーキワイヤーを解した線を使っていた。このように彼らは、楽器の一部が壊れたり、適当な材料が手に入らない場合、本来使うべきものとは異なるものであっても身の回りの使えそうなものを使ってやりくりするブリコラージュ（レヴィ＝ストロース 一九七六）の精神が日々の生活のなかで培われているのである。

打ち叩くという行為

メトカーフとハンティントンは、東南アジアに共通してみられる儀礼のなかでの反復的な打ち叩く行為と日常の動作との関連性について以下のように記している。

マリー・ジーン・アダムスは、儀礼のコンテクストで行われる反復的な行動様式のうち、「打ち叩く」という行為に特に注目している。東南アジアでは、日常的活動の中で「打ち叩く」

という行為が頻繁に行われる。例えば、作付け前に土掘り棒で地面を耕す際、灌漑農業において水牛を使う際、焼畑農業において種を植えるため穴掘り具で浅い穴を掘る際などに「打ち叩く」という行為が行われる。また多くの食物は準備として打ち砕かれないと食べられない。例えば杵や臼を使った米の脱穀などがあげられる。（メトカーフ&ハンティントン 一九九六：一〇〇―一〇二）

たしかに、女性が稲穂を杵と臼でドンドンと突いて脱穀する音、ラタンや竹で編んだ平たい笊に籾を入れてザッザッと上下に動かしてもみ殻を飛ばす音などは少数民族村落では頻繁に聞こえ、音風景の一部を成していた。またとうもろこしや唐辛子、家畜の餌にするためスライスしたバナナの茎を臼と杵ですりつぶす作業なども日常的に行われていた。また鍛冶屋（またはゴング調律師）がハンマーで金属を打つ作業、女性が洗濯をする際、水に浸した洗濯物を石に打ち付ける作業なども、よく見られる光景であった。秋道（二〇一九：四〇七）が指摘するように、このような「叩き」の技法と技術は、衣食住の基本的な生活面から、武器、宗教儀礼、芸術に至るまで多方面にわたっており、くり返し叩く身体動作は慣習的な行為として社会に定着していったのであろう。

メトカーフが調査した中北部ボルネオに居住するブラワン（Berawan）族は、葬式の際に太鼓、大小の真鍮製のゴングを演奏し、さらに米をつく杵を用いた遊戯を行う（メトカーフ&ハンティントン一九九六：九五―九六）。死者が出たことを告げるためにゴングを演奏する点、オーケストラのように複数の奏者が大小のゴングを太鼓のリズムに合わせて演奏する点など、ベトナム中部高原のゴング演奏と類似点が多い。メトカーフは、世界中にみられる打楽器の使用をある地方だけに特有の食物製造の技法では説明できないため、儀礼のなかのこうした打ち叩く動作を、単純に日常生活の類似の動作から派生したものと結論づけることはできないが、東南アジアでは打ち叩く技法が特に頻繁にみられ、重要であるために、音を出すのに打楽器に頼ることの普遍性が高くなっている可能性は残されているとして（メトカーフ＆ハンティントン一九九六：一〇三）、儀礼における打楽器の使用と日常生活の身体動作とを安易に結びつけることを戒めている。

ゴングを打ち叩くという反復行為が農耕作業など日常生活の身体動作から派生したのかはわからないが、それではなぜ竹の打楽器や太鼓（も使用されるが）ではなく、ゴングでなくてはならなかったのか。その一つの理由は、先述したように、余韻が長く複雑な倍音をもつゴングの音響特性こそが超自然的存在（精霊）と交信するために必要とされたのではないか。また中部高原少数民族の儀礼のなかでゴング演奏とともに行われる踊りには、農耕時の所作（田植えなど）を連想させる部分があり、この点についても容易に指摘はできるものの、日常生活の動作から派生したことを実証することは難しいだろう。

注――第2章　ベトナムのゴング文化

（1）金属打楽器の音が聖性を帯びた背景には、いったん打たれると、打ち手の意図とかかわりなく音が鳴りつづける余韻と呼ばれる超越的な現象がある（中川二〇〇四：三四六）。

（2）青銅が発見され、それを楽器に使用したとき、（動物の皮や植物でできた打楽器のように）短い減衰から、（ゴングのような）長い持続音に変わった楽器の自由な振動によって、別な時間概念が生まれ、それは東南アジアの宮廷社会が好んだ新たな美的価値となった（マセダ一九八九：一一八）。

（3）東南アジア音楽におけるゴングの重要性はこれまでに多くの研究者が指摘している（Blades 1984; Taylor 1989; Maceda 1998; Miller & Williams 2008）。またイギリスの社会人類学者ロドニー・ニーダム（Needham 1979）は、超自然的存在と通じようとする際、ドラムやゴング、ベルといった打楽器の音は特別な意義をもつと指摘する。

（4）こぶ付きゴングの起源はインドネシアのジャワ島（黒沢一九七〇、岡本一九九五：七八）、平ゴングの起源は中国の雲南省・広西省辺り（岡本一九九五：四六、七一、Blench 2006）との指摘もある。

（5）ベトナム中部高原のゴング文化は「ベトナム中央高原におけるゴングの文化的空間（The cultural space of the gongs in the central highlands of Vietnam）」として、ユネスコにより二〇〇五年の「第三回人類の口承及び無形遺産の傑作の宣言」の一つに選出され、二〇〇八年に無形文化遺産代表リストに記載された。

（6）トンキンとは、仏領インドシナ時代のハノイを中心とする北部地域を指す。

（7）当時、フランスの植民地行政官や宣教師、低地のキン族は、先住山岳少数民族の総称として「未開人、野蛮人」という意味の「Mọi（モイ）」という言葉を使用していた。

（8）一九四八年にフランスの植民地研究機関の委託と現地の行政官の指示のもと、ムノン・ガル族の村落に専業の人類学者として入っていったコンドミナス、一九四六年にパリ外国宣教会（Missions Étrangères de Paris）の宣教師として初めて中部高原に入り、その後二五年にわたる民族学的調査のなかで人類学者となっていったドゥルヌ、米軍系シンクタンクの調査員として一九六〇年代（調査自体は一九五六—一九七三年）に中部高原でフィールドワークを行なったヒッキーとそれぞれの出自や経歴はかなり異なる（Pels & Salemink 2000: 306–308; Hickey 2002）。

（9）ただしコンドミナス（Condominas 1972: 207）によれば、ムノン・ガル族（現ムノン族）にとって、ゴングは古い甕、金属製の深鍋とともに低地から入手される最も価値の高い貴重品であるが、*kuang*（有力者）としての威信はゴングをたくさん所有することではなく、水牛供犠を行なった者のみが獲得できるという。

（10）日本人による文献にもとづく研究としては、たとえば、菊池（一九八八、一九八九）が挙げられる。

（11）二〇〇七年までの中部高原地域の人類学的な研究動向の概要については、末成（二〇〇九：一〇二—一一七）が参考になる。

（12）ただし、現在、ゴング（鉦）に対する価値観は外因的な変化によって変わりつつあり、花婿代償としての役割は一九九五年頃から金《きん》に変わり、慣習法違反に対する賠償の財としての地位は、司法権が行政側に移ったため、あるいは貨幣経済の浸透によって失われつつある（本多二〇一一：一七八—一七九）。

（13）なおベトナム北部山岳地帯のムオン族のゴング文化に焦点を当てた研究にキウ・チュン・ソン（Kiều Trung Sơn 2011）がある。同書によれば、ムオン族は旧正月にサックブア（sắc bùa）と呼ばれる祭りを行い、ゴング演奏グループが各家を回り、新年を祝う。演奏者は主に女性で、各奏者が一枚のこぶ付きゴングを演奏する。ただし、ムオン族は中部高原の先住民族とは言語的、文化的、地域的に大きく隔たりがあり、多数派のキン族に最も近い民族と考えられているため、中部高原のゴング文化とは異なる文化としてとらえるのが妥当であろう。

（14）後述するように、バナ、ジャライ、セダン、ゼチエンなど中部高原北部の少数民族は演奏形態が類似しているため、使用するゴングセットは村落や地域を越えて流通し、共有されている。またゴングの来歴（製法、製作地、製作時期など）によっても材質は異なると考えられる。さらに、同じ民族（グループ）でも、村ごとに行う儀礼によって複数の種類のゴングセットが使用されるため、ゴングセットの種類によっても、材質が異なる可能性がある。

(15)　これは筆者が調査したジャライ族ムトゥールグループのブオン・ズー村落の事例である。

(16)　これらの名称は、村落の年長者の多くが共有している知識である。

(17)　各ゴングの名称は先行研究（Đào Huy Quyền 1998: 294–295; Viện Văn hoá Thông tin 2006: 109–110）で記されている内容と異なるため、同じゴングセットでも地域（村落）によって各ゴングの名称が異なる可能性がある。

(18)　ヒッキーによれば、「エデ族にとってゴングは極めて貴重な所有物であり、古いゴングは血統の長さを示すため決して売ったり、（ほかの物と）交換したりすることはなかった」（Hickey 1993: 18）。

(19)　複数のインフォーマントによれば、チエン・ラオの音がよく響く理由として、材料に使われている銅の質がよい、こぶ部分に金や銀などの金属が使われているなどが挙げられたが、詳しいことはわかっていない。

(20)　筆者が実際にチエン・ラオを演奏しているところを見たのは、セダン族のヤンローモット村で行われた葬式のときのみである。

(21)　チエン・クルの所有者とは筆者は現時点で出会っていない。

(22)　グエン・ティ・キム・ヴァン（Nguyễn Thị Kim Vân 2007: 254）も同様の指摘をしている。かつてベトナムで製作されたゴングが、あるときに交易を通じて現在のラオス側の少数民族に渡り、それから長い時間を経てベトナムの少数民族が再びラオス側の所有者や仲介者から購入し、受け継いできたゴングをチエン・ラオと呼んでいる可能性がある。またラオス南部で複数のゴング所有者に聞き取りした結果、それらの多くはベトナム側から購入したゴングということであり、ラオスでゴングが製造されていたという話は聞かれなかった。

(23)　ベトナム南中部沿岸部にあるビントゥアン省やカインホア省の高地民族の間では、中国のゴングとトンキン（北ベトナム）のゴングは三枚一組（大、中、小）で販売され、その価値はゴングの大きさと余韻（resonance）で決められた（Hickey 1982a: 186–187）。

（24）竹筒琴には、竹筒（共鳴胴）の表皮を細く切り出して弦として使用しているものもあるが、これも音は小さい。

（25）瓢箪を共鳴体に使用した弦楽器は、東南アジア、南アジア、アフリカなど世界各地にみられる。手軽に手に入る素材であり、中空の構造が音を共鳴させやすいためであろう。

第3章

ゴングを奏でる

ゴング演奏の社会的役割

ゴング演奏にはいくつかの社会的・宗教的役割がある。まずゴング演奏の音はそれをとおして精霊や神と交信するための「言語」である（Tô Ngọc Thanh 1988: 220）。たとえば、葬送儀礼ではゴング演奏の音は生者の世界と死者の世界をつなぐ架け橋となる。またゴング演奏者の数（すなわち演奏されるゴングの数）が多ければ多いほど、死者の魂は死後の世界（死者の村）で幸せになると考えられている。さらにより実際的な役割として、葬送儀礼は夜通し行われることが多いが、ゴング演奏はその音楽、音響によって、また実際に演奏や踊りに参加することによって、参列者が一晩中起きていられるような刺激を与えるのである。

そしてゴング演奏には、フェルド（二〇〇〇：三九）がいうところの「音響メディア（sonic medium）」あるいは「ニュース速報（breaking news）」としての役割がある。つまり、ゴング演奏は儀礼・祭礼ごとに特定の旋律を演奏することで、その旋律を共有する村落内外の人びとに村落で何が起きたのか（起きているのか）を伝える役割があり、その旋律を聞いた村人はたちどころにその内容を理解するのである。また太陽が沈むと、電灯のない村落内は非常に暗くなるため、ゴング演奏の音は儀礼・祭礼の場を示す道標ともなる。村人はゴング演奏の音を聴いて、特定の儀礼・祭礼が始まっていることを知り、儀礼の場に集まるのである。

多数の儀礼・祭礼を観察した結果、ゴング演奏が行われる儀礼の場は村内・村間の交流の場としても機能していることがわかった。たとえば、ジャライ族の葬式では多くの若者が参加するが、それは死者を弔うためだけでなく、ゴング演奏を披露する機会であり、また他村から来た人と交流する機会でもあるからだ。多くの若い女性が参加し、踊りに加わり、演奏者の男性らと知り合い、それをきっかけに結婚することもあるという（ジャライ族リウ氏より）。つまり、葬式は死者との別れという悲しい別離の側面だけでなく、他村の人びととの交流という楽しい出会いの側面もあることがわかった。またゴング演奏が行われる場には、演奏者や踊り手だけでなく、村内・近隣の村からも大勢の人が参加し、場を共に盛り立てることで、村落内外の交流や連帯を促進する。デュルケムは、儀礼のもつ社会統合機能について、社会的集団が共通の身体的所作を行うことで、これらの運動の同質性が周期的に自己および集団の感情を活性化させ、集団に自我の感情を与え、それを存在させると指摘する（デュルケム 一九四一：四一五）。つまり、ゴング演奏や踊りは、その同質的な身体動作とそこから発せられる音響を集団が共有することで、村内・村間の協調と社会的な連帯意識を生み出し、それを強化する側面があるといえるだろう。

先述したように、ゴング演奏には儀礼が行われていることを村落内外に知らせる役目もあるが、実際には二〇人のアンサンブルがゴングを演奏したとしても、周囲の環境（遮蔽物の有無）にもよるが、演奏の音はせいぜい一キロメートル四方くらいにしか聞こえないだろう。同じ村落内でも、ゴング演奏が行われている現場から離れると実際にゴング演奏の音はほとんど聞こえなくなる。したがって、数キロメートル離れた近隣の村の住人にもゴング演奏の音が聞こえるというのは、現実的には考えにくいことである。[1] しかし、ここで重要なのはそうした村人の言説の真偽ではなく、ゴング演奏が「コミュナル（Communal）＝全住民共有・参加」（藤田 二〇〇二：一五五）な性質を有しているということである。[2] ゴング演奏は一人では絶対にできないのであり、多数の村人の参加が欠かせない。それは儀礼も同じであり、多くの参加者（準備する人を含め）がいてこそ儀礼は成立する。つまり儀礼・祭礼のもつコミュナルな性質がゴング演奏を要請し、またゴング演奏によって初めて儀礼が、コミュナルなものとして村人に共有されるともいえるのではないだろうか。またお年寄りや身体の不自由な方など儀礼の場に行くことができない者も、遠くから聞こえるゴング演奏の音を家の中で聴くことで、つまり聴取をとおして、儀礼に音響的に「参与」していることが聞き取りから明らかになった。[3] このような音のもつ拡散性、伝達性が、物理的に同じ場にいない者をも包摂している点は重要である。つまり、それら聴く人も含めて儀礼の場を構成していると考えることも可能ではないか。すなわち、儀礼の場はモノや人が集まる物理的な場というより、ゴング演奏の音響が届く範囲において、そして、それを聴く人によってそのつど生み出され自在に伸縮しうる可変的な場なのではないだろうか。

高橋悠治は、同質の音色の音程を少しずつ変えながら受け継いでいくゴング音楽は、階層性をあまりもたない共同体内部での、世代や性差にもとづく関係調整の音楽表現であると指摘する（高橋二〇〇七：一二二）。特別の技能をもった「職能的演奏集団」ではなく、普段農作業をして生活している「普通の村人」によって演奏され、一人が一音のみ演奏するという演奏形態からも、ゴング演奏には共同体の均質性を維持するような機能をも有しているのかもしれない。ゴング演奏は人と神との交信を媒介するだけでなく、人と人との交流をも媒介しているのである。

儀礼においてゴングが演奏されるということは大勢の踊り手が参加することを意味する。規模の大きい儀礼・祭礼では、近隣の村からもゴングアンサンブルやギャラリーが大勢やってくる。ゴングが演奏されない儀礼で、他村から村人が大勢参加する例は、筆者の知るかぎりではなかった。規模の大きな儀礼（墓放棄祭など）では二〇頭を超える牛・水牛、多数の鶏・豚などが供犠され、村人の手で焼かれ、たくさんの甕《かめ》酒とともに参加者にふるまわれる。ゴングが演奏されない儀礼では水牛の供儀なども行われず、儀礼（祭礼）の規模も小さい内輪的（家族レベル）なものであった。つまり、ある儀礼においてゴングが演奏されるということは、それだけその儀礼の規模・重要度が高く、多くの人に共有されることを意味するのである。

ゴング演奏者

先述したように、ゴング演奏者は演奏を生業にしている「職能的演奏者」ではなく、普段は農作業をして暮らしている普通の村人である。またゴング演奏者は、一部の民族グループ（たとえば、エデ族のビー集団）を除き、伝統的に男性に限られるが、それは男性が地域共同体の代表として、精霊（ヤーン）に請願し、儀礼を執り行う役割を担っているからである(4)（Viện Văn hoá Thông tin 2006: 125）。しかし、コントゥム省内では、後述するようにカトリック教会の典礼や公教育の場においてしばしばバナ族の女性がゴングを演奏する。またジャライ族のナイファイ氏によれば、「かつて女性がゴングを演奏することは相応しくないという慣習があったが、現在はそうした慣習はなくなり、女性もゴングを演奏することができる。実際にここ（ザライ省クロンパ県）でも女性がゴングを演奏することがある」という。しかし、筆者が観察した儀礼・祭礼（主にザライ省チュパ県）でジャライの女性がゴングを演奏する事例には出会わなかったため、同じ民族でも地域によってこうした慣習には差があるものと考えられる。

ゴング演奏を行うには一定の演奏技術が求められるため、実際には誰でもできるわけではなく、村落ごとにおおよその演奏者が決まっている。ただし、演奏者は固定されているわけではなく、演奏者の都合によっても儀礼ごとに演奏者は入れ替わることがある。また演奏者は演奏途中でも疲れたら別の演奏者と交代することが可能である。ゴング演奏においては誰が演奏するかではなく、演奏をつづけることが重要なのである。かつては、多くの男性がゴングセット内のあらゆるゴングを演奏できたが、現在そのような技術をもつ奏者は少なく、演奏技術によってある程度演奏するゴングが決まっていることが多い。一つの村落には通常、年長者（五〇代以上が中心）の演奏グループと青年（二〇—三〇代が中心）の演奏グループがあることが多い。ただし、村落によっては年長者の演奏グループしかないことや、年長者と若者が混ざり合った演奏グループや少年（一〇代中心）の演奏グループがある場合もある。ゴング演奏技術の伝達は、伝統的には父親からその息子へと受け継がれてきたが、現在は、演奏技術の優れた人物が村落内の青少年のゴング演奏グループを指導することが多い。また近年は、少数民族が多く通う地区の小中学校でゴング演奏の授業が行われたり、各地区の小中学校のゴング演奏グループが集まってコンペティションが行われたりするなど、行政がゴング文化の保護、伝承を促進しようとする動向が見受けられる。

ゴングを演奏に使用するときはゴングセットを所有する家が無償で貸し出すことが多いが、村落の共有物として教会や集会所にゴングセットを保管している村もあった。たとえば、バナ族のコポン村やコンカトゥ村では教会にゴングセットが保管されており、必要なときは村長やゴンググループのリーダーが教会に行って借りてくる。このようにゴングセットは個人の私有財産であるものと、村落の公共財としての性質が強いものがある。

ゴングの演奏方法

ゴングには紐が通してあり、演奏者は打ち手と反対の肩に紐をかけてゴングを地面と垂直に保持する。平ゴングは通常ゴング内面の中心を、こぶ付きゴングはゴング外面の丸いこぶの中心部を叩いて演奏する。叩く位置がゴングの中心部から少しでもずれると音がよくないとされる。平ゴングの桴《ばち》（トヌッチェン *Tơnu Chêng*）には、ナンヨウアブラギリ（バナ語でロンホレン *Long hờ ren*）などの低木の幹をカットして乾燥させたものが使われる。一方、こぶ付きゴングの桴（トヌッゴン *Tơnu Gong*）には、打面を布で覆ったマレットなどが使われる。バナ語で、トヌッ（*Tơnu*）が桴、ゴン（*gong*）がこぶ付きゴング、チェン（*Chêng*）が平ゴングを指す(5)。ゴング演奏には直径の異なる複数のゴングが使用される。ゴングは直径が大きいほど音高が低くなり、直径が小さいほど音高が高くなる。本書では、平ゴング、こぶ付きゴング、それぞれ直径の大きい順に平ゴング1、平ゴング2、平ゴング3……、こぶ付きゴング1、こぶ付きゴング2、こぶ付きゴング3……と呼ぶことにする。平ゴングはバナ族の場合、通常七—一〇枚の音高の異なるゴングが一つのセットとなっている。その音高によって旋法が生まれる。原則として一つのゴングにつき一人の奏者が担当して叩くことになっており、一人ずつが時間軸の流れで特定のタイミングでゴングを叩くことによって旋律を生み出す。また複数の奏者がゴングを同時に叩くことによって音の重なりとしての「和音」も生み出している。またこぶ付きゴングはバナ族の場合、通常三枚を基本とし、その三枚が旋法の基音と次に重要な音を通奏的に鳴らしている。そしてこれら三枚のこぶ付きゴングは、一つの音から次の音の時間の長短によって、リズムの変化、リズムのパターンを作っている（詳細は第8章で述べる）。すなわち、各奏者は一枚の平ゴング、または、こぶ付きゴングをインターロッキングに奏するため、各奏者は自分がゴングを打つタイミングを完全に把握していないとアンサンブルは容易に破綻する。したがって、奏者間の協調性が何より要求される演奏方法である。

演奏者は、打奏時以外は、打ち手（通常右手）とは逆の手でゴングの縁付近を握っており、ゴングを叩く瞬間にその手を離す。すべての平ゴングとこぶ付きゴング3（およびそれより小さなこぶ付きゴング）は、打奏した直後にゴングの側面（縁）を触るとともに平ゴングは桴をゴングの中心部に押し付けることで余韻を響かせないようにする。(6) 一方、最も直径の大きなこぶ付きゴング1（および2）は、打奏した直後ではなく、余韻を長く響かせてからミュートすることがしばしばある（第8章【譜8・4】、【譜8・6】を参照）。またこぶ付きゴング1（および2）の奏者は、ゴングの側面を触るだけでなく、自分の腰、腿、尻など身体の一部にゴングをタイミングよく触れさせることで音を減衰させることがある。こぶ付きゴング1は、平ゴングに比べてはるかに大きく重いためコントロールが難しく、しばしば余韻の長さを即興的に変えながら演奏を行うため、演奏技術を要する。

ゴング演奏において難しいのは、「音を出す」ことより「音を消す、減衰させる」ことにある。

各奏者はゴングを打った直後に、余韻が響きすぎないように、音を減衰させなければならない。さもないと余韻がほかのゴングの音を邪魔してしまうからである（Viện Văn hoá Thông tin 2006: 127）。ゴングをミュートする方法は先述したとおりであるが、各奏者が行う消音（減衰）の度合いは、ほぼ完全に音を消す場合から、余韻を弱める場合までゴングの種類によっても、曲によってもさまざまである。旋律や和音を担当する平ゴングは打音の直後に消音することが多いが、通奏的に鳴らすことの多いこぶ付きゴング（特に直径の大きなゴング）は音を完全に消すのではなく、余韻を弱めるような形のミュートが多い。このような消音方法の多様性は、西洋の音楽では関心が払われることはほとんどないが、ベトナムのゴング音楽の場合、各民族のゴング演奏を特徴づける重要な演奏テクストである（Alperson et al. 2007: 13）。

1　伝統的なゴング演奏形態

先述したように、ゴング演奏は各奏者が一枚のゴングを演奏し、一二人から二〇人程度の演奏者によるアンサンブルを形成する【図3・1】。演奏者は、それぞれ異なるピッチに調律されたゴングを異なるタイミングで叩く。その組み合わせによって、リズムやメロディ、和音が構成され、曲のようなものが生まれるのである。本書では、このような演奏形態を、「伝統的なゴング演奏（Chiêng cổ truyền）」（Phạm Nam Thanh 2006: 179–180）と呼ぶ。(7) ゴング演奏者は、儀礼シンボルの周りを一列になって反時計回りに歩きながら演奏する。儀礼シンボルとは、たとえばニャーロン（集会所）の落成式の場合は、ニャーロン前の広場で供犠する水牛がつながれた儀礼柱、墓放棄祭の場合は放棄する墓（霊廟）が該当する。儀礼シンボルの周りを反時計回りに演奏する理由は、演奏者の心臓を儀礼シンボルのほうに向けるためとも、奏者は通常右手でゴングを叩くため、ゴングの音は儀礼シンボルに向かって放たれることになり、儀礼シンボルを通して精霊にゴングの音を等しく届けるためであるともいわれる。通常、大太鼓（バナ語やジャライ語で太鼓の総称として、ホゴール *Hơ gơr*、またはソゴール *Xơ gơr*）【図3・2】を担いだ演奏者が先頭で拍子または一定のリズムを刻み、その後方をリズムなどを担当するこぶ付きゴングが直径の大きい順に並び、その後方を旋律や和音を奏でる平ゴングが直径の大きい順に並ぶ。さらに、小太鼓の奏者が一人と、直

図3・1　墓放棄祭でゴングを演奏するジャライ族の男たち　【動画3·1☞vii頁】

径一〇―二〇センチほどのシンバルのような楽器（ベトナム語でチュムチョエ Chũm chọe、ジャライ語でザンザイ *Rang rai*、バナ語でハカム *Ha cam*（Đào Huy Quyền 1998: 148））【図3・3】を一定のリズムで擦り合わせて演奏する奏者が複数加わることがある。

ゴング演奏には、女性による踊りが欠かせない。演奏が徐々に盛り上がってくると、儀礼の場にいる女性がゴング演奏者のさらに外周を取り囲むようにして手をつないで踊り始める。(8) ゴングの演奏方法と同様に、女性の踊りについても、中部高原の少数民族ごとに異なる様式をもっているが、バナ族、ジャライ族の踊りは、日本の「花いちもんめ」を少し連想させる部分がある。伝統的な儀礼・祭礼では、若者は演奏・踊りの際に民族衣装を着ていないことが多いが、高齢の女性は民族衣装を着ていることがある。

図3・2　バナ族の大太鼓（左）と小太鼓（右）

ゴングの演奏方法には、大きく分けて二種類ある。一つは握りこぶしを使ってゴングの中央（こぶ付きゴングの場合こぶ部分、平ゴングの場合ゴング外面の中心）を叩く方法である。これはラムドン省やダクラク省に居住するムノン（M'nông）族、ラムドン省に居住するマ（Mạ）族、クアンナム省やフエ省の高地に居住するカトゥ（Cơ Tu）族など、旋律というより、音色の交替や響きを重視する民族に多い演奏方法である。

もう一つが先述したバナ族、ジャライ族のように桴を使った演奏方法で、平ゴングとこぶ付きゴングで役割を明確に分けて演奏する民族に特徴的な演奏方法である。平ゴングは、先述したように、低木の幹などを乾燥させた堅い桴で、こぶ付きゴングは布や皮で覆った柔らかいマレットで叩く。たとえば、コントゥムコポン村のこぶ付きゴングの桴は木材の先端に古布を巻きつけ、ラタンの紐で網状に丸く縛ったものであり、ゴングの大きさに応じて桴の大きさも異なる【図3・4】。平ゴングは、硬くはっきりした中高音を出すため曲の旋律部や和音を担当する。一方、こぶ付きゴングは、布で包んだ桴や、拳を使ってこぶ部分を叩き、丸く柔らかいよく反響する音を出すため、リズムパターンを

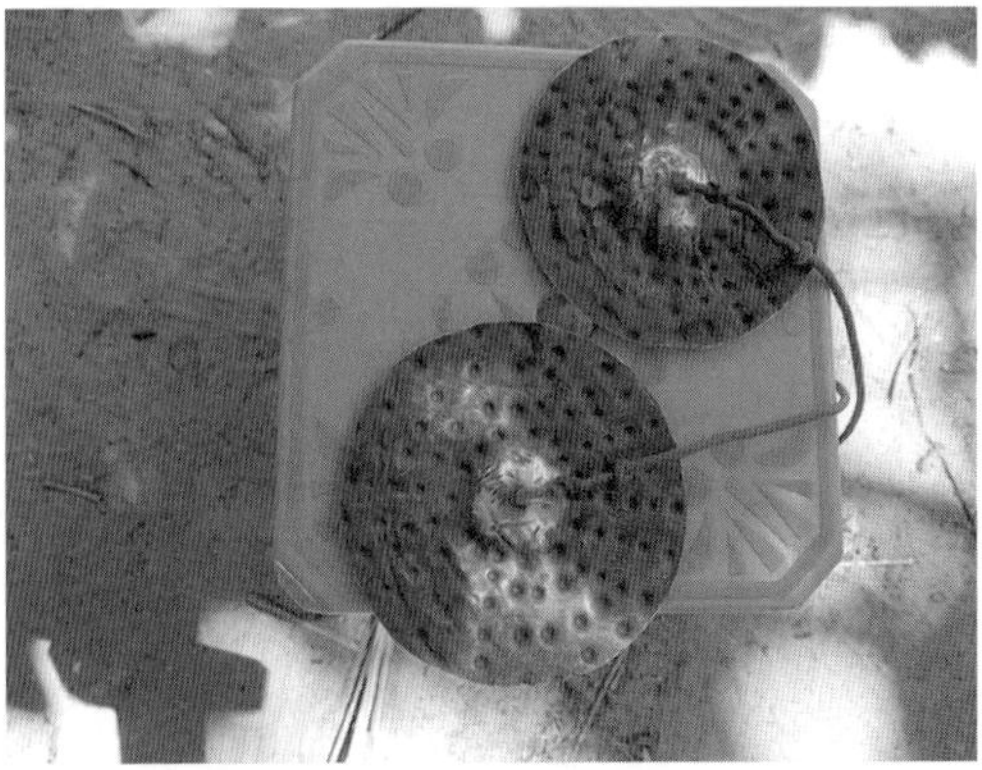

図3・3　ゴング演奏に加わるシンバル

担当することが多い。先述したように、各ゴングの側面には穴が二つ開けてあり、紐を通して肩にかけて演奏できるようになっている。

各奏者は原則として異なるピッチ（オクターブを含む）に調律された一枚のゴングのみを演奏する。つまり一人の奏者は単音しか出せない。ゴングアンサンブルは多いときで二〇人近くにもなるため、各奏者は曲のなかで、自分がどのタイミングでゴングを叩くのかを正確に把握していなければならない。また演奏のテンポは多くの場合だんだんと速くなっていくため、絶えずほかの奏者が出す音を集中して聴いていなければならない。一人でも打音のタイミングを外すとアンサンブルは成立しなくなる。つまり各奏者が一定のレベルで調和していなければならず、そのためには日頃の練習が欠かせない。しかし実際のところ、ゴングアンサンブル内には演奏の上手な人と下手な人が混在していることが多い。演奏の上手な人は、演奏の難易度が高いこぶ付きゴング1や、曲の旋律を奏でるために重要な平ゴング（特に1—7番）を

図3・4　こぶ付きゴングの演奏に使われるマレット
（左端は平ゴングの桴）

担当することが多い。

2　改良ゴングアンサンブル

新たなゴング演奏形態は、「改良ゴングアンサンブル（Chiêng cải tiến）」（Phạm Cao Đạt 2006: 91）と呼ばれる。ファム・カオ・ダット（Phạm Cao Đạt 2006: 91–92）によると、改良ゴングアンサンブルは主にジャライ族、バナ族が居住する一部地域にみられ、一九七五年頃にザライ省のアユンパ県やイアパ県において発祥したという。またジャライ語で、チン・パラ・トゥック（*čing pơrơ tŭk*）と呼ばれる改良ゴングアンサンブルは、一九七五年にザライ省アユンパ県のクソル・ロ・ヴァン（Ksor Rơ Wang）が最初に発明したとする説もある[9]（Tô Đông Hải 2004: 313）。改良ゴングアンサンブルの演奏形態はこぶ付きゴングを音高順に竹製の竿に一列に吊るして、一人あるいは二人の奏者が演奏するというものである。その音階は地域によっても異なる可能性があるが、調査した範囲では、Dメジャーまたはеメジャーに調律されたダイアトニックスケールである[10]。さらにリズムを担当するこぶ付きゴングの奏者や大太鼓が加わることが多い。たとえば、ザライ省クロンパ県で調査した改良ゴングアンサンブルは、一五枚のこぶ付きゴングが使用され、二オクターブがカバーされており、葬礼を含む村落のさまざまな儀礼で演奏されるとのことであった。

バナ族のコンフラチョット村の改良ゴングアンサンブルは、主にコントゥム市内のカトリック教会の典礼[11]やミサ、そして政府主催の文化イベントで演奏している【動画3・2 ☞vii頁】。近年では、ニャーロン（集会所）の落成式といった伝統的な儀礼・祭礼においても演奏を行なっていることがわかった[12]。演奏形態は、一八枚の調律されたこぶ付きゴングを音高の高さ順に（サイズ順に）一列に並べ、竹竿に吊下げて二人の奏者が演奏する。吊りゴング奏者の後ろでは、六人の奏者がこぶ付きゴングを演奏し、一人が地面においた大太鼓を、一人が小さなシンバルを演奏する【図3・5】。なお、前方の吊りゴングをチエン・ノット（Chiêng nốt）、後ろで演奏するこぶ付きゴングをチエン・ディウ（Chiêng Điệu）と呼ぶ。またそれぞれのゴングを担当する奏者は固定されている。

二〇一〇年一一月にコンフラチョット村改良ゴングアンサンブルのリーダーであるトゥオン（Tương）氏に対して行なった聞き取り調査によれば、改良ゴングアンサンブルに演奏を依頼するには最低でも一二〇万ドン（約六〇〇〇円）の謝礼が必要という。伝統的なゴング演奏の場合、謝礼は

図3・5　コントゥム市内の木造教会で演奏する改良ゴングアンサンブル

基本的に発生しないため、改良ゴングアンサンブルは職能的な演奏集団とみなすことができる。演奏機会として、政府主催の文化イベント、教会の典礼、結婚式、ニャーロンの落成式、水牛供犠祭などがある。コントゥムはもちろん、ハノイ、ダナンなど国内各都市で行われる政府主催の文化イベントで演奏することも多く、謝礼の額はイベントの規模によっても変わる。

先行研究では、改良ゴングアンサンブルについて、「パパイヤを刺すような（未熟な）音」がする「若者のゴングアンサンブル」（Phạm Cao Đạt 2006: 91–92）と評し、年長の演奏者の多くは改良ゴングアンサンブルを受け入れることができないとしている。理由として、演奏のテンポが速すぎて、テイグエン（中部高原）の女性特有の踊りのしなやかさが表現できないからなどが挙げられている（Phạm Nam Thanh 2006: 178–179）。実際のところ、伝統的なゴング演奏では必ずみられた女性による踊りは、バナ族の改良ゴングアンサンブルの演奏ではみられなかった。このように先行研究では改良ゴングアンサンブルを「若者のゴングアンサンブル」として、従来の伝統的なゴングアンサンブルとは対比的にとらえている。

このようなコントゥム省のバナ族にみられる職能的で固定的な改良ゴングアンサンブルに加えて、ザライ省では、伝統的なゴング演奏の脈絡でも改良ゴングアンサンブルが演奏されている。二〇一三年三月に筆者が観察したジャライ族ムトゥールグループ（イアパー県）の葬式では、竹竿に吊り下げられた旋律を担当する一八枚のこぶ付きゴングを二人の奏者が演奏し、リズムを担当する太鼓やこぶ付きゴング奏者（こぶ付きゴングは吊り下げ式と一人が一枚を保持して演奏するパターンの両方）と共に死者が出た家の周りを回りながら演奏を行なっていた。また小さなシンバル（ザンザイ）をリズミカルに擦り合わせて演奏するグループや女性による踊りも加わり、ゴングアンサンブルを中心とする演奏者、踊りの輪ができていた。演奏グループ（改良ゴング、こぶ付きゴング、太鼓、シンバルの奏者で一つのグループ）は二つあり、長い隊列のように死者が出た家の周りをゆっくり歩きながら演奏していた。また注目すべきは、演奏者のほとんどが若者（一〇—二〇代）であったということである。伝統的なゴング演奏でも若い男性が演奏することはあるが、これほど若者が中心的な役割を担い、演奏の場全体が盛り上がる光景をみることは稀である。さらに、時折声を合わせてシンバルを擦り合わせる演奏は、改良ゴングが奏でるきらびやかで明確な旋律とは対照的に明確な音高をもたず、また抑制的で淡々とした伝統的なゴング演奏とは対照的に、静と動のリズミカルな緩急が特徴的であった【動画3・3 vii頁】。

コントゥム省の少数民族村落では、葬式の際に改良ゴングアンサンブルが演奏を行うことは考えづらいため、ザライ省では、改良ゴングアンサンブルがより一般的なゴング演奏形態として受け入れられている可能性がある。またその演奏スタイルは、平ゴングの代わりにダイアトニックスケールに調律された吊りゴング（こぶ付きゴング）が旋律を担当する点以外は、伝統的なゴング演奏形態と類似している。したがって、以降の文章では、「改良ゴングアンサンブル」はバナ族コンフラチョット村の改良ゴングアンサンブルを指すこととする。

3　考　察

伝統的なゴング演奏は、村落共同体内部において、精霊（ヤーン）信仰[13]のもと精霊や先祖と交信するために演奏する。つまり、ゴング演奏は、「共同作業としての集団演奏をとおして、人間と精霊のあいだに特別な音響的な関係をつくりだしている」（山田二〇〇〇：一三）のである。ゴング演奏は、日常の生活空間で行われる実践であり、演奏は洗練化へはあまり向かわず、「ゆるさ」を常に有している。たとえば、演奏者はたいてい私服のままで、演奏中もときには周りの村人と談笑したり、酒を飲んだり、煙草を吸ったりし、演奏に疲れると演奏中でもほかの村人と演奏を交代する。また周りの村人も、演奏中の奏者に酒を飲ませようとしたり、タバコを渡そうとしたり、焼いた肉などを食べさせようとしたりする。[14]演奏が盛り上がってくると老若男女問わずその場に集まった多くの人びとが演奏者を取り囲むように踊り始めることで、パフォーマンスに参与する。このように、みんなで協調して、ある一定の音のパターンを繰り返すという意味での演奏（playing）が重要なのであって、西洋近代的な意味での演奏（performance）を志向していない。これはトゥリノ（二〇一五：五六）が分類する、アーティストと聴衆という区別がなく、参与者と潜在的な参与者がそれぞれ別の役割を果たす「参与型（participatory）パフォーマンス」であり、彼が指摘するように、その最も重要な目的は、できるだけ多くの人びとを何らかのかたちでパフォームする側に巻き込むことである。つまり、ゴング演奏によって多くの人びとを集め、パフォーマンスに参与させることで、精霊を喜ばせるのである。

伝統的なゴング演奏を特徴づける動作は、以下の三点にある、①ゴングの打音と消音のリズミカルな身体動作の反復が生むリズム、②打音や消音の際に、掌やひじ、腿、尻など、耳だけでなく、身体との接触を通して音を吸収すること、③直径の大きなこぶ付きゴング奏者は、腰を巧みに使いゴングの響きと共鳴しながら踊り演奏すること。つまり、伝統的なゴング演奏におけるゴング奏者は、自らの身体を使って音を発し、またその響きを自らの身体に返している。各奏者が楽曲ごとに決められた各ゴングの「打音」と「消音」のタイミングを正確に把握して演奏しなければ、その楽曲の演奏を完成させることはできない。たとえ一つのゴング（一つの音高）であろうとも、正確に演奏できなければ曲は成立しない。さらに楽曲を成立させながら、音楽的な才能のあるリーダー格の演奏者は即興のセンスを用いて楽曲を魅力的なものにしている。

山田（二〇〇〇：二一四）は、声（音）と響き合いながら、声によって揺さぶられ、声とともに流れる身体のことを「音響的身体」と呼んでいる。音はわれわれの身体に浸み込んでそれを貫くのであり（Ihde 2007）、ほかの知覚と同様に、聴くこととは、われわれの骨や内臓を含む身体全体で現実を把握する方法の一つである（Gonzalez-Crussi 1991: 45）。つまり、われわれは耳だけでなく、身体全体をとおして音をとらえており、響きを感じているのである。たとえば、大きなこぶ付きゴングの大地を震わせるような重い低音は、われわれの内臓を揺さぶりながら鳴り響く。そのとき、奏者は、空気を震わし大地に反射する音を、そしてゴングから直接伝わる振動を身体全体で吸収しているのである。つまり、ゴング奏者は自らの演奏するゴングの音を耳から聴取するとともに、打音・消音の際に直接ゴングに身体を触れさせることで、自らの身体とゴングを共鳴させ、さらにほかの奏者が発するゴング（と太鼓）の音を身体全体に響かせているわけである。

伝統的なゴング演奏は、儀礼シンボルの周りを反時計回りに歩きながら、演奏を行う。また規模の大きな葬式や墓放棄祭などでは、他村からのゴング演奏グループも加わるため、儀礼シンボルを中心とした同心円上の「演奏の輪」は幾重にも増えていく。さらに演奏が盛り上がってくると、手をつないだ大勢の女性が奏者を囲むように踊り始め、儀礼シンボルを中心に、演奏者と踊り手の身体が織りなす「音の渦」ができあがる。演奏のテンポはだんだん速くなり、これ以上速くできないぐらいのテンポになると、「音の渦」に蓄積されたエネルギーが放出され、演奏が止まる。そして、またゆっくりと演奏が始まり、次の「音の渦」が生み出されていく。葬式や墓放棄祭におけるゴング演奏では、このようなゴングの「響き」と演奏者・踊り手の「身体」の共鳴が生み出す反復のプロセスが、夜通しつづいていくのである。

音は音同士で共鳴し合うだけでなく、身体とも共鳴し、また同じ場に存在する身体同士をも共鳴させる（山田 二〇〇八：二七）。ゴング演奏者と踊り手の身体が生み出す「音の渦」は、儀礼の場の参加者や供犠される水牛の身体をも包み込み、それぞれの身体と身体の間で響き合い、その場にいるすべての身体が一つの響きとなって相互に浸透するのである。

一方、改良ゴングアンサンブルは、聴衆の視線を意識しており、その演奏は聴衆へ「見せる」ことを意識した繰り返される演技としての「パフォーマンス」（シェクナー 一九九八：一六）である。トゥリノ（二〇一五：五六）の分類では、一部の人びと（アーティスト）が、音楽づくりやダンスに加わらないもう一方の人びと（聴衆）に音楽を提供する「上演型（presentational）パフォーマンス」である。それはたとえば、曲の始まりと終わりが明確な曲を演奏すること、演奏の際には民族衣装を着用すること、まじめで集中した演奏態度などに表れている。さらに演奏者が固定されているため、演奏技術も一定の高いレベルが保たれている。これは、まさに近代西洋音楽における演奏、つまり、特別な技能を有した演奏者が、ステージという日常の生活空間とは異なる場所で、観客に向けて行う演奏（performance）である。つまり、彼らは、社会変化のなかで西洋音楽のイメージを自らの文化に戦略的に取り入れており（文化の客体化）、そうした行為を地域住民の創造的な営みとしてポジティブにとらえることもできる（太田 一九九三）。

演奏形態で比較すると、伝統的なゴング演奏形態が、こぶ付きゴングと平ゴングを同時に演奏するのに対し、改良ゴングアンサンブルではこぶ付きゴングのみが演奏に用いられる。しかし、伝統的なゴング演奏形態における平ゴングとこぶ付きゴングの役割分担は、改良ゴングアンサンブルでも、前方の吊りゴング＝旋律、後方のこぶ付きゴング＝リズムパターンという形で継承され、むしろ、より強調されている。

また改良ゴングアンサンブルでは、伝統的なゴング演奏形態にみられた「身体性」が著しく欠如している。たとえば、前方の旋律を奏でるこぶ付きゴング奏者は、桴を使って複数の吊りゴングを演奏するが、消音を行わないため、ゴングと身体との直接的な接触がなくなる。つまり、改良ゴングアンサンブルでは、旋律を担当するゴングの響きはコントロールされず、ゴングと身体の接触を通した共鳴のプロセスが失われている。また改良ゴングアンサンブルでは、伝統的なゴング演奏には欠かせない儀礼シンボルがなく、演奏者は各自の立ち位置からほとんど動かない。さらに曲の始まりと終わりが明確であり、伝統的なゴング演奏でみられた「演奏の輪」や「音の渦」は形成されない。したがって、ゴングの「響き」と演奏者・踊り手の「身体」の共鳴が生み出す反復のプロセスも生起しないのである。

改良ゴングアンサンブルが生まれた社会背景

１　キリスト教の普及

ベトナム中部高原地域におけるキリスト教の普及は、一九世紀中頃から始まるフランス・カトリック宣教団(16)による中部高原への探検と、当地での布教活動が始まりである（樫永 一九九九b）。また【表3・1】に示すように、二〇世紀にかけてさまざまな理由から中部高原地域へ移民が押し寄せた。まず一九二〇年代のフランス人農園で働くキン族労働者の移住を皮切りに、一九五四年の北ベトナムからのキン族・北部少数民族避難民、一九七五年以後のキン族の新経済区建設移民、そして一九九〇年以後のキン族、北部少数民族の自由移民とつづいた（新江 二〇〇三：九九）。そうした移民のなかにはカトリック教徒も多く含まれていたと考えられる。

新江（二〇〇三：一〇五―一〇六）によると、ベトナム戦争後、社会主義政府による定住化政策の結果、先祖代々受け継いできた土地を失い、また焼畑制限により従来の農耕儀礼と穀霊―祖霊（ヤーン）信仰も失った先住山岳民は、共産党が期待した無信仰者とはならず、カトリックやプロテスタントへの入信が進んだという。

つまり、中部高原の一部の地域では、先祖代々住んでいた土地を追い出され、焼畑巡回農業から水田農業、換金作物栽培へと転換を余儀なくされた山岳少数民族は、その土地ごとに根づいていた精霊（ヤーン）信仰を失い、

表3・1　中部高原への移民の概要（新江（2003: 99）より一部筆者改変）

	年代	規模	宗教	民族
農園労働者	1920–	数万人	カトリック、仏教	キン族
北ベトナム避難民	1954–	数十万人	カトリック、仏教	キン族、北部少数民族
新経済区建設移民	1975–	数百万人	仏教、無宗教	キン族
自由移民	1990–	数十万人	各宗教	キン族、北部少数民族

キリスト教へ改宗していった。キリスト教（特にプロテスタント）を信仰する村では、焼畑農耕や精霊信仰と結びついて行われていた儀礼や精霊祭祀が行われなくなっていった。その結果、ゴングを演奏する主な機会も、一部の地域では、伝統的な儀礼・祭礼から、キリスト教のミサ・典礼へと移行していったのではないかと考えられる。

第1章で述べたように、コントゥム市周辺ではカトリックを信仰している村が多い[17]。この傾向はコントゥム市中心部に近いほど高く、特にバナ族、セダン族の村で顕著であった。教会のミサや典礼では、ゴングは聖歌の伴奏楽器として、祭礼の雰囲気を盛り上げる「BGM的なもの」として演奏される。たとえば、二〇〇六年三月にバナ族のプレイルーハイ村の教会で行われた復活祭（イースター）では、ゴングが聖歌斉唱の伴奏楽器として、オルガン、木琴と共に演奏された（Yanagisawa 2016）【音声3・1 ☞vii頁】。教会のミサ・典礼において伝統的なゴング演奏形態で演奏する場合、ゴングは聖歌の伴奏楽器として演奏されるため、儀礼ごとの旋律の多様性のようなものはみられない。そこで必要とされるのは、普通の村人が協力して演奏を行う「協働行為」ではなく、ある一定のレベルで常に演奏をこなすことができる「職能的演奏者」である。したがって、コンフラチョット村の改良ゴングアンサンブルのように、アンサンブルのメンバーと各奏者の担当するゴングが固定されているほうが都合がよいのである。

カトリックを信仰する村では、伝統的な農耕儀礼や葬送儀礼よりも、むしろ、教会のミサ・典礼のほうがゴングを演奏する主要な機会となっていることが少なくない。トー・ドン・ハイ（Tô Đông Hải 2004: 318）が指摘するようなカトリック教会音楽の影響とともに、教会の典礼という場により適したゴング演奏形態が求められたことも、改良ゴングアンサンブルという新しいゴング演奏形態が誕生した要因として考えられるのではないだろうか。

2　メディア環境の変化

筆者が訪れた少数民族の家の多くでは、ＶＣＤ[18]プレーヤーがテレビとともに設置してあった。コラム1（☞四二頁）でも述べたように、特に若者は、西洋のポップスやハリウッド映画を、海賊版ＶＣＤをとおして日常的に視聴していることがわかった。海賊版ＶＣＤは、コントゥム市内の市場やショップで一枚二万ドン（約一〇〇円）程度の値段で大量に販売されており、入手が比較的容易である。パソコン一つで簡単に複製可能なＶＣＤは、そのメディア単価の安さもあって、東南アジア諸地域で広く普及している。ベトナム中部高原も例外ではなく、コントゥム市内のキン族が居住する地域はもちろんのこと、市内から数十キロメートル離れた少数民族の村においても、テレビとともに数少ない家庭の娯楽として楽しまれていた。

またコントゥム市内では、中心部だけで少なくとも一〇軒を超えるインターネットカフェがあり、昼夜を問わず多くの若者（主に一三―二五歳くらい）で賑わっていた。二〇〇七年当時、インターネットカフェの利用料は、一時間あたり三〇〇〇ドン（約一五円）程度であり、コントゥムの物価を考えてもかなり安価に利用できた。コントゥム市周辺の学校では、キン族だけでなく、バナ族やジャライ族など多くの少数民族の生徒が一緒に学んでおり、彼／彼女らは授業が終わると市内のインターネットカフェで、海外の音楽や映画を楽しんでいた。

VCDプレーヤーの普及は、人びとに西洋音楽的旋律の嗜好を浸透させるだけでなく、逆に「伝統的な」ゴング文化の継承にも役に立つ可能性を秘めている。梅田（二〇〇八）によれば、インドネシアのバリ島では、一九九七年以降、市販のバリ伝統舞踏集VCDが、バリ舞踏の伝承・教育に積極的に利用されており、特に伝統芸能教育が盛んな都市部では、VCDが教材として大きな役割を果たすようなった。

たとえば、現在活動している数少ない調律師であるキウ氏（バナ族）の家を初めて訪れた際、キウ氏は、所有するゴングセットの音階を筆者に説明してくれたのだが、その際に用いたのが日本製（casio）の電子キーボードであった。実際に調律技術の伝承の際に、西洋の音階を用いて説明しているのかはわからなかったが、この例からもゴング文化の伝承に、「口伝」という第一次口頭性のメディアだけでなく、すでに音響機器や映像機器などの第二次口頭性（徳丸一九九六：九四）のメディアが併用されている可能性がうかがえる。

しかし、テレビやラジオだけでなく、VCDやインターネットといった新しいメディアをとおして、西洋文化を容易に享受することができるようになったことで、彼／彼女らの音や音楽に対する「美的感覚」、「嗜好性」に何らかの影響を与えていることは否定できない。西洋音楽の日常生活への浸透が、全音階で西洋の楽曲も演奏できるゴングアンサンブルの希求につながったと考えられる。

3　政府主催の文化イベント

近年、少数民族の伝統的な文化は、ベトナム国内でもテレビや新聞、インターネット記事などのマスメディアを通じて頻繁に紹介されている。また、ベトナム各地で、少数民族の伝統文化に関するイベントやフェスティバルが開催されている。先述したように、二〇〇五年一一月、ユネスコの「第三回人類の口承及び無形遺産の傑作の宣言」に、「ベトナム中部高原におけるゴングの文化的空間」が傑作として宣言されたこともあり、中部高原各省では少数民族のゴング文化に焦点を当てたフェスティバルが開催されるようになった[19]。以下に筆者が実際に参加したフェスティバルについて述べる。

二〇〇六年一二月二七日に、コントゥム市内の文化会館前広場で、コントゥム省で初めてのゴングフェスティバル（「ゴングフェスティバル二〇〇六――コントゥム省の各少数民族（Liên Hoan Cồng Chiêng -Các Dân Tộc Tỉnh Kon Tum 2006)」）が開催された。ゴング演奏のプログラムは【表3・2】のとおりである。

改良ゴングアンサンブルは、コントゥム省の各民族・地域を代表してフェスティバルにやってきた一〇組のゴンググループのなかで、一番はじめに演奏を行なった【動画3・2 vii頁】。つまり、伝統的なゴング演奏だけでなく、改良ゴングアンサンブルも中部高原のゴング文化を象徴するものとして、政府によって認識されていることがわかる。ユネスコによる宣言以降、観光資源としてのゴング文化の価値は高まっており、観光戦略としてゴング文化を利用しようとする兆候がみられる。したがって、全音階で西洋の音楽も演奏できるため若者や観光客にも受け入れられやすく、メンバーの演奏技術が一定レベルで高いセミプロフェッショナルな改良ゴングアンサンブルは、こうしたステージ上での演奏により適した演奏グループであるといえる。そして、このような政府主催の文化フェスティバルを通じて、新たなゴング演奏形態と旋律は人びとに認識され、受容されていくのである。

表3・2　「ゴングフェスティバル2006」のプログラム

民族名／地域	演奏曲（演奏される儀礼）	演奏スタイル[*1]
バナ族／コントゥム市（コンフラチョット村）	Dancing, cut rice season	改　良
ゼチエン族／ダクグレイ県	水牛供犠祭	伝統的
ゼチエン族／ンゴックホイ県	集会所の落成式ほか	伝統的
セダン族（ソテングループ）／トゥモロン県	水資源感謝儀礼	伝統的
セダン族（ソテングループ）／ダクトー県	——	伝統的
セダン族（トジャーグループ）／ダクハー県	水資源感謝儀礼	伝統的
ジャライ族（アラップグループ）／サータイ県	水牛供犠祭ほか	伝統的
セダン族（ムナムグループ）／コンプロン県	収穫を祝う曲	伝統的
セダン族（トジャーグループ）／コンゼイ県	——	伝統的
バナ族（ロンガオグループ）／コントゥム市	客人を迎える曲	伝統的

*1）「改良」＝改良ゴングアンサンブル、「伝統的」＝伝統的なゴング演奏

まとめ

改良ゴングアンサンブルは、先行研究でいわれるような伝統的なゴング演奏に対する対立項として、あるいは文字どおりの改良バージョンとして、伝統的なゴング演奏に取って替わる存在ではなく、西洋音楽の様式を取り入れた新たな形のゴング演奏形態として、伝統的なゴング演奏と共存していることがわかった。【表3・3】に、演奏形態ごとの特徴をまとめる。

先述したように、ベトナム中部高原の少数民族は、年を通じて行われるさまざまな儀礼の内容をゴングの音（旋律）をとおして知ることができる。ゴングの音を聴いて、村内だけでなく近隣の村からも人が大勢やってきて交流の場が生まれ、新たな人間関係が生み出される。このような、村ごと、儀礼ごとに異なるゴング演奏の多様な旋律が生み出す、人間と精霊（ヤーン）の

表3・3　演奏形態ごとの特徴

	伝統的なゴング演奏	改良ゴングアンサンブル
主な演奏機会	葬送・農耕儀礼など	教会の典礼、文化イベント
音　階	固有の音階	ダイアトニックスケール
演奏者	流動的	固定的
ゴングの種類	平ゴング＋こぶ付きゴング	こぶ付きゴングのみ
各演奏者の担う役割	均　衡	不均衡
演奏態度	ゆるい	真面目
演奏時間	長　い	短　い
1曲の長さ	長　い	短　い
旋律の長さ	短　い	長　い
演奏のテンポ	だんだん速くなる	一　定
演奏技術	ばらつきがある	一様に高い

交信、人間同士の交流こそが伝統的なゴング文化が有する多様性の価値であり、この多様性の価値を支えるのがゴング調律師の知識と調律技術である。シーガー（Seeger 1987: 86）や徳丸（一九九六：一〇八）によれば、儀礼も音楽も、規則の単なる反復なのではなく、人びとが意識的に個々の環境のなかで、再創造や新しい創造を行なったものだという。改良ゴングアンサンブルは、キリスト教や西洋音楽の浸透などの社会変化[20]に伴う需要に対応させるため、地域住民が新たに創造した価値とみなすことができる。つまり、伝統的なゴング文化が有する多様性の価値と、「改良ゴングアンサンブル」という地域住民が新たに作り出した価値という二つの価値が、当該地域社会のなかで共存しており、これら二つの価値が現在のゴング文化の特徴を示しているのである。

注——第3章　ゴングを奏でる

（1）　マレーシア・サラワクの先住民オラン・ウルは、死者が出たとき、あるいは村落が攻撃を受けたときにかぎり、ロングハウスのベランダに吊るされた巨大なゴングを打ち鳴らすが、森中に反響するゴングの深い響きは、ロングハウスから数マイル離れた農場でも聞こえた（Metcalf 2009: 244）。森林環境では樹木や草地などによる音の吸収によって平均して一〇〇フィート（三〇・四八メートル）の距離あたり七デシベルの音の減衰があり、その減衰量は周波数が高いとより大きくなる傾向がある（Embleton 1963）。音の減衰は森林の密度、遮蔽物の有無、気象条件などによっても異なるが、平ゴングの高い周波数の音は森林環境では一キロメートル離れるとほとんど聞こえなくなると考えられる。しかし、大太鼓や大きなこぶ付きゴングの低い周波数の音は比較的遠くまで聞こえる可能性がある。

（2）ちなみに重要な儀礼、祭礼はしばしば村のシンボルである集会所（communal house）のもとで行われる。

（3）井上（二〇一四）では、北東カンボジアの憑依儀礼におけるゴング演奏の場が、竹笛（ピー）、皮太鼓（シェグルアラク）、霊媒の歌、ざわつく声といった雑多な音響が参与する場として描かれている。一方、筆者は、音を発することによってだけでなく、聴くことそのものが必然的に音響事象に参加することであり（Burrows 1990: 29）、振動が聴取者の身体に伝わることで聴取者の身体と音響が発せられた場が結びつくという側面に着目して、聴取による「音響的参与」という概念を用いた。

（4）何氏・新江（二〇一〇）によれば、コントゥム省のフレー（Hrê）族は、女性もゴングを演奏することができ、一般的に女性のほうが男性よりも演奏技術が優れているという。

（5）バナ族ジョロングループは、ゴングの桴をトモッ（*Tờ Môh*）と呼ぶ。

（6）平ゴングのミュートの方法は二種類ある。ゴングの側面付近を持ち手とは逆の手で握るとともに、桴をゴングの中心に押し付ける方法と、ゴングの縁から手を離したまま（つまり、持ち手は打音時以外もゴングに触れていない）桴をゴングの中心に押し付ける方法である。これらのミュートのやり方は同じ村落のゴングアンサンブルでも奏者によって異なることがある。

（7）この演奏形態は、コントゥム省、ザライ省のバナ族、ジャライ族、セダン族、ゼチエン族、ロマム族、ブラウ族（チエン・ターと呼ばれるゴングセットを除く）に共通する演奏形態である。

（8）踊りには男性が加わることもある。

（9）改良ゴングアンサンブルは地域によって異なる歴史をもつ可能性がある。たとえば、ゴング調律師のナイファイ氏（ザライ省クロンパ県）によれば、彼は一九八四年にチン・パラ・トゥックを考案したという。

(10) 伝統的なゴング演奏で用いられるゴングセットの音階については第7章で明らかにする。

(11) たとえば、二〇〇六年一二月二日、コントゥム市内の木造教会（Nhà Thờ Gỗ）でフランスから来た司教を歓迎するために行われた典礼において改良ゴングアンサンブルが演奏された。

(12) 二〇〇六年一二月二二日コンフラチョット村のニャーロン落成式。ただし、この事例は改良ゴングアンサンブルのメンバーが居住する村で行われた儀礼であり、また儀礼自体も政府主催の式典行事の色合いが濃かったため、例外的なケースとして考えるべきかもしれない。なお、コンフラチョット村には、伝統的な演奏形態のゴングアンサンブルもあり、式典では改良ゴングアンサンブルと同時に演奏を行なった（柳沢二〇一三：二六九）。

(13) ヤーン（*Yang*）はオーストロアジア語族、オーストロネシア語族に共通するキー概念で、それは兆し（sign）のことであり、宇宙のあらゆるものが何らかの兆しであり、それがかれらの象徴体系の基本原則となっている（Dournes 1993: 219）。「もし木を切り倒したことで誰かが病気になったとすれば、その樹木にはヤーン（*Yang*）がいたんだとわかる。樹木のヤーンがわれわれを傷つけたのである。その場合、われわれは動物を供儀して、ヤーンがもたらす病を取り除かなければならないのである」（Dournes 1993: 219）。ジャライと同じオーストロネシア語族でマレーシア・サラワク州の先住民イバンは、現実の世界のなかにある事物のすべてが霊魂（スマンガット）をもちうると考えるが、かれらの霊的世界は現実世界から遠くへだたったところにあるのではなく、この世の異なった位相として、現実の裏面に張りついたようにしてある（内堀・山下二〇〇六：七〇―七一）。

(14) これは儀礼を開催するホスト側の村人が、他村から招いたゴング演奏グループを歓待している場合もある。

(15) コンフラチョット村の改良ゴングアンサンブルは、調査時点で五曲ほどの持ち曲があった。

(16) コントゥム使節に代表されるフランス・カトリック宣教団の宣教師は、山地民をキリスト教に改宗させるためには、山地民の慣習を理解する必要があると考え、参与観察にもとづく民族誌的調査を行い、またフランス市民からの経済的・政治的支援を促す目的で、山地民の社会や文化を記述した報告書を出版した（Salemink 2003）。
（17） 二〇〇四年の統計資料によると、コントゥム教区には、一二万三六七二人の少数民族カトリック信者がおり（Nguyễn Thanh Xuân 2007）、その数はコントゥム省全体の少数民族人口一七万九七〇一人（筆者がコントゥム省統計局で入手した資料から算出）の約六九％にも上る。
（18） VCD（ビデオCD）とは、CDRメディアに動画や音声を記録し、対応機器（VCDプレーヤー、パソコン）で再生するための規格である。
（19） コントゥム省では同様のゴング文化フェスティバルが、二〇〇八年、二〇一一年、二〇一三年、二〇一五年、二〇一七年に開催されている。また二〇〇六年三月二八日にザライ省の省都プレイクでは、二〇〇五年のユネスコによる「第三回人類の口承及び無形遺産の傑作の宣言」の一つに選出されたことを祝して、ベトナムで初めてのゴングフェスティバルが開催された。プレイクではその後同様のフェスティバルが、二〇〇七年、二〇〇九年、二〇一一年、二〇一三年、二〇一五年、二〇一七年、二〇一八年とおよそ二年ごとに開催されている。ベトナム文化体育観光省の主催により二〇〇九年一一月にプレイクで開催された「国際ゴングフェスティバル」では、中部高原の各省から二〇を超えるゴングアンサンブルのほか、東南アジア各国（カンボジア、インドネシア、フィリピン、ラオス、ミャンマー）からもゴング演奏グループが招聘されて演奏し、さらに国内外の関連する研究者による会議やワークショップも行われた（Hồng Thủy 2009）。中部高原のそのほかの省でも同様のフェスティバルが開催されているが、コントゥムやプレイクほど頻繁には開催されていないようである。
（20） ほかにもゴング演奏者の高齢化、古いゴングセットの流出・毀損などさまざまな要因に伴う変化が考えられる。

コラム2　現地の音楽を録音する

世界の辺境のあらゆる音楽がデジタルあるいはアナログの録音媒体の形で流通している。いまだ何らかの録音媒体をとおして流通したことがない音楽を見つけることは非常に困難であろう。そして、それらの多くはスタジオで録音されている。スタジオ録音とは文字どおり、現地のミュージシャンを都市部のスタジオに連れて来て録音することである。そうすることで、ノイズのないコントロールされた環境で、演奏のみを高精細に録音することができる。また複数のテイクを録って一番よいテイクを収録に使うことや、楽器やヴォーカルごとに録って個別にエフェクトをかけて全体の音のバランスを調整することも容易になる。しかし、私はそうしたスタジオ録音を聴くとなんだか物足りなく感じることが少なくない。そこには現地の空気感というものが決定的に欠けているからである。それは音楽の背景にあるべき土地ごとに異なるさまざまな環境音のことであり、またもう一つは音楽が奏でられる脈絡のことである。

世界の多くの音楽は現在も生活と結びついている。したがって、音楽は音楽だけで独立に存在しているわけではなく、その土地の環境や文化と結びついている。たとえば、ベトナム中部高原のゴングは、農耕や葬送などに関わる重要な儀礼の際にのみ演奏される。また演奏の場は多くの場合、屋外、あるいは外の音が容易に入ってくる開放的な屋内で行われる。環境音には鳥の声や虫の音、木々のざわめき、小川の流れといった自然音から、会話、子どもの声、叫び声、笑い声、近年では、携帯の着信メロディ、バイクや車の音、カラオケ、テレビ、ラジオ、案内放送などさまざまな音が含まれる。さらに場所、空間ごとに異なる音響特性があり、音の反響、残響の仕方も異なる。これら特定の場所との関係性のなかで鳴り響く音のあり様を記録することによって、初めてその場の「生きられた経験」としての「音楽」を伝えることができるのではないだろうか。

“Music of the Bahnar People from the Central Highlands of Vietnam”と題するLPレコードを二〇一六年にリリースした（図1）。これは私が二〇〇六年から二〇一五年にかけて現地でフィールド録音したバナ族の音楽のコンピレーションである。レコード会社はシアトルを拠点とするSublime Frequenciesで、東南アジア、中近東、アフリカを中心に辺境の音楽を独自の視点で紹介するレーベルで、世界中のコアな音楽ファンから注目されている。たとえば、現地のローカル市場でカセットなどの媒体で流通するポップ音楽の発掘、短波ラジオの現地録音、SPレコードの音源集、東南アジアの森に響く虫の音をエレクトロニカとして聞くコンセプトの作品、ストリートの雑踏と現地音楽のコラージュなど、従来の

「ワールドミュージック」、「民族音楽」の枠組みからは無視されてきた、あるいは、そうした概念自体を問い直すような作品を多くリリースしてきた。

それらの作品には、クリーンな環境で、音楽以外の要素をできるかぎり排除して収録するのとは異なる、現地の混沌、猥雑さ、空気感が感じられる。それは、レーベルオーナーのアラン・ビショップ（Alan Bishop）自身が無類の音楽好きであり、ミュージシャンとして、サン・シティ・ガールズ（Sun City Girls）というバンドでロック、パンク、カントリー、ジャズ、サイケ、民族音楽、フリーインプロヴィゼーションまでジャンルを横断する奇天烈な音楽を奏でてきたこととも関係している。①

私はこれまで特定の空間や場所の響きに着目したフィールド録音作品をリリースしてきたが、「音楽」を録音してリリースしたのはこれが初めての経験であった。候補となる録音を何度もアランに送っては、彼と相談しながら収録するトラックを決めていった。そのなかでいくつかの音源を紹介したい。A面の一曲目は第6章でも紹介するカリー・チャン（Kaly Trǎn）という若手のバナ音楽家が演奏するクニ（K'ni）と呼ぶ一弦の竹製弓奏弦楽器である。この楽器が特徴的なのは弦から延びる糸に固定された竹片を演奏者が口にくわえて、口の開き具合で音を変調させながら演奏する点にある。この演奏をアランはいたく気に入り、最終的にA面に二曲、B面の最後に一曲と三曲の異なるバージョンを収録することになった。

そのほかのトラックは、伝統的なゴングアンサンブルの演奏、アコースティックギターの伴奏によるバナ民謡、キリスト教のイースター祭で伝統的な楽器（ゴングなど）と西洋の楽器（オルガンなど）をバックに歌われる聖歌の合唱【音声3・1 ☞vii頁】、第2章で述べたギターアンプにつないで音を増幅した竹筒琴とゴングの演奏【動画2・1 ☞vii頁】、壊れた瓢箪の共鳴体の代わりにブリキの容器を用いてメタリックな響きになった竹筒琴の演奏【音声2・1 ☞vii頁】など、西洋音楽の影響、生活の変化とともに再創造され受け継がれてきたさまざまな音楽も含まれている。またすべてのトラックは、民家や集会所の中、あるいは屋外で録音したため、虫の音やバイクの通り過ぎる音、人の話し声、赤ちゃんの泣き声などが混入しており、それらのノイズがむしろ現地の空気感を感じさせるものになっている。

完成したレコードをもって収録させていただいたバナの演奏者に会いに行った。二〇〇六年に録音させてもらった盲目の歌い手の家を二〇一五年に再び訪れて同じ曲を歌ってもらおうとしたのだが、当時とは声もギターも変わっており、さらに歌詞もところどころ覚えておらず、歌い手自身も以前のようにはもう歌えなくなったことを認めていた。このように村の音楽はわずか一〇年ほどでも簡単に失われてしまう。現地の音楽との出会いは一期一会であり、ある楽曲が数年後も同じように録音できるとはかぎらないということを改めて痛感する出来事であった。当然ながら現地にはレコードプレーヤーなどないので、レコードとともに音源をCD-Rなど現地でも再生できるメディアに焼いて持って行った。ヘッドフォンやスピーカーで収録された音源を聴いてもらうとみんな一様に真剣に耳を傾けていた。ある音楽家は「実際の演奏よりも生々しい」と感想を述べていた。また音源を聴いてもらおうと、私のスマホのスピーカーから再生すると、周りにいた村人が集まってきて、彼／彼女らのスマホで録音を始めたのには驚いた。いい曲だからあとで聴きたいそうである。こうして録音が村のなかで流通していくのかもしれない。この作品をとおして世界の人がバナ族の音楽や文化に興味をもつきっかけとなるだけでなく、衰退が進む地域の伝統音楽の活性化に少しでも役に立つことがあれば嬉しい。

(1) サン・シティ・ガールズは二六年のキャリアで五〇枚以上のCD、二〇本以上のカセットをリリースして二〇〇七年に解散した。アランは、現在エジプトのカイロを拠点にInvisible Handsというバンドやソロ活動をしている。

図1 "Music of the Bahnar People from the Central Highlands of Vietnam"（Sublime Frequencies）のジャケット

第4章

ゴングの演奏機会

ゴングの演奏機会

ゴングは年間を通して行われるさまざまな儀礼や祭礼において演奏される。本節では、コントゥム省、ザライ省の各村落で行なった聞き取り調査より、バナ族、ジャライ族、セダン族のゴング演奏機会について述べる。バナ族の村二二村、ジャライ族の村一七村、セダン族の村七村で聞き取り調査を行い具体的な回答を得た。回答を得たバナ族の二二村落の内訳は、コントゥム省コントゥム市が一七村、コントゥム省ダクハ県が二村、コントゥム省コンゼイ県が二村、コントゥム省サータイ県が一村である。回答を得たジャライ族の一七村落の内訳は、コントゥム省コントゥム市が三村、ザライ省チュパ県が一〇村、コントゥム省サータイ県が一村、ザライ省プレイク市が二村、ザライ省クロンパ県が一村である。回答を得たセダン族の七村落の内訳は、コントゥム省ダクハ県が三村、コントゥム省ンゴックホイ県が三村、コントゥム省コントゥム市が一村である。調査地域の位置は、第1章の【図1・2】(☞一五頁)に示すとおりである。【表4・1】、【表4・2】、【表4・3】にバナ族、ジャライ族、セダン族のゴング演奏機会について示す。[1] 聞き取り調査は、自由回答でインフォーマント(ゴング文化に詳しい人物)が挙げた演奏機会を集計したものである。

【表4・1】、【表4・2】、【表4・3】より、バナ族、ジャライ族、セダン族に共通して最も多くの村でゴングを演奏する機会が葬式(Đám Ma)であることがわかる。バナ族では二二村のうち

表４・１　バナ族のゴング演奏機会[*1, 2]

村＼機会	葬式	落成式	水資源	水牛	米	教会	政府	その他
プレイルーハイ１	○	○	○	○	―	○	―	
コンフラチョット	○	○	×	○	―	○	○	
コントゥムコポン	○	○	―	○	○	×	○	機織り
プレイドン	○	○	―	―	―	○	―	
プレイトンギア	○	○	○	○	○	×	―	
コンローバン	○	○	―	―	○	○	○	墓
コンカトゥ	×	×	×	×	×	×	×	観光[*3]
コンジェイ	○	○	○	―	―	○	―	
コンジョゼ	○	○	○	○	○	○	―	新年
コントーメー	×	○	○	―	―	―	―	
ダクレック	○	―	―	―	―	―	―	
マンラー	○	―	―	―	―	○	―	
プレイローヴァク	○	○	○	○	○	×	×	
コンフラカトゥ[*4]	×	×	×	×	×	×	×	
プレイグローイ	○	○	―	―	○	―	―	墓
コングン	○	○	○	○	○	―	―	
クルーンクラー	○	×	×	×	×	×	×	
コントーナン	○	○	○	―	○	○	―	結婚、生誕
コンブラップユ	×	○	○	―	○	―	―	結婚
コンモーネイソラム	○	○	―	―	―	○	―	
コンチャンモネイ	○	―	―	―	―	―	―	結婚
ダクヴォク	○	○	○	―	○	―	○	

*1)　各演奏機会の略称は以下のとおりである。「落成式」＝個人の家・集会所の落成式。「水資源」＝水資源の感謝儀礼（Lễ Giọt Nước）。「水牛」＝水牛供犠祭（Lễ Đâm Trâu）。「米」＝収穫祭（Mùng Lúa Mới）、収穫した米を初めて食べる際に行う儀礼（Ăn Luá Mới）など。「教会」＝カトリック教会のミサ・典礼。「政府」＝政府主催の文化イベント・フェスティバル。「機織り」＝女性のスカートを編む際に行う儀礼。「墓」＝墓放棄祭（Lễ Hội Bỏ mả）。「観光」＝観光客向けのパフォーマンス。「新年」＝ベトナムの旧正月（テト）を祝う祭り。「生誕」＝子どもが生まれた際に、健やかな成長を祈願して行われる儀礼（Lễ Thổi Tai）。

*2)　演奏が行われる項目は○、演奏が行われない項目は×、演奏が行われるかどうかはっきりしない項目は―とする。

*3)　コントゥム市内から7kmほど南東に離れたコンカトゥ村では、不定期に観光客向けのショーが行われる。夜になるとキャンプファイヤーを囲んで民族衣装を着たバナ族の若い女性による踊りと男性（主に若者）によるゴング演奏のパフォーマンスが行われ、少数民族の伝統的な甕酒を飲むこともできる。コンカトゥ村では調査時点で観光用のパフォーマンス以外にはゴングを演奏していなかったが、年長者のゴング演奏技術は総じて高い。

*4)　コンフラカトゥ村では、長年使用していないためにゴングの錆びや損壊が進み、演奏に使えるゴングセットがないため、調査時点ではゴングを演奏していなかった。

一八村が、[2]ジャライ族では一七村すべて、セダン族では七村すべてが葬式においてゴングを演奏していることがわかった。葬式でゴングを演奏することで、残された家族が抱える喪失のつらさを分かち合い、人びとはゴング演奏の旋律を聞いて死者のことを思い出そうとするのである。ゴングが演奏されるのは一晩のみのことが多いが、有力者の葬式の場合三晩つづけて演奏することがあり、村落によっても異なる。[3]

表４・２　ジャライ族のゴング演奏機会

機会*1 / 村	葬式	墓	水牛	落成式	米	結婚式	政府	新年	その他
ケプラム	○	○	○	○	○	—	—	—	
プレイチョール	○	○	○	○	—	—	—	—	
プレイヴェー	○	○	○	○	—	—	—	—	
プレイアブ	○	○	○	—	—	—	—	—	水資源
プレイカン	○	○	—	—	—	○	○	—	
プレイルット	○	—	—	—	—	—	—	—	
プレイチョー	○	○	—	○	—	—	—	○	生誕
プレイテー	○	—	○	—	—	—	○	○	
ムロンゴー４	○	○	—	○	—	—	—	○	
プレイヤン	○	○	○	—	—	—	—	—	
クラウンゴルゴー	○	○	○	—	○	—	—	—	
プレイヤー	○	○	—	○	—	×	—	—	
ブオンズー	○	○	○	○	—	○	—	—	
プレイケップ	○	○	—	○	○	—	—	—	
ヴァン	○	○	—	○	—	○	—	—	
ブルックンゴル*2	○	×	×	×	×	×	×	×	
コンコテー	○	○	○	—	—	—	—	—	

*1）【表４・１】における「教会」「水資源」という項目について、ジャライ族ではゴングを演奏する事例がなかったため（「水資源」は１村のみ）、表４・２の項目からは除いた。一方、【表４・２】では、ジャライ族では比較的演奏機会が多かった「墓」「結婚式」「新年」という項目を新たに追加した。

*2）ブルックンゴル村はプロテスタント信者が多い村で、葬式のときのみゴングを演奏する。

表４・３　セダン族のゴング演奏機会

機会 / 村	葬式	落成式	水資源	水牛	米	結婚	教会	新年	その他
コンゼー	○	○	—	○	—	○	—	—	
コンロック	○	—	—	—	—	—	—	○	
ダクロデ	○	○	○	—	○	×	○	○	
ダクザン	○	○	○	—	○	—	—	○	
コンボーバン	○	—	○	○	—	—	○	○	
ダクモット	○	○	—	○	—	○	—	—	
ヤンローモット	○	○	—	○	—	○	—	—	

次に、バナ族、セダン族では、集会所および個人の家の落成式が、ゴングを演奏する機会として多く挙げられた（バナ族は二二村のうち一六村、セダン族は七村のうち五村）。各少数民族の伝統的な建築様式にもとづいて建てられた高床式の集会所（ニャーロン）は村のシンボルであり、その高さや美しさは村の力を象徴しているといわれる。ニャーロンは、新しく完成したときだけでなく、風雨などで壊れた部分の補修作業を終えた際にも、水牛を供犠し、ゴングを演奏することがある。

またジャライ族では、墓放棄祭（Lễ Hội Bỏ mả、ジャライ語ではプティー *Pơ Thi*）が、ゴングを演奏する機会として多く挙げられた。墓放棄祭はジャライ族にとって最も大切な儀礼であり、調査したジャライ族のほとんどの村（一七村のうち一四村）で、ゴングの演奏機会として挙げられた。

村の有力者が亡くなった場合など、規模の大きな葬式や墓放棄祭には、他村からも大勢の村人が儀礼に参加する。そのような儀礼では、主催する村のゴンググループだけでなく、他村のゴンググループも招待されて一緒に演奏を行うことがある。儀礼に参加することは誰でも自由だが、ゴングを演奏できるのは、基本的には儀礼を主催する村のゴンググループと、招待されたゴンググループだけである[4]。

また、筆者が調査を行なったバナ族四七村のうち三二村（一四村不明、一村無宗教）、ジャライ族三三村のうち六村（一七村が無宗教、八村が不明、二村がプロテスタント）、セダン族一五村のうち六村（六村不明、三村無宗教）がカトリックを信仰していることがわかった。【表４・１】、【表４・３】からわかるように、カトリックを信仰するバナ族やセダン族の村では、カトリック教会のミサ（典礼）において聖歌に合わせてゴングを演奏することがある。[5] 一方、ジャライ族では、教会の典礼でゴングを演奏する村はなかった。

かつてはバナ族、ジャライ族、セダン族とも、結婚式においてもゴングを演奏していた。しかし、近年の結婚式では、キン族の結婚式と同じように雇われた音楽バンドがベトナムの流行歌や西洋のポピュラー音楽をBGMとして演奏したり、参列者によるカラオケ大会のような様相を呈したりすることが増えており、ゴングを演奏することは少なくなった。[6] 結婚式でゴングを演奏すると答えたのは、バナ族、ジャライ族、セダン族ともに三村のみであった。「ゴング演奏は葬式のイメージが強く、結婚式にはそぐわない」というバナ族のインフォーマントの意見も聞かれた。西洋の音楽が浸透し、ゴング演奏が行われる機会として葬礼が多くなったことから、ゴング演奏に対する価値観やイメージが、葬送儀礼と結びついたものへと変化してきていることが、結婚式でゴングを演奏しなくなった理由として考えられる。

ゴングを奏でる儀礼・祭礼

本節では儀礼・祭礼におけるゴング演奏について描写する。まず各民族の死生観・世界観が現れており、民族・地域を問わずゴング演奏が行われている例として葬式を取り上げる。次にジャライ族にとって最も重要な儀礼であり、ゴング演奏が儀礼のなかで重要な役割を果たしている例として墓放棄祭を取り上げる。最後に、比較的新しい演奏機会である、バナ族のカトリック教会の典礼におけるゴング演奏を取り上げる。

1　葬　式

前節で述べたように、バナ族、ジャライ族、セダン族を問わず、葬式はゴングの主要な演奏機会となっている。葬式においてゴングを演奏する理由は、死者の魂が死後の世界へと旅立つ際にゴングの音が道標となるからである。また第３章で述べたように、村落内外の人びとに葬式が行われている（これから行われる）ことを音（旋律）で伝える役割や、参列者が一晩中起きていられるための役割もあることがわかった。ゴングを演奏する時間帯は、おおよそ夜一〇時頃から翌朝八時頃までで、その村の年長者と若者のグループが交互に演奏することが多い(7)。

筆者が調査を行なった村では、バナ族、セダン族は一晩のみ、ジャライ族の場合は二晩つづけてゴングを演奏する場合が多かったが、村落によっても死者の家族の事情によっても異なる。ゴング演奏者は演奏によって報酬を受け取ることは通常ないが(8)、死者の家族はゴング演奏者と参列者に一晩中過ごせるだけの食事と甕《かめ》酒などを用意する必要がある。

◉ジャライ族の死生観と埋葬

次にルー・フン（Lưu Hùng 2006: 11–15, 25）を参照して、ジャライ族の死生観、埋葬、霊廟について説明する。

すべての人間には魂（ジャライ語でムンガット *M'ngắt*、バナ語でムンゴル *M'ngol*）があり、人は死ぬとその魂は霊（アタウ *atâu*）へと変わる。遺体は棺の中に入れられて、村落の共同墓地に埋葬される。ただし、自殺、溺死、死産、流産、虎に噛み殺されたなどの場合は、村落の共同墓地に埋葬されることが許されず、森に埋葬される。ジャライ族は、三―四年以内に亡くなった親族の遺体を同じ棺に入れる。また多数の棺を一つの墓に埋葬する慣習がある。かつては同じクランのメンバーのみが同じ墓に埋葬されたが、現在では同じ村落で特に近しい関係にあった者同士も同じ墓に埋葬される。したがって、各墓には三〇―四〇、あるいはそれ以上の遺体が埋葬されることがある。

そして、土饅頭《どまんじゅう》を風雨から守り、死者の霊を悪霊の悪い影響から守るため霊廟を建てる。霊廟の屋根や屋根飾りにはジャライの宇宙の概念と結びついたさまざまな装飾が施され、霊廟の周りには木の囲いが立てられるが、これは墓が占める聖域の境界を示している（Nguyễn Từ Chi 2003: 44）。さらに木柵の上には、人や動物の形を象った木像が立てられる。ジャライ族は複数の遺体を同じ墓に埋葬するが、最初の遺体は墓の中央に埋葬され、彼／彼女の家族はその墓の「オーナー」となる。霊廟がどれほど美しく、また精巧に装飾が施されるかは、その墓のオーナー家族の裕福さや、最初の遺体の性別による。最初に埋葬された遺体が男性の場合、屋根に装飾は施されず、霊廟の周囲の木柵には少ししか木像を立てない。しかし、最初に埋葬された遺体が女性で、その家族が裕福な場合、霊廟は精巧な装飾が施され、多くの木像が立てられる。

遺体が埋葬された時点から死者の霊（*atâu*）は霊廟や墓地のどこかに住み着く。そして、墓放棄祭を行うことで初めて死者の霊はとても遠く、暗い場所にある霊の村(9)（プレイ・アタウ *plei atâu*）に行き、そこで先祖と共に暮らすのである。死者の霊は霊の村にずっととどまっているわけではなく、死者の残された家族から新たに生まれる赤ん坊の魂となり、また人間として生まれ変わるのである。たとえば、ジャライ族アラップグループによれば、霊の村は西の方角にあり、その村では猿が村長で、鷹が副村長であり、霊の村の住人はこの世の住人と同じように、狩猟、漁労、機織り、食事をして生活している。そして霊も時間の経過とともに亡くなって、地球の果てにある水と竜の世界の近くで極小の存在（*za ngai*）となり、その後、再び赤ん坊の魂として生まれ変わるのである。

2　葬式におけるゴング演奏

次にトー・ドン・ハイ（Tô Đông Hải 2002: 204–206）を参照して、葬式におけるゴング演奏について説明する。

ジャライ族の葬式（*ngǎ yang djiê*）では、はじめから終わりまでチン・アラップ（*Čing Arâp*）を演奏する。死者が出ると、残された家族は遺体を洗い、新しい服を着せ、納棺の準備をする。その後、家族は集会所の太鼓を打ち鳴らし、村落内や近隣の村の親戚、友人、村人に葬式が行われることを知らせる。葬式の参列者は身なりを整えて葬式が行われる家にやってくる。年長者はポット（*Pơt*）と呼ばれるゴングを演奏したり、踊ったりして死者に別れを告げる。そして女性が泣き叫びながら死者の側でコック（*côk*）という歌を歌う。その間、家の中庭では、ゴング演奏者が反時計回りに周りながらチン・アラップを演奏し、その後ろを人びとがスアン（*Suang*）という踊りを踊る。ゴング演奏と踊りは死者への思慕の表明であると考えられている。したがってゴングの演奏者や踊りを踊る人が多ければ多いほど、死者が多くの人から愛されている証となるのである。演奏する曲は悲しげな曲調の曲だけでなく、明るい曲調の曲も演奏し、すべての曲が死者の家族と死者の魂を慰めるのである。

次にチン・アラップを演奏するグループが先頭に立ち、その後ろから棺を運ぶ人がつづき、村落の共同墓地に向かう。このときは必ずアタウ（Atâu 霊魂）という曲を演奏しなければならない。アタウという曲はリズムが遅くて寂しい曲調の曲である。この曲の旋律を聴いて初めて死者の魂は村の共同墓地にある墓に行くことに同意すると考えられている。

◉チョール村葬式（二〇〇七年二月一三日、コントゥム省コントゥム市ホアビン社）

次にジャライ族の葬式における具体的なゴング演奏の事例を描写する。

二〇時四五分　チョール村の入口を入ったところにある家（葬式の現場）に着く。チョール村はコントゥム市内から約一〇キロメートル南西にあるジャライ族の村である。この村はカトリックを信仰している。すでに大勢の村人（一〇〇—一五〇人くらい）が死者が出た家の中庭に集まっている。家の中に棺が置かれ、カトリックの厳かな祈りが聞こえる。ほとんどの村人は中庭に集まっており、家の中にいるのは死者の親族など一部の関係者のみのようだ。バナ族の葬式と同じように祈りの後にゴングが演奏される。

二一時一五分　ゴング演奏者の一団が中庭で練習を始める。演奏者は見たところ青年（一〇代後半—二〇代）が多く、年長者が指導している。いくつかのバリエーションの曲を練習しているがなかなかうまくいかない。途中であまりに下手なためか、不真面目なためかはわからないが、青年二人が演奏グループから追い出され家に帰らされた。

二一時四〇分

ゴング演奏が始まる。両面太鼓（日本の長胴太鼓をやや小さく、細長くしたような形で、両肩にベルトをかけ前方に担いで、右手に持った細長い木の桴《ばち》で一定の間隔でリズムを刻む）が一人、こぶ付きゴングが七人、平ゴングが八人、シンバルの類はなし。死者が出た家を一列になって反時計回りに回りながら演奏する。家の中では演奏しないようだ。かなり単調なリズムとメロディの曲にもかかわらずあまり上手でない。演奏中も時折年長者が演奏の下手な若者に指導している。筆者と一緒に見ていたリウ（Líu）氏（チョール村に近いケプラム村ゴンググループのリーダー）いわく「彼らはあまり上手でない、ときどきメロディを間違えている」。

二三時一〇分

ゴング演奏がやむ。女性の踊りはまだ始まらない。女性の数は十分揃っているのに、踊りが始まらないのは、演奏が下手なためなのだろうか（盛り上がらないため？）。いつのまにか別のゴンググループがやってきていて音のチェックをしている。見たところ年齢は先ほどのグループと同じぐらいで若い。リウ氏いわく「彼らは（先ほどのグループより）ずっと上手だ」。彼らはベーハイ（B2）村から自主的にやってきているようで、チョール村（葬式の主催者家族）から呼ばれているわけではないという。

二二時三〇分

ベーハイ村のゴンググループが演奏を開始する。前から順番に太鼓（最初のグループと同じ形状、ただしバチはなく素手で叩く）が一人、こぶ付きゴング四人、シンバル一人、こぶ付きゴング五人、平ゴング二人、こぶ付きゴング一人、平ゴング四人の計一八人。メロディ、リズムとも筆者がこれまでに聞いたゴング演奏のなかでも格別に印象的であった。ベーハイ村のゴンググループが演奏を始めた頃から、それまで中庭で焚き火をしながら、おしゃべりをしたり、冗談を言い合ったりしていた大勢の若い男女が葬式を行う家の周りに集まり、ゴング演奏者を取り囲むように手をつなぎ踊り始めた。この後テンポがどんどん速くなっていき、場はどんどん祝祭的な楽しい雰囲気へと変わっていく。二二時四五分くらいになったところでビデオのテープがなくなり宿に戻る。

この葬式では四組のゴンググループが演奏した。チョール村、ベーハイ村、ケプラム村、ドゥ（Đủ）村の四村である。そのうちベーハイ村のゴンググループの演奏が非常に上手であった。若者のゴンググループは夜から夜半過ぎまでを担当し、若者が疲れた頃の明け方に年長者（五〇歳代以上中心）が演奏する。ゴングを上手に演奏できる男性は人気を博す。また、男性はゴングの演奏ができて一人前といわれる。現在でもゴング演奏が上手な男性やゴンググループ、村は遠くの地域まで知れ渡り、尊敬を集めている。

3　墓放棄祭

次にジャライ族にとって最も重要な儀礼であり、ゴング演奏が儀礼のなかで重要な役割を担っている例として墓放棄祭（Lễ Hội Bỏ mả）を取り上げる。まずゴ・ヴァン・ゾアイン（Ngô Văn Doanh 1995: 313–333）を参照して墓放棄祭の概要について述べる。

墓放棄祭はバナ語、ジャライ語でプティー（*Pơ thi*）あるいは、ブティー（*Bơ thi*）と呼ぶ。プティーはジャライ族、バナ族の一年の祭・儀礼のなかで最も長い期間（かつては一週間つづいたが、現在では三、四日程度が多い）、最も多くの人が参加する祭りであり、祭りを行う村の住人だけでなく、近隣の村や遠く離れた村からも多くの人が参

図 4・1　葬式でゴングを演奏するジャライ族の男たち

加する。かれらは所有する最上のゴングセットと食べ物などを入れた竹篭、甕酒などを持って祭りに参加する。そして夜通しゴングを演奏し、歌い、飲食を楽しみ、ときには人形劇に興じる。また日々の生活や仕事などについて語り合い、物品を交換する。プティーは死や魂にかかわる祭りではあるが、実際にはとても活気のある楽しい雰囲気の祭りである。

墓放棄祭はジャライ族にとって最も重要な儀礼である。遺体が村の共同墓地に埋葬されたあと、死者の霊（アタウ *atâu*）は、霊廟や村の墓地（ボサット *Boxát*）のどこかに住みつく。霊は生きているときと同じように物質的な生活を送るため、死者の親族は死者が生前の生活に使っていた物を霊廟の中に置き、毎日、霊廟に水や食事を運び、霊廟内を綺麗にしておかなければならない。この期間がいわゆる服喪期間であり、彼／彼女らは墓維持期間（ジャライ語でジャー・ムサット *Djà M'xát*、バナ語でナイ・ボサット *Nây Boxát*）と呼ぶ。

墓放棄祭が終わると、霊は死者の世界（ジャライ語でポロイ・オイヤ *Polơi oi jà*、バナ語でナール・ムット *Nar Mút*）へと旅立つため、親族はもう墓の世話をする必要がなくなり、死者と生者を結びつけるものはすべてなくなる。そのためこの祭りが終わって初めて未亡人は再婚することができるようになる。死者の世界は険しい道のりを進んだこの世の果てにあるため、霊が死者の世界へ迷わず無事たどり着けるように、墓放棄祭ではゴングを演奏し、祈りを捧げるのである。

ジャライ族とバナ族の死生観は非常によく似ている。死後の世界は地球上のどこかにある暗黒の世界で、そこでは生前と同じような生活を送っている。つまり、この世とあの世は同じ世界の別の場所にあり共存している。霊廟内に水を保存する瓢箪、鋤《すき》や鍬《くわ》などの農耕器具や死者が生前使用していた道具類が置かれ、毎日親族が霊廟に食事を運ぶのはそのためである。また墓放棄祭に用意するもの（供犠される牛、水牛含む）すべてが霊の財産となるため、祭りが盛大で霊廟が大きく、参加者が多いほど、霊は死者の世界で幸せになると考えられている。

死者が埋葬されて長い年月が経過して（場合によっては数十年かかることもある）、墓に多数の親族が埋葬され、また供犠するために十分な数の牛や水牛が揃ったとき、残された家族は墓放棄祭を行うことを決める。墓放棄祭は通常二月か三月に行われるため、毎年雨季の終わり、収穫とそれに伴うすべての儀礼が終了した頃、霊廟の建設と墓放棄祭の準備が始まる。死者の霊は生者の世界にとどまっていろいろな災いをもたらすと考えられているため、死者の霊との関係を完全に断ち切るために、その家族は必ず墓放棄祭を行う必要がある。墓放棄祭を行うことが決まると、埋葬時に作られた霊廟を壊して、新たに立派で精巧な装飾を施した霊廟を作り直すのである。

墓放棄祭は霊廟の建設、墓の放棄儀礼、魂の解放儀礼の三段階に分けられる。墓放棄祭の初日（つまり墓の放棄と建設が行われる日）をジャライ語ではブロアー（*Broah* 最初の日）、バナ語ではアナール・モット（*Anar Mot*）またはドン・ボサット（*Dong Boxat* 霊廟の建設）という。墓の放棄儀礼は古い霊廟を壊し、新しい墓の建設が終わったあとに始まる。墓の放棄儀礼が始まる日をポジャー

（*Pojah* 始まりの日）、バナ語ではアナール・トゥック（*Anar Tuk*）という。

墓放棄祭で一番はじめにするべきことは霊廟の建設である。祭りが始まる数か月前に、村人はいくつかのグループに分かれ、森の中に行き霊廟の建設資材となる木材や竹を伐採し、稲わら、ヤシ、シュロの葉などの屋根ふき材料を集めてくる。霊廟の建設に使う木材は用途ごとに上質なものを選ばなければならない。たとえば、霊廟の柱にはナサン（*nasan* 香木）やナパック（*napac*, red-bark wood）、カチット（*ca chit*）のような堅く丈夫な木材を使う[10]。霊廟の建設に使う木材が揃ったら、村の長老は村人を柱を彫刻するグループ、木像[11]（tượng mô, *kra kôm*）を彫像するグループ、霊廟を建設するグループ、食事や甕酒を用意するグループに分ける。

霊廟の建設は男性の仕事で、女性は作業の準備や食事の用意にしか参加できない。霊廟の建設は墓地の中で行われ、技術のある年長者の男性が柱の彫刻や、木像の彫像、霊廟の装飾を行い、若者は木材を切り、年長者の補助を行う。柱の彫刻や木像の彫像、霊廟の建築・装飾技術は世代間に伝授される。柱の彫刻や木像の彫像のデザインには特に決まった原則はなく、彫刻者同士議論を重ね、それぞれの想像力を活かし即興的に彫刻を行う。そのため一つとして同じものはなく、村ごとに異なるものが作られる。そのため木像と装飾模様は村落の特徴を表すものとして、村全体に受容される。このように、墓放棄祭は祭りを行う死者の家族の個人的な問題というより、村全体にかかわる問題であるといえる。

霊廟の建設が終わり、供犠に用いる牛、水牛などを霊廟の木柵につなぎ、村人の食事と各家が持ち寄った数百の甕酒の用意ができたら、いよいよポジャー（墓の放棄儀礼）が始まる。ジャライ族では一般的に夜、月が霊廟の柱にかかって見える頃に祭りを開始する。祭りを主催する家族が食べ物と酒を霊廟内の礼拝場所（プナン *P'nang*）に陳列し、跪いて死者の霊に霊廟の放棄と別れを告げ、その後、ほかの親族が座りすすり泣く。

そしてゴングの演奏が始まる。大きな両面太鼓を抱えた男性を先頭に、こぶ付きゴングを演奏する男性がゴングの大きい順に並び、最後に平ゴングを演奏する男性が並ぶ。ゴング演奏者の数は村によっても、演奏の時間帯によっても変化するが、概ね九人から一八人である。場合によってシンバルの奏者が加わることもある。演奏者は一列になって墓の周りを反時計回りにゆっくり回りながら演奏する。

そして村人（老若男女問わず）が墓の周りを、ゴング演奏者を取り囲むように手をつないでソアン（*Soang*）と呼ぶ踊りを始める。墓放棄祭におけるゴング演奏の旋律や踊りのことをジャライ語でトゥン・タイ（*Tung Tai* 霊の調べ）と呼ぶ。奏者が疲れるとほかの奏者と交代し、焚き火の側で食事をとったり、酒を飲んだり、おしゃべりをする。ゴング演奏は一晩中つづき、供犠された水牛の殺生は翌朝の四時から五時頃に行われる。

ポジャーは墓放棄儀礼の初日であり、村落内外に祭りが開始したことを知らせる意味がある。

彼らはゴングを演奏することで近隣の村に祭りが始まったことを知らせるのである。ゴング演奏の音を聞いた兄弟や親戚、その他大勢の人が近隣の村からやってきて、祭りに参加する。祭の参加にはいっさい強制的な意味はなく、参加者は自発的にやってくる。そして墓地で一晩と一日ゴングを演奏し、踊り、酒を飲み、語り合うのである。墓放棄祭では主催者家族の村の住人はそれぞれ仕事を割り当てられ、各自の仕事を全うする。ご飯を炊く人、おかずを作る人、ゴングを演奏する人、踊る人など細かく役割分担が決められている。

墓の放棄儀礼が終わると、墓放棄祭の最後の儀礼である魂の開放儀礼が始まる。この日をジャライ語ではサットゴー（*Xatgo*）、バナ語ではグランゴー（*Glang go*）と呼び、いずれも「調理用の鍋を洗う日」という意味である。人びとは家や集会所で祝宴を開き、ゴングを演奏する。祭りを主催する家族は稲の精霊と牛の精霊を降臨させるための儀礼を行い、精霊が霊（*Atâu*）を追って村を出て行かないように祈りを捧げる。

この儀礼のあと、客人は祭りを主催する家族に水を勢いよくかけるか、水浴びをさせるため小川に連れて行き、魂を開放させる。この瞬間をもって、死者の家族は死者とのつながりを絶ち、再婚したり、村の祭りに参加したりすることができる。そして墓放棄祭は終わりを迎える。これより、死者の墓と魂は放棄され、残された家族は死者の墓の世話をすることはなくなり、墓は自然へと還っていく(12)。

4　墓放棄祭におけるゴング演奏

次にジャライ族の墓放棄祭について具体的な事例を描写する。

◉プレイヤー村墓放棄祭（二〇〇七年二月二七日、二八日、ザライ省チュパ県イアリー社）

プレイヤー村はコントゥム市内から南西に約三〇キロメートル離れたジャライ族の村である。昼間、村の共同墓地で、生贄にされる牛三頭と水牛七頭が霊廟を囲んでいる木柵につながれる【図4・2】。特に一番右端につながれた水牛は体も大きく立派である。一〇〇を超える甕酒、竹に入れて蒸された赤いもち米、豚や鶏、野菜を使った料理なども用意される。葬式とは異なり、準備の段階から皆楽しげで祝祭的な雰囲気である。霊廟の建設はすでに終わり、霊廟の周囲には人の姿が彫られた木像が全部で六体立っていた。霊廟内部には水を保管するための瓢箪や、威信財でもある甕や壺、ガラスのビン、食料、竹製の籠、クロスボウ、さまざまな農耕道具などが置

図4・2　放棄する霊廟に水牛がつながれる

かれている【図4・3】。

夜七時頃ゴング演奏が始まる。灯りは霊廟の両脇に裸電球が二個吊り下げられているだけなので、かなり暗い。近づいて顔がなんとか認識できる程度である。最初は若者のゴンググループが演奏する。服装は民族衣装ではなく洋服で、Tシャツの上に長袖シャツやナイロンのジャケットを着て、下はジーンズなどである。またキャップなど帽子を被っている者もいる。両面太鼓（打面は割れていた）の奏者を先頭に、こぶ付きゴング奏者が一二人、シンバルの奏者が一人（こぶ付きゴングの七人目と八人目の間）、平ゴング奏者が八人の全部で二一人で、演奏者はすべて男性である。霊廟の周りを一列になって反時計回りにゆっくりと回りながら演奏する。

演奏者が霊廟を一周した頃、若い女性が手をつないで演奏者を取り囲むように踊り始める。女性の服装は男性とほぼ同じような感じで民族衣装ではない。スカートをはいている者もいない。演奏は最初ゆっくり

図4・3　霊廟内部

したテンポだが、次第にスピードが速くなり、八分くらいして演奏が止まる（霊廟を四周くらいした頃）。そして一五分ぐらい小休止して再び演奏が始まる。リズムパターン（こぶ付きゴング）は同じようだが、旋律（平ゴング）が若干異なる曲を演奏する。踊りには男性も加わる。この時点では演奏者も踊りを踊る人も若者が中心である。霊廟の前に一列に並べて置いてある甕酒を飲む人もいる。いつの間にか平ゴングの数が七人に減っている。近隣の村人かプレイヤー村の人かは定かでないが、バイク（多くは二人乗りや三人乗り）に乗った人びとが続々と共同墓地にやってくる。演奏がだんだん速くなり一二分ぐらいして演奏が止まる。

このように一〇分前後演奏しては休憩するというのが何度かつづく。曲の内容に関してはこぶ付きゴングのリズムパターンはずっと変わらず、旋律だけが変化していく。それでも大きな変化は少なく、原曲の編曲のような感じでつづいていく。ある曲ではこぶ付きゴングが一三人に増え、シンバルがなくなり、平ゴングが七人に減っていた。曲ごとにゴングの数は微妙に変化しているようだ（もしかしたら単に疲れて演奏していなかっただけかもしれないが）。

他村から来たゴンググループが演奏を始める。大太鼓が一人、両面太鼓が一人、こぶ付きゴングが七人、平ゴングが六人の計一五人。それまでの旋律と明らかに異なる曲である。霊廟のなかで親族らしき人が祈りを捧げている。演奏は一〇分くらいつづき、テンポが最高速になり止まると、そのままゆったりしたテンポになり再び次の曲へつづいていく。ところどころにこのような間奏があり、いったん止まったかに思えた曲がそのまま次へとつづいていくようになる。他村から来たゴングループとプレイヤー村のゴンググループが同時に演奏するようになり、多いときには三組のゴンググループが同時に霊廟の周囲を回りながら演奏する。踊りを踊る女性や男性がゴング演奏者を二重、三重に取り囲み、演奏はどんどん熱気を帯びていく。夜一一時過ぎになり、筆者は仮眠をとるため、一度長老の家に戻る。

朝四時に起床し、祭りの現場に再び向かう。外はまだ真っ暗で空気が冷たい。四時過ぎに現場に着くと、年長者（四〇―七〇歳代くらい）のグループが演奏していた。この頃になると人の数もずいぶん減り、全部合わせても一五〇人くらいだろうか。あちこちで毛布に包まれて寝ている人や焚き火にあたって暖をとっている人がみえる。若者の姿はあまり見られず男女とも年齢層が高い。おそらく最初から参加していたのではなく、夜半に起きてきたのだろう。ゴング演奏は太鼓類がなく、こぶ付きゴングが七人、平ゴングが六人の一三人である。長老のグループが焚き火の側でゴング演奏の練習を始める。

五時頃、軍服を着た六〇歳くらいの痩せた男性が霊廟の木柵につながれた水牛、牛の群れに近づいていき、右手に持ったナイフ（刃渡り二五センチくらい）を構え、次々に牛の後ろ足の腱辺りを刺していく。(13) 一度（周りの男性に促され）大きくナイフを天に掲げるしぐさを見せたが、その後は淡々と殺生が行われた。牛はそれほど抵抗せず一度か二度刺されるとそのまま崩れ落ちるように倒れこんだ。長い間つながれていて疲労していたのか、夜明けという時間帯のせいか、この男性の技術が卓越しているためかはわからないが、わずか一〇分ほどですべての牛、水牛が地面に倒れた。筆者が観察したかぎり血もほとんど流れていなかった。倒れこんだ牛の尾が切り取られる。殺生が行われる間、男性の周囲では演奏者が立ち止まったままゴングを演奏していた。

倒れた牛、水牛をロープで引っ張っていく。大きな水牛は大人七人がかりで引きずって運ぶ。そして枯れ木を牛、水牛の上に被せ、火をつけて丸焼きにしていく。このとき、水牛は焼かれながら動いていたため、生きたまま丸焼きにしていたようである。この頃になると夜も明けてきて、朝日が出てくる。墓の内部はござが敷かれ、鍬や鋤、竹で編んだバスケット、ふるいなどの農耕機具、水を入れておくのに使う瓢箪類、酒を入れたガラスのビン、米が整然と配置され、生きたひよこがござの上を歩き回っている。これらはすべて死者のあの世での財産となる。いつの間にか小さな子どもたちが墓地に集まってきていた。

丸焼きにした牛はまず、どす黒くこげた皮をナイフでそぎ落とす。時折竹の器に入れた水をかけて冷やす（湯気が立つ）。首とお腹の間あたりにナイフを入れ腸を取り出し、そのままナイフを深く入れ首を切り落とす。次に右前足付近を切り落とす。二、三種類のナイフを使い分けながら肉を解体していく。一人が牛の後ろ足を持ってバランスを保ち、もう一人がナイフで解体していく。さらにナイフを渡したり、解体の際に零れ落ちる血を竹の器で受けたりする人もいる（血も無駄にしない）。

次に同じように左前足を切り落とす。そして左後ろ足、右後ろ足を順に切り落とす。慣れているのかとても手際よく解体していく。さらに解体した肉を手分けして細かく切っていく。こうした解体が牛、水牛の焼かれた場所ごとに同時に行われていく。解体もほとんど男性の仕事で女性は手伝わない。

再びゴングの演奏が始まる。両面太鼓が一人【図４・４】、こぶ付きゴングが一一人【図４・５】、平ゴングが七人の計一九人。こぶ付きゴングは若い人が演奏し、平ゴングは年長者が演奏することが多いようだ【図４・６】。こぶ付きゴング（直径の大きいもの）は重量があり、高齢者には体力的につらいためだろうか。また平ゴングは打つタイミングを完全に把握していないと難しく、演奏の技術もより求められるため、曲をよく覚えていて技術的に優れた人が演奏するようだ。霊廟の周囲を囲む木柵の上には牛や水牛の切り取られた頭が整然と配置されている。だんだんテンポが速くなり一〇分ほどで演奏がやむ。

肉の解体作業は引き続き行われ、内蔵などの部位は大きな洗面器のようなものに入れられる。女性は米を炊いたり、片付けなどその他の雑用をしたりしている。再びゴングの演奏が始まる。先ほどとだいたい同じメンバーのようだ。演奏中の男たちに竹筒に入れられた酒や細かく分けられた肉がふるまわれる。酔っ払った男がゴング演奏者の周りで踊りだす。太鼓がいなくなり平ゴングも六人に減る。ゴンググループのリーダー格であるあごひげを長く伸ばした大柄な男性が、ほかの演奏

図４・４　太鼓を演奏する男

図４・５　こぶ付きゴングを演奏する男たち

図４・６　平ゴングを演奏する年長者

者に演奏中、身振りで教えている（ときにはこぶ付きゴングの演奏者の所まで行き注意することもあった）。

昼の一二時半頃、バナナの根をくり抜いて作られた仮面、草の腰みのなどをつけ（竹製の釣竿を持つ人もいる）、全身を泥にまみれたブラム（*Bram*）と呼ばれる男四人（周囲に泥を塗る係の人が何人かいて、身体の泥が落ちてきたらすぐに泥を補填する）を先頭にゴンググループが墓地にやってくる【図４・７】。ブラムは通常、若い男性から選ばれる。ブラムは死者の霊を村から追い出すという重要な役目を担っている。墓放棄祭を行う理由でもあるが、死者の霊が村にとどまっていると災いがもたらされると考えているからである。ブラムが踊ったり、ふざけたり、道化を演じて、村人みんなが笑っているところを見て、死者の霊は安心してあの世（死者の村）に行くことができるという。ブラム役の男性は村近くの水田などで、ブラムに変身するのだが、その場面はほかの村人に目撃されないようこっそりと行われる。ブラムが行進する間、日射病にならないように側にいる者が二メートル以上ある長い竹筒から中に入れた水をブラムの頭に時折ふりかける。泥を塗る係と水を振りかける係は兼業の

図４・７　墓地を歩き回るブラム

場合もある。ゴンググループは両面太鼓一人にこぶ付きゴングが一三人、平ゴングが六人（ただし最後から二人目の奏者は二枚のゴングを同時に演奏していた）の計一九人。演奏者は若者と中高年が入り混じった構成である。民族衣装を着た高齢の女性がゴング演奏者の周囲を踊り始める。

ブラムを先頭にゴンググループは墓地内を練り歩く。ござの上で商品を販売している人たち（キン族）を見つけては、ブラムの側にいる者が次々に商品をブラムが背負っている竹製の籠に入れていく。店の人は商品を取られないように抵抗するが、その甲斐もなくいくつかの商品が籠に入れられる。店の人は「勘弁してよ！」と言いながらもそれほど本気で抵抗しているわけではないのがわかる。しかし、商売で来ているわけだから、あまりたくさんの商品を取られても困るというのが本音だろう。その後も周囲を練り歩き、村人とさまざまに交流しながら、最後に霊廟の周りを回る。ゴング演奏のテンポもだんだん速くなり、一三時過ぎに終了した。

◉その他、聞き取りや観察からわかったこと

墓地内の至るところでゴザが敷かれ、その上で酒を飲んだり、談笑したり、食事をしたりしている。夜になるとゴザの上で毛布にくるまって寝ている人が多かった。男性は男性同士、女性は女性同士固まって座っていた。木像の制作、水牛などの生贄を墓に連れてきて霊廟の木柵に結ぶなどの準備作業、ゴング演奏、生贄の殺生、牛を焼く作業、牛の解体など、祭りの主要な行事のほとんどは男

性が行なっていた。女性は料理を作ったり、運んだり、後片付けをしたりする役割であった。また霊廟内で祈りを捧げているのも女性だった。ゴザの上で、食料品や嗜好品、雑貨、衣料品などを販売している人たちもいた。[14]

ゴング演奏は夜七時頃から深夜にかけては青年が中心で、早朝から朝にかけては年長者が中心で翌朝九時頃まで続いた。[15]二三時から朝四時頃までは演奏を見ていないので、その時間帯はどのような年齢層のグループが中心に演奏していたかは定かでない。しかし、祭りの間中、ずっとゴング演奏はつづいていたようである。他村から来ている人たちも多く、なかには二〇キロメートル以上離れたプレイサール村（コントゥム市ヤチム社）やプレイルーハイ村（コントゥム市レロイ社）から来ている人たちもいた。

祭りで演奏したゴング演奏グループはプレイヤー村も含めて全部で六グループであった。最初は一グループによる演奏だったが、途中から二グループ、三グループと同時に演奏するようになり、それに伴い踊り手（男女）も増えていった。ゴング演奏がよいと踊る人も自然に増えていった。最初はゆったりとしたテンポで始まり徐々にテンポが速くなり、テンポがこれ以上速くできないところまでいくと演奏がストップし、一呼吸置いたあと、間奏のような演奏に入り、そのまま次の曲へとつづいていった。

また演奏前は各グループとも必ず演奏者が集まって音出し確認をしていた。そのときにどの曲を演奏するか決めているようだった。演奏技術的には大きなこぶ付きゴングと平ゴングが難しそうで、演奏技術の高い人が担当しているようだった。中型、小型のこぶ付きゴングは一定のリズムでゴングを叩いているだけで特に難しそうにはみえなかった。[16] 太鼓は大きく、重く、担ぎながら一定のリズムを刻む必要があり、とても疲れるため、曲ごとに奏者が代わっていた。疲れたら曲の途中でも奏者が代わることがあった（ゴング奏者も同様）。演奏者は霊廟の周りを反時計回りに回りながら演奏するが、たまに立ち止まったまま演奏することもあった。演奏者の並びは、太鼓、こぶ付きゴング、平ゴングの順でシンバル奏者が加わることもあった。他村から演奏しにくるゴンググループは上手なことが多かった。それは墓放棄祭への参加は完全に自主的なものであることとも関係しているかもしれない。演奏中もたびたび、上手な人が下手な人に教える光景があった。明らかに演奏の上手な人とそうでない人との差があり、すべての人が上手なグループは稀であった。

比較的大きな儀礼・祭礼では、数人の警察官が暴動などを防ぐために監視していることが多いが、警察官の多くは同じ村の出身あるいは同じ民族集団であった。したがって村人を監視しながらも、一般の村人と同様に、祭りに参加し楽しんでいるようにみえた。警察官は銃などの武器は持っていないようで、服装も私服であったために、筆者には村人とまったく区別がつかなかった。ビデオ撮影中、警察官には何度か声をかけられたが、そのたびにロン氏が警察官に説明をしてくれた。警察官はその場に全部で六―七人はいたようで、筆者が外国人だとわかってからは筆者の後を逐一追うようになった。ロン氏からは筆者の身の安全を守るためだから気にしなくてよいと言われた。朝四時頃、再び現場に戻ってきたときには警察官はいなくなっていた。

村内でのビデオや写真の撮影は原則的にはその地区行政府の許可がいる。祭りが始まる前にロン氏が村長らを連れて行政府に許可をとりに行ってくれたが、扉が閉まっていて誰もいなかった。そこで今回は後日撮影した内容をＶＣＤにして村長に渡すことで、村長から撮影の許可と村長の家での滞在許可をもらった。

そのほか、二〇〇七年二月二四日と二五日にプレイヤン村（ザライ省チュパ県イアフィー社）、二〇〇七年二月二六日にバン村（ザライ省チュパ県イアニン社）、二〇〇七年三月四日にグルット村（ザライ省チュパ県イアクオル社）、二〇一三年二月二四―二七日にコンコテー村（ザライ省チュパ県イアフィー社）で墓放棄祭を記録した。いずれもジャライ族の村である。どの村でも多くの人が集まり、ゴングの演奏が行われた。祭りの内容はプレイヤー村の墓放棄祭と大きな差はなかった。プレイヤン村では少なくとも水牛二頭と牛六頭（正確な頭数不明）、バン村では牛一七頭、グルット村では水牛六頭と牛二〇頭が供犠された。なお二〇一三年にコテー村の墓放棄祭を記録した動画をもとに制作した映像作品『Pơ thi』（イタリア人民族音楽学者の Vincenzo Della Ratta と共同制作）の短縮版を本項の参照動画とする【動画４・１☞vii頁】。

5　考　察

ジャライ族の葬式、服喪期間、墓放棄祭という一連の過程では、白骨化した遺体を発掘して洗骨し、その骨を再び別の場所に安置するという死体処理は行わないが、それ以外は、ボルネオ島やインドネシアの多くの民族集団でみられる複葬（二次葬）と共通する（Winzeler 2012: 149）。墓放棄祭を主催する家族は数日間行われる祭礼のために、長い年月をかけて莫大な費用（その額は一億ドン（約五〇万円）を優に超える場合がある）を貯めなければならない。メトカーフとハンティントンによれば、ジャライ族の属するマレー・ポリネシア文化圏において、死や葬送儀礼はその文化の中心を占めている。たとえば伝統的なマダガスカル社会において葬送儀礼は最も重要な文化制度であり、死の儀礼を執行し、墓を維持するための時間や資源の支出は、特にふだんの貧しい経済基盤を考えると、実に莫大なものである（メトカーフ&ハンティントン一九九六：一五四）。生活の近代化などで経済的負担が大きくなり、少数民族の生活はとてもきびしい状況にある。そうした状況下でもこうした祭礼がつづけられているという事実からも、ジャライ族が墓放棄祭を現在も非常に重要な儀礼としてとらえていることがわかる。

また墓放棄祭で多数の水牛を供犠するのは、水牛がかれらにとって最も価値の高い財の一つであり、その霊魂が死者の霊魂とともにあの世に行くことで、死者の財産になると考えられているからである。したがって、供犠する牛、水牛の数が多ければ多いほど、死者の霊はあの世でより豊かに、幸せに暮らすことができるのである。ここでの動物供犠は、何らかの見返りを期待して死者の霊魂に捧げられるという意味で、E・タイラーやH・スペンサーが提唱した供犠の贈与説に当てはまるとともに、多数の獣を殺害して、肉を気前よく村人に分配することは、供儀者の威信や名誉を左右する（内堀・山下 二〇〇六：二六二）。供犠によって聖化された犠牲が人間と神的存在との間の媒介者となることで（モース＆ユベール 一九八三：一七）、供犠を行う祭主自身も聖化され、神的存在と接触することができるのである。

また南ラオスのモン・クメール系集団の一つであるンゲの水牛供犠祭を考察した中田は、祭司を含む長老は、守護霊をはじめとする精霊に対して村人を代表して祈願する、すなわち精霊と村人との仲介役を果たすことで、長老の権威が儀礼の場で再認されていると指摘する（中田 二〇〇四：九七）。墓放棄祭は、生者の世界を彷徨う死者の霊をあの世に送り出すことで不安定かつ曖昧な状態を再び正常な状態に戻す通過儀礼であるとともに、こうした祭主の権威を再認する場としての側面もあるのだろう。またそれは、祭宴の執行のために提供された労働力、借用物、奉仕などに対する支払い、返礼、報酬といった経済的な側面も看過できない（内堀・山下 二〇〇六：二六二）。ここでの労働力は霊廟の建設をはじめとする祭りの準備作業、借用物はゴング、奉仕はゴング演奏や踊りととらえることができる。解体され焼かれた水牛は必ずすべての村人に細かく分けて提供されるが、これは聖なる生贄の肉を供食するという儀礼的な側面とともに、こうした贈与に対する返礼の側面があると考えられる。

パプアニューギニアの森に暮らすワヘイの人びとにとって、歌を歌い、竹笛を吹き、踊る目的は、精霊を呼び寄せ、自らの身体に憑依させることであるが、精霊は竹笛を吹く男たちの喉＝身体に憑依して、自らの生命＝力を音として響かせるとともに、男たちは喉をとおして身体的に、響きとしての精霊を感じとっている（山田 二〇一七：二五二―二五六）。墓放棄祭のゴング演奏者によれば「墓放棄祭ではまず精霊を集めるために、『プティーを食べる』という曲を演奏する」という。つまり、『プティーを食べる』という曲によって召喚された精霊は、ゴング演奏者の身体に憑依し、演奏者の身体をとおしてゴングを演奏させ、その力を響きとして示しているともいえるのかもしれない。また死者の霊魂と共にあの世に移行する水牛の霊魂という観念（Leach 1976: 81–84; 内堀・山下 二〇〇六：二六九）は、墓放棄祭で水牛を実際に供犠するプロセスにおいて途切れることなくゴングが演奏されていたことからも、ゴング演奏という音響的な媒介によって支えられていると考えられるのではないだろうか。

6　教会の典礼におけるゴング演奏

次に比較的に新しいゴング演奏の場としてカトリック教会の典礼におけるゴング演奏について述べる。バナ族のヒアム氏によれば、コントゥム市内の教会の典礼においてゴング演奏が行われるようになったのは一九七〇年代であるという。一九七〇年代以降、カトリックの典礼音楽が現地の音楽を取り入れるようになった背景には、「典礼のインカルチュレーション（文化受容）」、すなわち、典礼を土着の文化的表現とより関連したものにすることで、長らくなおざりにされてきた典礼本来の精神（会衆の積極的な参加）を回復しようとする第二バチカン公会議（一九六二—一九六五年）の基本原則があった（Okazaki 2004: 289–290）。バナ族が教会で演奏する曲は、バナの伝統的な曲で、歌詞はカトリック聖歌である（ただしバナ語）。つまり、カトリックの聖歌といっても、その音楽は、バナが伝承してきた固有の音楽である。第1章でも述べたように、バナ族はもともと文字をもっていなかったが、フランスのカトリック宣教師が布教の際に聖書の内容を伝えるためにアルファベットによるバナ語の表記方法を考案した。したがって、カトリック聖歌の音楽は伝統的なバナの音楽、歌詞はカトリックが伝来したあとに作られたものと考えられる(17)。

コントゥム市内のカトリック教会の典礼におけるゴングの演奏形態は、一人が一枚のゴングを演奏する「伝統的なゴング演奏形態」の場合でも、聖歌の伴奏楽器としてゴングを演奏する点が、通常の儀礼・祭礼におけるゴング演奏とは大きく異なる点である。ステージ上のパフォーマンスを除いて、村落で行われる儀礼・祭礼では、ゴング演奏が弦楽器や歌などの伴奏楽器として演奏されることはほとんどない。また先述したように、こうした典礼ではバナ族の女性がゴングを演奏することがある。これも通常の儀礼・祭礼では見られない光景である。また教会の中でゴングを演奏するときは、前方（あるいは後方）の席で、その場から動かずに立ったままゴングを演奏する。また典礼が教会の中庭で行われる場合、中庭の一角でゴング演奏が行われる。いずれにしても、通常の儀礼ではゴングは必ず儀礼シンボルの周りを回りながら演奏するため、この点も異なる。(18) 先述したようにカトリックのミサは毎週末に行われ、年齢や性別にかかわらず多くの少数民族（主にバナ族やセダン族）とキン族が集まる。そのような場で、ゴングは厳かな雰囲気を演出する楽器として演奏されるのである。

二〇一一年にコントゥム市内のマンラー村（バナ族）カトリック教会で行われた司教の就任式では、三人の演奏者がこぶ付きゴングを、八人の演奏者が平ゴングを、一人の奏者が大太鼓を一列になって歩きながら演奏し、新たな司教と参列者を教会に先導する役目を担った【図4・8】。これらの演奏者はすべて女性である。その後、教会内で行われた典礼ではゴン

図4・8　カトリック教会の典礼でゴングを演奏するバナ族の女性

グ演奏は聖歌の伴奏楽器として演奏された。このように教会の典礼では、ゴング演奏は参列者や司教を教会内に誘導する役目を担うこともある。教会の典礼で女性がゴングを演奏する一つの理由として、屋外で日中あるいは夜間（あるいはその両方）に長時間演奏がつづくことが多い伝統的な儀礼・祭礼とは異なり、教会の典礼は長くても数時間程度であり、そのなかでゴングを演奏する時間は短く、演奏するタイミングも決まっているため、体力的な負担が少ないことが挙げられる。

このようなコントゥム省のバナ族のゴングとカトリックの友好的な関係に対して、主に一九九〇年代以降に中部高原で急速に信者を増やした福音派プロテスタントの場合、状況が異なるようだ。たとえば、ラムドン省のラック（Lạch）集団（コホー族）の多くのキリスト教徒は、ゴングを悪魔の楽器としてとらえ、演奏することも、所有することさえも拒んだという報告がある（Salemink 2016: 334）。筆者は、福音派プロテスタントを信仰するある村では伝統的な儀礼・祭礼が行われず、ゴングなどの楽器演奏も禁止されている（少なくともあまり好まれない）ということを聞いたことがある。したがって、このキリスト教徒というのは福音派プロテスタントのことを指しているのではないか。プロテスタントとゴング文化の関係については今後より詳しい調査が必要である。

注——第4章　ゴングの演奏機会

（1）　これらの表は、調査時点でのゴング演奏機会について示したものであり、過去には演奏していたが調査時点では演奏していない演奏機会は含まれていない。

（2）　バナ族の村で、葬式でゴングを演奏しない村は四村あった。そのうち一村は観光の機会でのみゴングを演奏するコンカトゥ村で、もう一村のコンフラカトゥ村はゴングセット自体が破損しているため、長い間ゴングが演奏できない状況であった。したがって、ほかの儀礼などではゴングを演奏するが、葬式ではゴングを演奏しない村はコントーメー村とコンブラップユ村のみであった。また通常は葬式においてゴングを演奏する村でも、特別な事情がある場合、ゴングを演奏しないことがある。たとえば、セダン族のザン村で、死者の家族がゴング演奏を生前からあまり好まず（理由は不明）、ゴング演奏をしない事例があった。また家族が貧しく、ゴング演奏者に対する十分な食事・お酒などを用意することができないために、ゴング演奏が行われないこともある。

（3）　たとえば、バナ族のダクレック村では葬式の際に三日三晩ゴングを演奏するという。一日目は死者のため、二日目は遺体を村の墓地に埋葬する際、三日目は死者の親族のために演奏する。

（4）　ただし後述するチョール村の葬式のように例外もある。

（5）　カトリックを信仰するバナ族、セダン族の村、あるいは村の付近には教会があることが多く、村人は毎週水曜日の夜と、日曜日の朝（曜日、時間帯などは教会によって異なる）に、教会で定期的に行われるミサに参加する。

（6）　二〇〇七年一月二八日に、バナ族のプレイトンギア村で行われた結婚式では雇われた音楽バンド（ドラム、ベース、ギター、キーボード、ボーカルの編成）がベトナムの流行歌などを演奏していた。

（7）　葬式におけるゴング演奏は日中と夜間の両方の時間帯で行われる場合もある。

（8）　ゴング演奏者またはゴング所有者に対して金銭的支払いが行われることも稀にある。

（9）バナ族の場合、霊魂は「暗い場所（*mang lung*）」に行く。

（10）かつては自然素材のみを用いて霊廟を建設していたが、現在はトタン屋根の近代的な霊廟が増えている。

（11）ダオ・フイ・クエン（Đào Huy Quyền 2007: 54–60）によれば、彫像のモチーフは大きく四種類に分けられる。第一は「生殖」で、これは最も古くからあるモチーフと考えられ、子孫繁栄を象徴するものである。具体的には、男女の性行為、妊娠した女性、生殖器を誇示する男性、赤子に授乳する女性などがある。第二は「悲しみ」で、死者に対する深い悲しみを表現している。具体的には、うずくまって嘆き悲しむ人、両手で顔を包み込んで泣く人などがある。第三は「日常の活動」で、これらの像（に表された人びと）が死後の世界で死者に奉仕すると考えられており、かつて奴隷を遺体と共に埋めていた慣習の名残とされている。具体的には、少女、少年、子どもをおんぶした女性、水を運ぶ人、脱穀する人、ゴングを演奏する人、甕酒を飲む人などである。また近年は、アメリカやフランスの兵士、学校に通う子ども、政府の従業員、飛行機、カメラマン、写真家など近代的なモチーフが増えており、筆者が観察した例では、有名なサッカー選手（クリスティアーノ・ロナウド）を彫像したものもあった。第四は「動物」で、その意味するところは第三のモチーフと同じであり、死後の世界で死者がこれら動物の助けを得られるようにするためである。具体的には、クジャク、猿、水牛、牛、蛇、虎、犬、猫などが挙げられる。またダオ・フイ・クエン（Đào Huy Quyền 2007: 61）は、これら霊廟の木像は、「民族彫刻（folk sculpture）」などではなく、現代の彫刻作品と同じように、それ自体が独立した芸術作品としての彫刻であると主張する。それは、この木像を彫刻できる人はとても少なく、彫刻にその名前が刻まれることはなくとも、その彫刻家の名前や居住場所は村落内外に広く知られているからである（Đào Huy Quyền 2007: 61）。

（12）村の共同墓地が長い年月を経て放棄された墓でいっぱいになり新たに墓を建てるスペースがなくなると、その墓地を放棄して別の場所に新たに墓地を作る。訪れたジャライの村落のなかには、元墓地だったところが現在では水田になり、水田のところどころに放棄された墓の遺構が残されていることがあった。

（13）　ヒッキーによるジャライ族の水牛供犠儀礼（重篤な病人の治癒を精霊に感謝する儀礼）の描写でも、「ゴング演奏の音量がより大きくリズミカルになるなかで、若い男が水牛の周りを挑発するように踊り始め、手に持ったサーベルで水牛の後ろ足の腱を切って地面に横転させた」との記述がある（Hickey 2002: 61）。二〇一三年に筆者が同じザライ省のチュパ県で調査を行なった墓放棄祭では、一番大きな水牛はライフルで脳天を打ち、そのほかの水牛は木の棒で頭を打って失神させていた。その後、水牛を引きずっていき、生きたまま丸焼きにしていく点は同じであった。このように村落によって水牛を殺生する（あるいは地面に倒す、失神させる）方法は異なるが、これは調査年代による違いなのか、村落によってあるいは同じ村落でもそのときどきの事情によって変わるのかは不明である。

（14）　調査を行なったジャライ族の各村落にはキン族の営む小さな商店があり、日用品（衣類、生活用品）や嗜好品（タバコ、酒、ジュース、お菓子など）を扱っていた。なかにはフォー（ベトナムで日常的に食べられている麺）を出す店もあった。彼／彼女らは近くの町に住み、毎日村に出張して、商売を行なっている。祭りなどの際は、祭りの現場に商品を運びそこで販売したりもする。少数民族自身が村で商店を営んでいる例はみられなかった。

（15）　二〇一三年に調査した墓放棄祭では夕方頃にゴング演奏が始まり、翌日の正午くらいまで演奏がつづいた。演奏技術は総じて年長者のグループのほうが高く、比較的に長く複雑な旋律を奏でていた。一方、若者のゴング演奏グループは比較的に単調な旋律を奏でていた。

（16）　実際にゴング演奏に参加した経験からすると、小型のこぶ付きゴング（こぶ付きゴング3以降）は打つタイミングがほぼ一定であるため、演奏はそれほど難しくない。

（17）　アフリカやインドなど、カトリックの典礼音楽に現地の音楽（楽器）が取り入れられた事例は世界各地にみられる（Nettl 1985: 97–98; Chitando 2002: 31）。

（18）　カトリックの典礼で、典礼が始まる前あるいは最後に、教会の周りを反時計回りに回りながらゴングを演奏することもある。その場合、教会の建物が伝統的な儀礼・祭礼における儀礼シンボルに相当する。

第5章

ゴングを作る

東南アジアにおけるゴング製作

ブレイズ（Blades 1984: 93）は、「ゴング」という言葉の起源はジャワ島にあり、ゴング製作の中心地として、ビルマ（現ミャンマー）、中国、安南（現ベトナム）、ジャワ島（インドネシア）を挙げている。これに対し、ニコラス（Nicolas 2011）は、最近二〇〇年のゴング製作の中心地として、マレーシア・サラワク州のサントゥボン、ブルネイ、そして、インドネシアのジャワ島、バリ島を挙げている。また田村（二〇一八：九七）は、インドネシアのジャワ島中部スラカルタ地区と、ミャンマーのマンダレー地区が質、量ともに、現在のゴング製作の中心地となっていると指摘する。銅と錫《すず》を原料とする青銅製のゴングは、その製造に一〇〇〇度を超える高温を達成できる炉の製作・操作技術と、産出地が偏在し、高価である「錫」の調達を必要とするため、一般的に作られ用いられる楽器とは異なり、王権や宗教的権威などの統制のもと、専有的に作られ、使用されてきたと推測される（田村二〇一七：一七一）。また中川（二〇〇四：三四六）が指摘するように、ゴングが神や精霊を表象するものとして宗教的な力を帯びていった背景には、余韻という超越的な音響上の特質に加えて、このような青銅楽器の製法の困難さが関係していると考えられる。

ゴングの製作方法には、大きく分けて「鋳造」、「鍛造（熱間鍛造）」、「打ち出し（冷間鍛造）」の三種類の方法がある[1]（田村二〇〇二：六四―六五、二〇一八：九七）。「鋳造」とは、鋳型に溶かした金属を流し込んで作るものである。「鍛造」とは、銅と錫を溶かし混ぜ合わせたものを石の粗型に流し込み、固まった円盤状の物を火に入れては叩き伸ばす作業を繰り返して作るものである。「打ち出し」とは、丸い形に用意された平たい金属板を、火に入れずに、ハンマーで叩きゴングの形にしていく方法である。インドネシアのジャワ島やバリ島では、主に鍛造のゴングが製作され、ミャンマーのマンダレー地区では、鍛造と鋳造のゴングが製作されている。一方、田村（二〇〇二：六五）も指摘するように、ベトナム中部高原で使用されているゴングセットの多くは鋳造と打ち出しのゴングと考えられる(2)。

ゴングの製作方法について具体的に解説した研究は数少ない。ゴング製作についての先行研究は、二〇世紀初頭にインドネシア・ジャワ島北岸のセマランにおける鍛造のゴング製作について報告したジェイコブソンとファン＝ハッセルト（Jacobson & van Hasselt 1975）が最も詳細な部類であり、シムブリガー（Simbriger 1939）ではアジア各国のゴングの製作方法が簡単に紹介されている。ほかには、ガムラン製作で有名なインドネシア・バリ島ティヒンガン村の社会構造を記述したギアーツ（Geertz 1964）や同村のガムラン鍛冶による音作りのプロセスに焦点を当てた杉山（二〇一二）、ジャワ島中部の鍛造によるゴング製作方法を報告した田村（二〇一七）、ミャンマー中部タンパワディーにおけるゴング製作方法を報告した城崎と林（二〇一一：一一―一四）や田村（二〇一八）がみられる程度である。三船（二〇一〇：一〇）は、インド、ミャンマー、インドネシアにおける鍛造のゴング製作方法の比較から、叩き進め方や焼き入れの入水角度などは異なるが、熱間鍛造で成形し、焼き入れ後に冷間鍛造で形を均すという製作工程はほぼ同じであるとしている。このように、東南アジアにおけるゴングの製作に関する研究は、鍛造のゴング製作方法について若干の研究があるものの、鋳造によるゴング製作については報告自体を見つけることも難しい(3)。本章では、ベトナム中部高原およびその周辺地域で使用されている鋳造のゴング製作方法について報告することで、東南アジアにおけるゴング製作の多様性を明らかにしたい。

ゴング製作村

1　フッキウ村

ベトナムにおける青銅器鋳造の開始時期については諸説あるが、北部紅河流域で紀元前三〇〇〇年紀終末から紀元前二〇〇〇年紀初めに始まり、紀元前二〇〇〇年紀半ば頃に終息したと考えられるフングエン文化を起源とする説がある(菊池 二〇一二)。その後、紀元前四―五世紀頃から、北部のドンソン文化、中部のサーフィン文化、南部のドンナイ文化という三つの青銅器・鉄器文化の中心が形成された。一一―一二世紀頃、北部の紅河デルタ地域には、著名な青銅の鋳造村が複数存在し、技術をもった職人たちは、宮廷の命令を受けて、あるいは、より好条件の営業場所を求めてベトナム各地に散らばっていき、中部沿岸部のフエやダナン周辺、南部のサイゴン周辺などに青銅鋳物のセンターが形成されていった（Bùi Văn Vượng 2008: 23）。

本章が対象とするフッキウ村は、ベトナム中部地域のクアンナム省【図5・1】にあり、世界遺産に登録された古い港町の面影を残すホイアンの町から西に一〇キロメートルほどの国道沿いにある【図5・2】。この村では代々家内制手工業による多数の小規模な工房が、ゴング以外にも、鐘、香炉、

図5・1　クアンナム省の位置

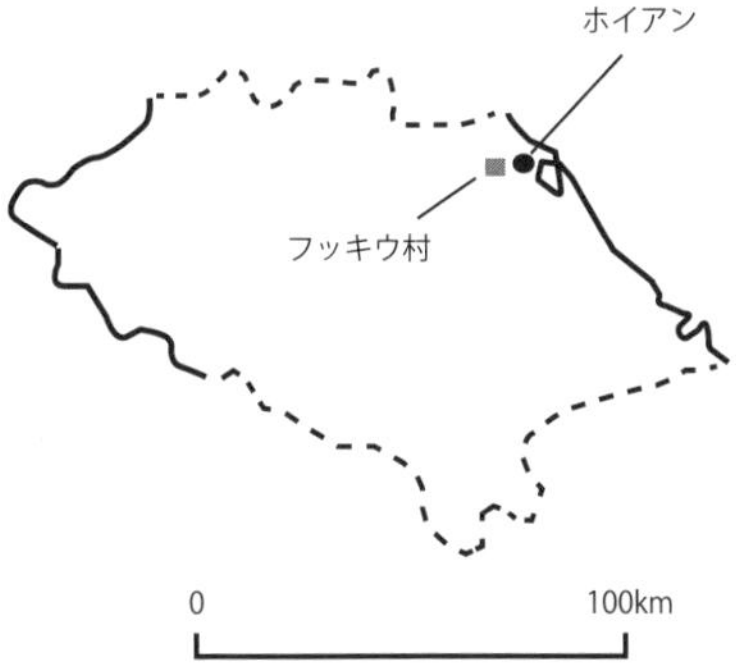

図5・2　フッキウ村の位置

照明器具、花瓶、仏具、装飾品などさまざまな鋳物を製作してきた。[4] 多くの工房は、国道沿いに店舗をもち、製品をディスプレイして、実際に販売している【図5・3】。フッキウ村の起源は四〇〇年以上前に遡るとされる。北中部タインホア省でゴング製作を行なっていたユン・ゴック・チュン氏がこの地に移住して、土地の人と結婚し、ゴング製作を始めたのがフッキウ村の始まりだといわれている。[5] これは一四世紀から一七世紀にかけてキン族が次第に南進し、チャムの領土（チャンパ王国）を制圧して、中部、南部へと領土を拡張していった時期と重なる。[6] 阮《グエン》朝の時代（一八〇二―一九四五年）には、青銅鋳物の鋳造村としてすでに広く知られていたようだ。フッキウ村の鋳造職人の家には、阮朝の第二代皇帝ミンマン帝が即位した年（一八二〇年）に鋳造されたという鐘が保管されてあり、第四代皇帝嗣徳帝の治世（一八四七―一八八三年）には、フッキウ村の著名な鋳造職人が、フエの王宮に銅貨や

図5・3　国道沿いの路面店で販売されているゴング

生活用品、装飾品などを献上していた（Pháp luật và Xã hội 2012）。

ゴングがいつ頃からフッキウ村で製作されていたのかは明らかでないが、遅くとも二〇〇―二五〇年前には、同村で製作されたゴングがベトナム中部高原の各少数民族に供給されていた(7)。ダオ・フイ・クエン（Đào Huy Quyền 1998: 116）が指摘するように、おそらく当時、中部高原の少数民族がゴングを使用していることを知ったキン族が、少数民族のためにゴングを製作し、販売するようになったと推測される。一九五四年当時、フッキウ村にはゴング製作を行なっている家が四〇世帯以上あった。しかし、一九七五年以降ゴング製作を行う家は減少し、現在ゴング製作を行なっているのは一三、一四世帯ほどである。本章では、村のゴング製作職人のなかでも、最も優れたわざをもつ一人であるユン・ゴック・サン氏の工房を対象として、そのゴング製作方法を明らかにする(8)。

2　ゴング製作職人

ユン・ゴック・サン氏（七六歳、以下サン氏）は、一五歳の頃から、父や兄のユン・ニー氏（八七歳）の仕事を手伝いながらゴング製作のわざを身につけた。以来六〇年以上、ゴング製作を生業として行なっている。サン氏は、かつて父と共に南から北まで多くの少数民族村落を訪れ、各少数民族のゴングセットの音階、音色などを理解していった。ゴングセットは、少数民族ごとに鋳造に使用する金属の種類とその割合が決まっており、それらは各家の秘伝の知識として、祖父から父そして息子へと継承される。先述したフッキウ村の創始者と考えられるチュン氏は、サン氏の祖先にあたるとされる。サン氏には六人の娘と三人の息子がおり、とくに長男がゴング製作の技術を受け継いでいる。ゴング製作の際は、サン氏の妻や息子が作業を手伝うことが多いが、原型の製作はサン氏が行う。(9)それはゴング製作において、原型の製作が最も重要なプロセスであるからだ。サン氏は六〇年以上ゴング製作を行なってきたが、ゴングの原型作りをマスターするのに二〇年かかった。

サン氏は、多いときには一か月で三〇組(一組六枚のゴングの場合)のゴングセットを製作することがある。注文が多く入って人手が足りない場合は、村の別の工房の職人を雇う。そのときは、職人一人あたり二時間で二〇万ドン(約一〇〇〇円)を支払う。サン氏がほかの工房に頼まれて働く場合は、一日あたり一〇〇万ドン(約五〇〇〇円)が報酬となる。サン氏の報酬が高いのは、サン氏がゴングの調律に特に優れているからである。各少数民族が使用するゴングセットごとに異なる音階や音色の違いに習熟し、調律することができる職人は、村内にサン氏を含め二、三人しかいない。そのほか、大きなゴングや鐘などの注文が入ったときなどは、村の職人が協力して作業を行うこともある。

ゴング製作は一年を通して行われるが、旧正月(一月後半―二月中旬頃)とその後一か月ほどは、祖先(特に村を創始した第一世代)に敬意と感謝を伝えるため、村内のすべての工房はゴング製作を休む。また雨季の時期、特に一〇月中旬―一一月頃は、洪水によってホイアンの町全体が浸水することがあり、そのときもゴング製作を行うことはできない。したがって、鋳型類は水に浸からないよう、棚の上に保管されている【図5・4】。

3　ゴングの販売と流通

先述したようにゴングセットは、ベトナム中部高原およびその周辺地域に居住する少数民族にとって非常に価値の高い楽器であり、財である。サン氏が製作するゴングセットの値段は、一セットがゴング六枚の場合は約一四〇〇万ドン（約七万円）、一セットがゴング一四枚の場合は二千万ドン（約一〇万円）である。ただし、ゴングの枚数や大きさなどによって値段は変わる。サン氏の娘婿（グエン・アイン・フン、以下フン氏）が経営する国道沿いの路面店によれば、ゴングの売上高は、店の総売上高の約三〇%を占める。現在、フッキウ村からゴングを購入する顧客で一番多いのは、近隣の地域に居住するカトゥ族

図5・4　サン氏の作業場

左手に原型および鋳型を焼成させるための炉があり、炉の上には燃料の薪が積まれている。中央やや右下には、電動送風機につながれた坩堝《るつぼ》がある。正面奥の棚の上には、鋳型類が保管されている。右の壁には洪水時の水位の跡が残っている。

やセダン族である。またキン族や外国人観光客もゴングを購入することがある。キン族は、葬礼や祖先崇拝の儀礼の際にゴングを用いるほか、ホテルやレストランなどの装飾品としてゴングを使用することがある。

少数民族は通常、旧暦の一―四月と七―一二月の間にゴングを購入する。彼／彼女らは遠くの村からサン氏の工房にやってきてゴングセットを注文するが、その際にゴングのサイズや音（音色、音階）を細かく指定し[10]、ゴングセットが完成するまでサン氏の工房に泊まりこむこともしばしばある。サン氏によれば、少数民族のゴングの需要は昔に比べると低下している[11]。最近の若者はゴングに興味がなく、お金が入るとバイクや携帯電話などを購入する。したがって、ゴングを購入するのはほとんどが年長者である。また省政府がゴング文化保護のため、ゴングを購入して、少数民族村落に寄贈することもある。この村でゴングを購入する少数民族は、南はカンボジアと国境を接するビンフオック省から、北はトゥアティエン＝フエ省まで広範囲の地域にわたる。さらに、ラオスやカンボジアからもゴングを購入するためにフッキウ村に来る人がある。サン氏によれば、現在ゴングの需要が低下しているが、政府はゴング製作者に対して支援を行なっていないため、サン氏の世代のゴング製作者が亡くなったら、ゴング製作を行う家はほとんどなくなるのではと危惧している。

ベトナム戦争以前は、少数民族が多く住む中部高原のコントゥム市内でも、ゴングが製作されていたようだ[12]。コントゥム市内に住むロン氏（キン族）は、一九七〇年代前半に一〇人の従業員を雇い、コントゥム市内にゴングを製造する工場を経営していた。しかし、一九七五年の戦争終結後、社会主義政府によりゴング製造が禁止された（理由は不詳）。当時製造していたゴングは、チエン・ハン（Chiêng Hênh）といい、青銅（Đồng Xanh）のみを原料として作っていた。バナ族、ジャライ族、セダン族とも同じ青銅のゴングを使用していた。原料の銅や錫はサイゴン（現在のホーチミン市）で購入し、三―五日ほどで一組のゴングセットを製造し、当時一セット約四〇〇万ドン（約二万円）で少数民族の村に販売していた。ロン氏は一九五四年よりゴングの仲買人としても活動している。現在は主にクアンガイ周辺で製造されたゴングセットを購入し、ゴング調律師のキウ氏（バナ族）に依頼して調律したあと、必要とする少数民族の村に販売している。彼は、いつかまたゴングの製造工場をコントゥム市内に作りたい、と語っていた。厳重にカギがかけられた自宅の倉庫内には、多数のゴングセットが保管されていた。このようなゴング仲買人の存在も、ゴング製作村とゴング調律師、そしてゴングを使用する村との橋渡し役となっていると考えられる。【図5・5】に、これまでの調査で明らかになったゴングの流通経路を示す。

先述したように、生活の近代化などにより、経済的な理由からゴングを売却する家が増えている。一九八〇年以前、ザライ省では多くの家族が二、三のゴングセットを所有し、省全体では数万を超えるゴングセットがあったが、一九九九年の調査では五一一七のゴングセット、さらに二〇〇二年には三一三三セットにまで減少している（Viện Văn hoá Thông tin 2006: 141）。聞き取り調査では、ゴングを売却した理由として、子どもの教育費のためなど、子どもの将来を考えた現実的な理由が多く挙げられた。ゴングはホテルやカフェ内でオブジェとして使われたり、ハノイやホイアンなどの観光地の民芸品店、楽器店で販売されていたりする。楽器店などで販売されているゴングは、キン族が製作した比較的新しいゴングが多かったが、なかには少数民族から直接・間接的に入手した古いゴングもあった。また、筆者がコントゥムで滞在していたゲストハウスのオーナーは、二〇枚のゴングセットをダクラク省のエデ族より一千万ドン（約五万円）で購入し、ゲストハウスの中庭に飾っていた。また筆者の調査中に、バナ族の村（プレイトンギア）で、複数のゴングセットが盗まれた事例もあった。

第4章で述べたとおり、調査を行なったほぼす

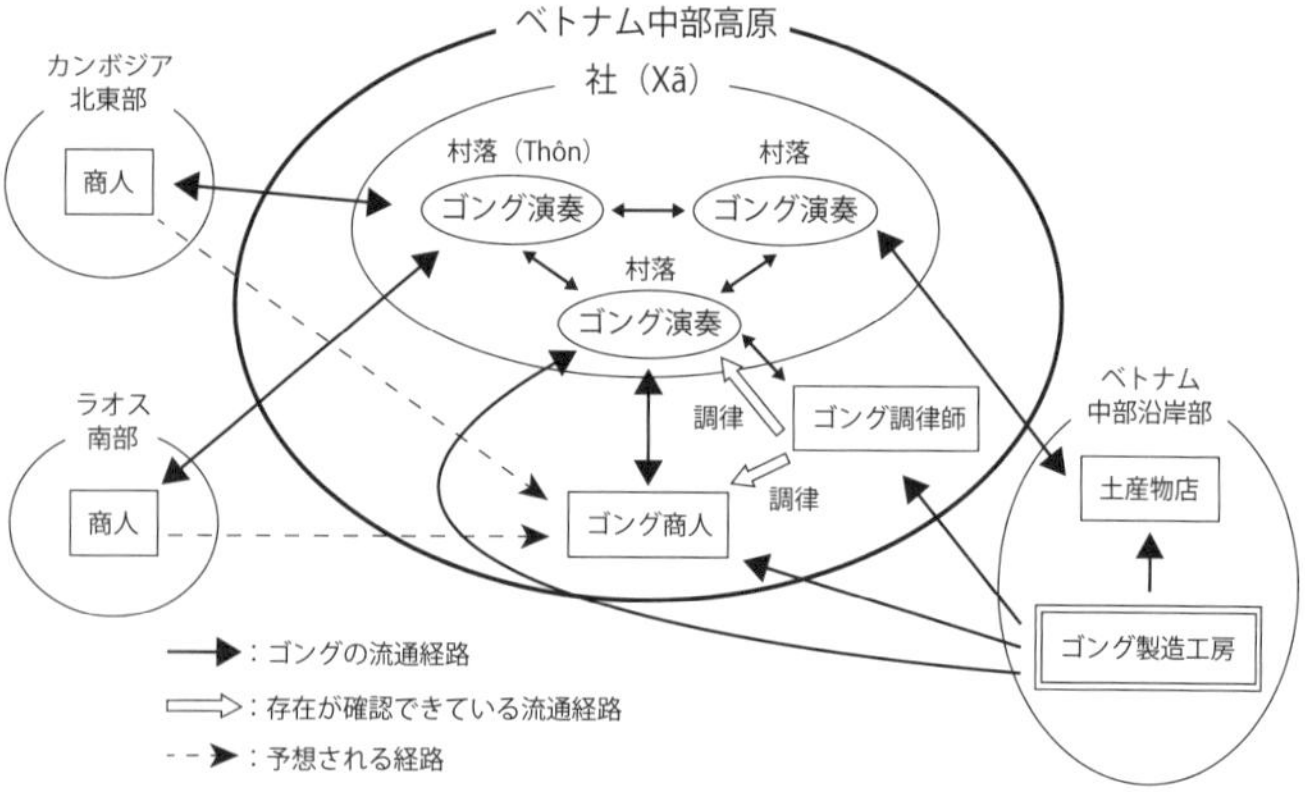

図5・5　ゴングの流通経路 (13)

べての村落で最低でも一組のゴングセットが所有され、各儀礼・祭礼において演奏に使用されていることがわかった。すなわち、ゴングの流出は進んでいるものの、調査をした範囲では、村落内のゴングセットがすべて売り払われ、まったく演奏しなくなった（演奏することができなくなった）という村はきわめて稀である。今後も経済的な事情などからゴングの流出が進む可能性があるが、ゴングが演奏される儀礼・祭礼・イベントがつづくかぎり、ゴングの需要は決してなくなることはないと考える。

ゴングの製作工程

次にサン氏のゴング製作工程について、一枚の平ゴングの製作事例をもとに述べる。サン氏のゴング製作は、一日目が原型の製作、二日目が鋳造と仕上げ（研磨、調音および調律）という工程である。以下、特に主語が明示されていない場合は、すべてサン氏が行なった作業である。以下の文章はサン氏のゴング製作工程をまとめた動画を参照しながら読んでいただきたい【動画５・１☞vii頁】。

１　原型の製作

◉鋳型の準備

竹製のへら、木片、煉瓦片、雑巾、粘土、金槌などの道具類が入った木箱と、泥の入ったボウル

【図5・6】、外鋳型（クオンンゴアィ khuôn ngoài またはビア bìa）が用意される。外鋳型は、粘土（ダットセット đất sét）と灰（チョー tro）を一対一で混ぜたものを原料として、手でこねて成形し、炭火で焼成して作られる。粘土は、村近くの工場で一袋（五〇キログラム）一五万ドン（約七五〇円）で購入することができる。あるいは、村内の水田を二メートルくらい掘ると粘土がとれるため、水田を所有している人は自分の田の土を使うこともある。灰は籾殻を焼いてつくる。

外鋳型は、サイズの異なる一八種類が用いられる。外鋳型の製作の際には、各ゴングのサイズ（直径と高さ）に対応した竹製のものさしを使って正確な大きさを得る。外鋳型はそれぞれ中央で二つに分割できるようになっているため、鋳込み後も再び使用することができる【図5・7】。外鋳型の内部には、鋳造したゴングの表面に凸凹がつくように、あらかじめ凸凹が施されている。この凸凹は、鋳型の製作時にアンティークのゴングの表面を押し当てて作られる。こぶ付きゴング用の外鋳型は、中央にこぶ（突起）部分を作る凹みがある以外、平ゴング用の外鋳型と同じである。

まず、乾燥した粘土を金槌で砕く。砕いた粘土に水を含ませて柔らかくし、竹べらでこねる。こねた粘土を竹べらで薄く伸ばし、外鋳型の接合部の傷や凹みに塗りつけ補修する。半円形の外鋳型を縦に置き、対となる外鋳型を上に置いて接合部を合わせ、手で叩いてぐらつきがないか確認する。外鋳型を横に置き、竹紐（数本が撚《よ》ってある）で外鋳型の外周二か所をくくり、鋳型と竹紐の間に木片を金槌で叩いて差し込み、外鋳型がずれないようにしっかりと固定する。竹べらで溶かした粘土

図5・6　道具類

図5・7　外鋳型（半分）

図5・8　外鋳型の傷や隙間を粘土でふさぐ

図5・9　中鋳型

を薄く延ばして、鋳型の傷や隙間に塗って、細かな穴や傷をふさぐ【図5・8】。水に浸した雑巾で外鋳型の内側（中鋳型を載せる部分や接合部）を拭いてきれいにする。竹べらを鋳型の接合部に当てて、ずれがないかチェックする。これらの作業は、鋳込み時に鋳型の接合部の隙間から溶解した金属が漏れてしまうのを防ぐため慎重に行う必要がある。

次に中鋳型（クオンチョン khuôn trong またはチンバン trình bản）を用意する【図5・9】。中鋳型は、壌土（ダットティット đất thịt）と籾殻（チャウ trấu）を一対一で混ぜたものから作られる。壌土は畑を掘って使うこともあるが、市場で一袋（五〇キログラム）八万ドン（約四〇〇円）で購入できる。竹べらでドーナツ型の中鋳型の表面についた砂を落とす。外鋳型の上に中鋳型を置いて、繰り返しこするように動かす。外鋳型の表面に乾燥した砂がつくことで表面が平らになる。外鋳型の下に木片をはさんで外鋳型を傾け、外鋳型側面の接合部付近に、焼成後の目印となるよう鉄の定規のようなものでバツ印を二か所つける。再び中鋳型で外鋳型の表面をこする。サン氏によれば、この作業はとても重要とのことである。それは、少しでも鋳型の表面（中鋳型を載せる部分）に欠けなどがあると、鋳込みがうまくいかないためである。

◉原型の成形

鋳造のゴングは鋳型（外鋳型と中鋳型）と原型の隙間に溶解した青銅を流し込んで作られる。原型の材料として、砂土に籾殻を混ぜたもの（ダットザップ đất giáp、以下①）を用意する。[14] ①に水を加えてこねて作った土の塊を外鋳型の中に入れ、拳骨で押しつぶすようにして隙間なく全体に詰める。水に濡らした手を、詰めた土の外周からやや内側に入れ、同心円状に動かして溝を作る。その後、拳骨で土を鋳型の縁側に押し込むように詰めていく【図５・10】。鋳型内部の側面付近に集まった土を中心に向けて手で丸めていく。鋳型内部の土は、縁側がドーナツ状にやや盛り上がる。

中鋳型を外鋳型の上に載せ、中鋳型を何度かこするように動かす【図５・11】。外鋳型内部の土を中鋳型と外鋳型の隙間を埋めるように縁側に向けて指で押し込む。中央部分の土を少し取って水に浸し、中鋳型内部の側面全体にこすりつける。この作業をもう一度繰り返す。再び、先ほどと同じように水に濡らした手を、詰めた土の外周からやや内側に入れ、同心円状に動かして溝を作る。縁側にドーナツ状に盛り上がった土を手で中鋳型と外鋳型の縁に押しつけて固めていく。拳骨で鋳型内部の土の中央部を叩き、時折指を入れて土の高さを確かめる。縁から中央に向けて手で表面の土を集め、拳二つ分ほどの土を取り除く。拳で原型全体を押しつけて平らにしていく。再び指を入れて土の高さを確かめる。表面の土を拳一つ分ほど取り除いたあと、手の平で原型の表面全体を押さえて均す。四か所に指を入れて土の高さを確かめる。不均一な部分の土を取ったり、足したりして表面の高さを均一にする。

先ほどの①を鋳型内部の原型を覆い隠すように載せる。先が平らになった木の棒で鋳型内部の土

図５・10　外鋳型に原型の材料を詰める

図５・11　中鋳型を外鋳型の上に載せる

図５・12　砂土と籾殻を載せ木の棒で原型を固める

を際側から細かく叩くように押さえつけて固めていく【図5・12】。さらに①を鋳型内に入れて、手で混ぜて均す。少し時間をおいて、①を鋳型内部の原型全体にまぶすように手で混ぜる。一〇分ほど置いたあと、鋳型内部の①をすべて手で取り出す。この作業は、原型の水分をとり、細かな隙間を埋めて固めるためであると考えられる。

◉原型の焼成

フン氏が燃料となる木材を鉈《なた》で割る。鋳型内の原型の上に、長さ一五センチほどの鎹《かすがい》を四か所、縁の土手から中央部に橋渡すように置いて、金槌で叩いて固定する。細かく割った木片を鋳型内部に重ねるように入れて、ライターで火をつけ、原型を乾燥させる【図5・13】。失敗作のゴングを鋳型の上にふたをするようにして載せ、炎で十分に熱したあと、鋳型から外して、長い木の棒で叩き割る。これらのゴングの破片は、新しいゴングの鋳込みの材料として使われる[15]。サン氏の妻が木炭を鉈で細かく砕く。これは鋳造の材料となる金属を溶かす際の燃料に使われる[16]。

三〇分ほど燃やしたあと、原型（と中鋳型）を外鋳型から外す作業を行う。この作業をロットクオン（Lột Khuôn）と呼ぶ。まず鋳型を縦に置いて、竹紐を外し、焼け残った木炭や灰をかき出す。外鋳型の半分を外すと、原型と外鋳型の間に数ミリの隙間ができているのがわかる。焼成することで、原型が収縮したためである。もう半分の外鋳型を外すと、中鋳型と原型が焼成したことでくっ

図５・13　木片を燃やして原型を乾燥させる

図５・14　原型と中鋳型の際を削る

図５・15　原型を炉で焼成する

ついて一体となっていることがわかる。[17] 先の尖った木片で原型と中鋳型の際を削る【図5・14】。サン氏によれば、ゴングを鋳造する際、ゴングの側面は表面より若干厚くする。たとえば、表面を三ミリとすると、側面を五ミリにする。側面と表面を同じ厚さにすると音がよくない。原型により多くの籾殻を入れると灰となって外鋳型との隙間がより大きくなるため、より厚みのあるゴングができる。

次に原型を炉にくべて焼成する【図5・15】。この作業をチョークオン（Chở Khuôn）と呼ぶ。まず炉に乾いた薪を並べて火をつける。薪をくべて火力を強くし、手で中鋳型を持って、原型を火に当てる。原型の下に重しを置いて炉と垂直に立て、直接火が当たるように原型を置く。薪をさらに火にくべて、原型の周りに外鋳型を置き、その上に複数の石を鋳型と炉の隙間を埋めるように載せて火力を上げる。火力がどんどん強くなり、煙が隙間からもうもうと立ち上る。焼成時間は三〇分―四〇分、火の温度は三〇〇度以上になる。

原型が焼きあがるのを待っている間、外鋳型のクリーニングを行う。水に浸けた四角形の煉瓦片で外鋳型の内部（銅を流し込む部分）をこすってきれいにする。この作業をタットビア（Thất Bia）と呼ぶ。水で溶かした粘土を木はけで薄く延ばして外鋳型の接合部の傷に塗る。鋳込みの際に使う坩堝の上部に送風機の管と接続する口を粘土で作る。

◉原型の表面を滑らかにする

炉から原型を取り出す。原型の色は薄卵色に変化していた。サン氏が口に含んだ水を原型全体に数回吹きつけて原型を冷ます。少し置いたのち、煉瓦片で原型の側面および前面をこすって滑らかにする【図5・16】。次に、原型を外鋳型にセットし、鋳造されるゴングの厚みを確認する【図5・17】。厚みが足りない場合、再び煉瓦片で原型の表面を削る。

竹べらを水に濡らし、粘土をヘラに少し付けて、原型と中鋳型の溝を埋めていく。水に浸けた雑巾で、原型全体に水をしみ込ませる。砂、灰（籾殻を焼いて作る）、水を混ぜたもの（以下②）を指ですくい、原型に傷があれば塗って修復する。水に浸した雑巾に②をしみ込ませて、原型全体を拭く。原型全体が灰色になり、表面が滑らかになる【図5・18】。鉄の定規のようなもので、原型の表面をこすって削る。再び②に浸した雑巾で原型の表面（前面）を拭く。この作業をヴォーヌオック（Vô Nước）と呼ぶ。水に浸した竹べらで原型と中鋳型の間の際を削っていく。水に溶かした粘土を、竹べらで原型と中鋳型の間の際および中鋳型の傷に塗りつける。雑巾を水（②が混ざって濁っている）に浸し、原型の表面と側面、および、中鋳型の表面と側面を拭く。手の平で原型の表面、側面を触って欠けなどがないか確かめる。側面を乾いた雑巾で拭いたあと、水に濡らした雑巾で叩くように拭いていく。再び、手の平で側面を擦るように拭く。最後に手の平で原型全体を触ってチェックする。

図5・16　焼成した原型の表面を削る

図5・17　原型を外鋳型に合わせて、ゴングの厚みを確認する

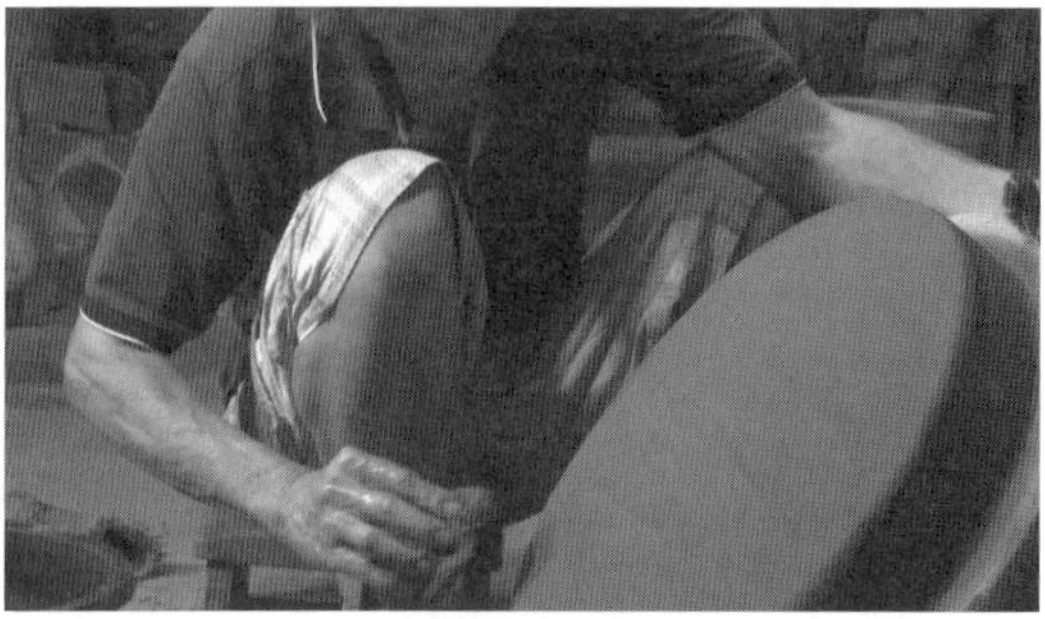

図5・18　原型の表面を滑らかにする

2　鋳込み

◉鋳込みの準備

翌日の朝七時半、炉のわずかに残った火に原型があてられていた。ゴングの材料となる金属の溶解に使用する粘土製の坩堝と、坩堝に風を送る電動送風機が用意されている。坩堝は二段構造になっていて、上部は送風機と管で接続されており、下部には燃料の炭が入れられている。上部と下部は粘土で接着されており、鋳込みの際は上部を取り外し、下部に溜まった溶解した金属を鋳型に注ぎ入れる。電動送風機を使用する以前は、ふいごを使って人力で風を送っていた。外鋳型は、昨晩の内に古いゴムを焼いた煙で燻されて真黒になっている【図5・19】。木炭と粗布がアルミ製の容器に用意され、竹のざるの中には、ゴングの材料となる銅や錫の破片が入っている。錫は日本の大型船舶の船底の重り（凸型で一個三五キログラム）として使われていたもので、市場で一キログラム＝七〇万ドン（約三五〇〇円）で購入できる。

木炭の入った坩堝の中に、鋳造に使用する金属を入れる【図5・20】。使用する金属の多くは中古の金属である。まず大きめの青銅のスクラップ（過去のゴング製作の過程で生じたものなど）をいくつか入れ、真鍮（リボン状の薄くて長い破片）、銅線、錫（薄いシート状）などを加えていく。錫を入れる量は、各少数民族によって異なり、錫の量がゴングの音色を決めるという(18)。ただし鋳造に使用する材料を計量することはなく、壊れたゴングなど青銅のスクラップも材料として用いるため、実際に用いられる銅と錫の量・割合はサン氏の長年の経験にもとづいて感覚的に決められているようだ。また材料として使用する金属は、ゴング製作（鋳込み、研削・研磨）の過程で減少する。たとえば、鋳造の材料として一一キログラムの金属を溶解させた場合、その内の約七キログラムを鋳型に入れてゴングを鋳造し、研削・研磨によって最終的なゴングの重量は約六キログラムになるという。

薪を炉にくべて火力を強くし、前日と同じように原型と炉の隙間に石を重ねて焼成し、原型を完全に乾燥させる。原型に水分が残っていると鋳込みの際に原型が壊れてしまうのだ。また原型と溶解した金属との温度差をなるべく少なくするため、原型は金属を流し込むまで高温に保つ必要がある。この工程をソンクオンという。煙が収まってきたら、原型の周りに積み上げた石を外す。石炭はまだ真っ赤に燃えているが、火力はそれほど強くない。二〇分くらい経ってから、炉から原型を外し、外鋳型の下半分に合わせる。外鋳型の下には三角形の木片がはさんで倒れないようにしてある。原型の色は黄土色に近い色に変化している。

外鋳型の上半分を合わせる。外鋳型の直径に合うように竹紐の長さを調整して、外鋳型の下側をくくる。竹紐と外鋳型の隙間に金槌で木片を差し込んで固定する。同様に外鋳型の上側を竹紐でくくり、隙間に木片を差し込み固定する。サン氏の妻が炉に残った熱せられた炭を別の火鉢に移す。これは昼食を作る際に使用していた。

図5・19　ゴムを燃やして燻された外鋳型

図5・20　ゴングの材料を坩堝にいれる

図5・21　鋳込みのために固定された鋳型

図5・22　外鋳型と中鋳型の隙間に泥を塗る

図5・23　金属溶解の様子を見る

図5・24　溶かした金属を鋳型に流し込む

◉鋳込み

七時五〇分、サン氏が鋳型を合わせているときに、フン氏が坩堝につながれた電動送風機のスイッチを入れる。ブオーという大きな音がして坩堝に風が送り込まれる。四三秒ほどで坩堝から炎が立ちあがる。鋳型を木製の木枠の上に置く。材料が溶けるのを待っている間、サン氏は外鋳型の細かな傷や隙間に粘土をくっつけて補修する。フン氏とともに懐中電灯で照らして鋳型の細部をチェックする。外鋳型から金属が流れ出ないように最後のチェックをしているようだ。

中鋳型の上に、小さな木片を四枚載せる。各木片の上に少し大きめの木片を傾斜がつくように載せる。その傾斜部分に一・五メートルほどの長さの竹を二本平行に載せる。竹と外鋳型の下の木枠をロープで幾重にもしばって鋳型全体を固定する【図5・21】。中鋳型と外鋳型がずれないようにしっかり固定するのが目的である。サン氏の妻がスコップで坩堝に木炭を追加する。サン氏が金属の溶け具合を見たあと、少量の青銅のスクラップを坩堝の中に追加する。土と灰と少量の水を混ぜた泥が入った容器を用意して、外鋳型と中鋳型の隙間、竹紐と外鋳型の隙間、外鋳型の接合部を埋めるように泥を丹念に塗りつける【図5・22】。原型の中央に小さなフラワーポットのようなもの（底に複数の穴が開いている）を逆さまに置き、その上に細長い木片を中鋳型を橋渡すように竹と中鋳型の間に挟む。木片と竹の間に小さな木片を二か所挟む。溶解した金属を流し込む口が上に向くように外鋳型を逆さまに置き、ぐらつかないよう鋳型を載せている木枠の下に小さな木片を挟む。

サン氏の妻が木炭を数回スコップで坩堝に入れて火力をさらに強くする。サン氏がドーナツ状の口型を、坩堝の燃えさかる炎で一〇秒ほどあぶったあと、外鋳型の口の上に置く。この口型が溶解した金属の注ぎ口になる。注ぎ口の上に乾いた雑巾を置く。妻がほうきの先に水をつけて坩堝の炎の上を数回叩いて、温度を下げる。さらにサン氏がほうきに水をつけて二、三度炎を叩く。サン氏は金属の溶解具合と炎の色で温度を確認する【図５・23】。鋳込みに最適な一二〇〇度に近づくと炎の色が青みがかった色になり、溶解した銅の表面がゆらゆらと波打つように動き出す。

八時一五分、サン氏の指示のもと、フン氏が送風機を止める。サン氏が坩堝の上部を持ち上げると、多くの燃え残った木炭が床にこぼれ落ちる。すぐにサン氏の妻とフン氏が水をかけて消火する。坩堝の下部には真っ赤に燃える木炭と溶解した青銅がドロドロに溶けている。木刀のようなものを二本使って、溶け残った木炭を坩堝の外に落とす。大量の灰を溶解した青銅の上に載せて、温度を下げる。さらに濡れ雑巾を覆い隠すようにして載せ、木刀で上から押さえつける。水に濡らした木刀を雑巾の下に差し入れ、溶解した金属の様子を確かめる。砂土を鋳型の前の床に捲く。

八時一八分、両手で抱えるように坩堝を持ち、溶解した金属を鋳型内に一気に流し込む【図５・24】。坩堝には一か所注ぎ口となる窪みがあり、溶解した金属の上に雑巾を載せていたため、溶け残った炭は鋳型に入らないようだ。口型を取り、木刀で鋳型内部を探る。溶解した金属の一部が鋳型の上部にあふれ出る。水に浸した雑巾を鋳型からあふれた金属の上に絞り、冷ます。サン氏の妻とフン氏が鋳型の上に冷えて固まった金属を鉄ばさみで取り除く。これらの金属片は次にゴングを鋳造する際に再利用される。サン氏が雑巾を絞って鋳型内部の溶解した金属を冷やす。じゅーという音とともに金属は激しく沸騰し、水蒸気が立ち上る。坩堝を傾けて燃え残った木炭、青銅片などを外に出す。妻が坩堝の中にスコップで砂を被せ、サン氏が坩堝の中の砂を手で軽くかき混ぜる。

鋳型を逆さまにして、ロープを解き、固定していた竹や木片を外す。フラワーポットのようなもの、鉄の丸い受け皿、固定していた鎹もとる。これらの作業はすべて素手で行なっているためとても熱そうである。サン氏が、先の尖った金属の棒で鋳型内部の土を縁側の土手の部分からこそぎ取る。さらに鉈のような刃物で中鋳型についた土をきれいに落とす。フン氏が中鋳型を外して、サン氏の妻がスコップで鋳型内のこそげ落した土を取り除く。中鋳型は外鋳型と同様、再利用することができる。鋳型の中に水を流し込み内部の金属を冷やす(19)。水はじゅーと音をたてて一瞬で沸騰する。サン氏が先の尖った金属の棒で鋳型内に残った土をこそげ落とす。サン氏の妻がスコップでこそげ落とした土やあふれ出て残った金属片などを取り除く。ようやくゴングの表面が見えてくる。外鋳型をくくっていた上部の竹紐を外し、裏返して下部の竹紐を外す。外鋳型を縦にして置き、上半分の鋳型を外す。八時三二分、鋳型からゴングを取り出す。

3　仕上げ

◉研削・研磨

フン氏が電動グラインダーで鑿《のみ》のような小さな刃を研ぐ。サン氏の妻が床に散らばった木炭の残りをざるにかき集める。坩堝を片づける。昔は電動グラインダーを使わず、小さな刃を木製の長い棒に固定したものを使って手作業でゴングの表面を削っていたという。電動グラインダーを使い始めたのは、約一〇年前とのことである。工房の奥にビニールシートを広げ、研削・研磨作業の準備を始める。まずゴング外面の中央部にある出っ張り【図５・25】に鑿を当てて金槌で細かく叩いて落とす。出っ張りの両面に三、四往復くらい鑿を入れるときれいにとれた。鋳込みの材料として坩堝に入れていた大きな青銅片はこの部分であったようだ。またゴング側面の縁に漏れ出て固まったバリを鑿と金槌でとる。この部分も次回の鋳造時に使う。

八時五一分、グラインダーによるゴングの研削・研磨作業を開始する。ビニールシートを広げた場所で、ゴングを木枠の上に載せ、グラインダーでゴングの表面を削っていく【図５・26】。まずゴング外面中央部の直線状のバリをきれいに削る。丸い刃先を凹凸に添わせるように斜めに当てて、慎重に削る。やや白みがかった黄銅色の金属が見えてくる。グラインダーの刃をより大きなサイズの刃に取り替えて、ゴング外面の全体を削る。次にゴングを縦に置いて、左手でゴングを少しずつ回転させ、右手でグラインダーをゴングの側面に当てて削る。特にゴング側面の角部分は念入りに

図 5・25　鋳型から取り出した直後のゴング

図 5・26　ゴングの外面をグラインダーで磨く

削る。また別の刃に交換して、ゴングの内面を削る。ゴング内面には凸凹がないため、全体を削るようにグラインダーを大きく動かしていく。

九時二四分、金槌でゴング外面を数か所軽く叩いてゴングの厚みを確かめる。ゴング外面を叩いた音で、その箇所の厚さを確かめているようだ。ゴングを裏返して、内面の厚みのある部分を金槌でぐりぐりとこする。再びグラインダーでゴング内面を削る。ゴング外面を金槌で叩いて音を確かめ、またゴング内面を金槌でぐりぐりとこする。チョークでゴング内面の削るべき部分をマークしてから削ることもある。またマレットで叩いて音を確かめることもある。こうした作業を繰り返して、ゴングの厚さを均一に整えていく。

九時五一分、ゴング側面に演奏の際に持ち手となる紐を通すための穴を二か所あける。側面の内側に鑿を立て、金槌で叩いて穴を開ける。さらに側面の外側から先が尖った錐《きり》のようなものを手回し金具に取りつけ、くるくる回して穴を広げる。ゴングの穴に紐を通す。ゴングの厚みを確かめながら、さらにグラインダーでゴング内面を削る。グラインダーでゴング側面を研磨してバリをとる。

◉調音・調律

調音（タムアム thẩm âm）とは鋳造後に楽器としてのゴングの音色を出す作業のことであり、調律（チンアム chỉnh âm）とは少数民族ごとに異なる音階に合わせて各ゴングの音高を変える作業のことをいう。調音を行うためには、ゴング本来の音の響きをよく理解し、微妙な音色の違いを聞き分けることができなければならない。また、調律を行うためには、少数民族ごとに異なるゴングセットの音階や音色を理解し、微妙な音高・音色の違いを聞き分けることができなければならない。調音ができて初めて、調律ができるようになる。先述したように、村内でも調律を行うことができるゴング製作者はサン氏をはじめ数少ない。調音は、グラインダーでゴング表面を削り、ゴング両面の同心円上および側面を金槌で打つことで行う。[20] 調律は、ゴング両面の同心円上および側面を金槌で打つことで行う。サン氏のゴング調律方法は、少数民族のゴング調律方法と基本的に同じである。調音・調律の作業を総称して、レイ・ティエン（lấy tiếng 音を作る）と呼ぶ。以下、実際に行われた調音作業の工程について述べる。

ゴングの外面を上にして、木製の丸い台の上に置く。左手でゴングを回転させながら、金槌でゴング外面の中心に近い同心円上を三〇回ほど打つ。マレットでゴングの内面を叩いて音を確認する。ゴングの内面を上にして台の上に置き、中心付近の特定箇所を二〇回ほど金槌で打つ【図5・27】。叩いた部分の裏側（ゴング外面）を触って、厚みを確認する。ゴング内面の中心付近の別の箇所を一七回ほど金槌で打つ。次にゴング外面の中心付近の同心円上（最初よりも中心に近い部分）を五〇回ほど金槌で打つ。マレットでゴングを叩いて音を確認する。ゴング外面の中心と縁の中間辺りの同心円上を三八回ほど金槌で打つ。再びマレットでゴングを叩いて音を確認する。ゴング内面の縁に近い同心円上を三五回ほど金槌で打つ。マレットでゴングを叩いて音を確認する。ゴング外面を掌で触って厚みを確認したあと、ゴング内面の中心に近い同心円上を五〇回ほど金槌で打つ。ゴング外面の中心に近い同心円上を金槌で六〇回ほど打つ。マレットでゴングを叩いて音を確認する。ゴング内面の中心付近をこれまでよりも弱めに二五回ほど金槌で打ったあと、金槌で中心付近をこする。金槌で打つ作業の合間に、必要に応じてゴングの内面をグラインダーで削って厚さを調整する。時折、目視でゴングの表面が平らになっているか確認する。このような作業を繰り返して、ゴングの音色を作っていく。

　サン氏によれば、余韻を長くしたいときは、ゴング内面の縁に近い円周上とゴング外面の中心付近の円周上を打つ。一方、余韻を短くしたいときは、ゴング内面の中心付近の円周上、および、ゴング外面の縁付近

図5・27　金槌でゴングの調音を行う

の円周上を打つ。サン氏は各少数民族のゴング演奏の様式に合わせて、ゴングの余韻の長さを調整する。たとえば、ジャライ族、バナ族、エデ族など、多数の演奏者が比較的早いテンポで、各々のゴングを入れ子式に叩いて「旋律」を奏でるタイプの場合は、余韻を短くする。一方、カトゥ族、マ族など、少数の演奏者が比較的ゆったりしたテンポで、ゴングの余韻を味わい、互いの音を共鳴させるように演奏するタイプの場合は、余韻を長くする。

まとめ

繰り返し述べるように、ベトナム中部高原では、ゴングは古いものほど価値が高いとされる。それは古いゴングほどゴングに宿る精霊も強大であると考えられているからである（Viện Văn hoá Thông tin 2006: 104）。したがって、ゴング製作者は製作したゴングが古く見えるようにさまざまな工夫をこらしている。先述したように、外鋳型の内部には、細かい凹凸があらかじめ施されている。[21] 鋳造されたゴングの縁は研磨せずにぎざぎざのままにする。[22] 研削・研磨が終わったゴングは黄金色に光り輝き、新品然とした外観であるため、少数民族にゴングを売る際は、炭粉などでゴング全体を黒く汚してから販売する。これらはすべて、ゴングを「古く見せる」効果があり、少数民族はこうした「アンティーク調」のゴングを好むのである。[23] また、キン族のゴング製作職人のなかでもサン氏のように優れた職人は、単にゴングを鋳造するだけでなく、各少数民族のゴングの様式（音色、音階）を理解して調音・調律を行うことで、顧客である少数民族の需要に応えるゴングを製作しているのである。

最後に、東南アジア他地域のゴング製作と比較したベトナムのゴング製作の特徴について述べる。ここでは田村（二〇一七、二〇一八）を参照して、インドネシアのジャワ島中部スラカルタ、ミャンマーのマンダレー地区の熱間鍛造によるゴング製作の事例と比較する。まず熱間鍛造によるゴング製作工程について簡単に述べる。

①原型作り：銅と錫を溶かして石の型に入れ青銅合金の原型（粗型）を作る。
②焼　入　れ：原型を炉に入れ、均一に温度が上がるように回転させながら焼く。
③打ち込み：熱せられ真っ赤になった原型を炉から取り出し、三、四人の打ち手が交互に原型を叩き伸ばしてゴングを成形していく。
④突起作り：木製の型などに押し当ててこぶ状の突起を成形する。
⑤冷　　却：再び焼き入れして高温に保ったゴングを水に入れて一気に冷却して締める。
⑥冷間鍛造：水からゴングを取り出し、常温での鍛造をつづけて、ゴングの厚みを調整し、音高や響きを変えていく。

ゴングの材料は、インドネシア、ミャンマーともきわめて純度の高い銅と錫が正確に計量されて用いられるが、その割合はほぼ一〇対三（インドネシアは一〇対二・八）である（田村二〇一七、二〇一八）。一方、ベトナムでは、銅や錫以外にも青銅のスクラップや真鍮が鋳込みの材料に用いられている。またそれらの計量は行われておらず、使用する割合は職人の感覚にゆだねられている。鋳造のゴング製作では、特に、鋳型や原型の製作において職人の高度な技術が必要となる。一方、鍛造のゴング製作では、複数の職人がリズミカルに熱した原型を繰り返し叩き伸ばすことによってゴングを形作る点に高度な技術が必要となる。調音・調律は職人の経験にもとづく感覚で行われるが、鋳造の場合一人の職人が、鍛造の場合複数の職人の共同作業で行われることが多く、どちらも高度な職人技であることは疑いようがない[24]。

ドウ（Dawe 2015: 109）が指摘するように、楽器製作者は、木材、骨、皮、金属、粘土といった物質世界（material world）に直接触れて楽器を作り出すことで、自然界とわれわれを再接続させ、最も根本的なレベルで音楽文化の創出に影響を与える物質的現実（material reality）のエージェントとなる。本章でみてきたように、ゴング製作者は、長年の鍛錬のなかで培われた鋭敏な感性と高度に身体化された「わざ」を駆使して、さまざまなマテリアルを組み合わせ、配合し、調整してゴングという「作品」を生み出す。それこそが、かれらが地域コミュニティ内でしばしば「ゲニャン（Nghệ nhân 芸術家）」と呼ばれ、尊敬されているゆえんである。

注──第５章　ゴングを作る

（1）熱間鍛造とは、金属または合金を再結晶温度以上に加熱して高温のうちに行う鍛造のことで、冷間鍛造とは、再結晶する温度以下で行う鍛造のことを指す（日本鋳物協会 一九七三）。

（2）ベトナム中部高原で使用されているゴングは青銅製で鋳造のものが多いと考えられる。一方、ゴング製作職人やジャライ族のインフォーマントからの情報によれば、ジャライ族やバナ族は真鍮の「打ち出し（冷間鍛造）」により製作されたゴングも使用する。その製作方法は、真鍮の平らな板（戦時中使われた武器を溶かして作られることもある）を丸く切り抜き、ハンマーで叩いて成形して作られる。かつてはフッキウ村の多くの工房で打ち出しのゴングが作られていたが、現在は鋳造のゴングのみを製作している。

（3）田村（二〇一九）により、同じフッキウ村で筆者が調査したのとは別のゴング製作工房におけるこぶ付きゴングの製作方法が報告されたが、基本的な製作工程は平ゴングと同じであった。

（4）現在、鋳物の製作を行なっていない家は、農業や公務員などで生計を立てている。

（5）タインホア省にあるドンソン遺跡からは複数の銅鼓が発掘されていることから、同地域では古くより青銅の鋳造技術が発達していたと考えられる。

（6）中部ベトナムには、一五五八年の阮潢によるフエ入植以降、タインホア・ゲアンから移住してきた人びとが非常に多い。これは、チャンパの存在が衰弱方向へ決定的となり、それに乗じるように、北部南域のキン族が一気に移住して南進を進めたためである（西村二〇一二：一三七）。

（7）フッキウ村でこれまでに生産されたゴングセットの数は三万五〇〇〇組（ゴング二〇万枚以上）を超え、これは中部高原で現在使われているゴングの四分の三に相当するともいわれる（Pháp luật và Xã hội 2012）。

（8）フッキウ村のゴング製作工房における調査は、二〇〇八年二月二二日、二〇一二年一〇月一〇日、一四日、一五日、および、二〇一三年三月二日、三日に行なった。二〇一三年三月に行なった調査は、福岡正太、藤岡幹嗣、虫明悦生との共同調査である。

（9）詳細な観察・記録ができたのがサン氏の工房だけなので、サン氏の工房のように、息子だけでなく、妻が助手としてゴング製作に関与することが一般的な事例であるのかはわからない。

（10）ゴングの音色、音階は、音叉やチューナーなどを用いず、職人と少数民族の注文者の「耳」で判断して決められる。

（11）ただし、筆者がフィールドワークで訪れた中部高原の少数民族村落では、ゴングセットの毀損・盗難の事例がたびたびあり、また経済的な理由から一度ゴングを手放したが、余裕ができたら再び購入することもあるため、一概にゴングの需要が減少しているとはいいきれない。

（12）アルパーソンら（Alperson et al. 2007: 15）によれば、ベトナム戦争以前は、中部高原の少数民族村落においてもゴングが製作されていたが、戦争による人の移動と混乱によりゴング製作の伝統が途絶え、キン族から購入するようになった、という。一方で、ゴングは中部高原の外部からもたらされたもので、少数民族自身はゴングを製作していなかった（Đào Huy Quyền 1998: 115–116; Viện Văn hoá Thông tin 2006: 122など）との説もある。筆者のこれまでの現地調査では、中部高原に移住したキン族がかつてゴングを製作していたという話はあったが、少数民族自身がゴングを製作していたという話は聞いたことがない。考古学的な調査も少数民族がゴングを製作していた証拠を見つけるには至っていない。

(13) 後述するナイファイ氏（ジャライ族）のように、ゴング調律師がゴング仲買人を兼ねていたり、フッキウ村のサン氏のように、ゴング製作の際に職人が調律まで行う場合もある。またバナ、ジャライ、セダン、ゼ・チエンは、基本的に同種のゴングセット（こぶ付きゴングと平ゴングのセット）を使用するため、個人（村）間での売買も地域（社、県、省）を越えて盛んに行われている。さらにベトナム（主にキン族）の商人が国境を接するラオスやカンボジアに出向き、ゴングを購入してくることもある。近年は、展示・販売用に、観光産業のホテル・土産物屋などが、少数民族の村からゴングを購入することもある。

(14) 日本の銅鑼製作においても原型の材料に籾殻が用いられている。籾殻は焼成した際に灰になり、できた小さな穴が鋳込みの際にガスを逃がすことで原型の亀裂を防ぐ働きをする（木村一九七五：一一）。

(15) インドネシアのジャワ島でも、中古の壊れた青銅の楽器がゴングの鋳込みの材料として用いられてきた (Jacobson & van Hasselt 1975: 132)。またバリ島のガムラン鍛冶の間では、中古の楽器は何度も叩かれてきたことで「青銅が熟成した状態」にあるため、完成したばかりの楽器に特有のピッチの変化が少なく、よい音になるという言説があり、未使用の青銅が出回る現在においても、（鋳込みの材料として）あえて中古の青銅を選択する傾向がある（杉山二〇一三：四）。

(16) 木炭は市場で一キログラム＝約一万ドン（約五〇円）で売られており、ゴング一枚鋳造するのに必要な木炭は約五キログラムである。木材なども含めて、一枚のゴングを鋳造するのにかかる燃料の総額は約一五万ドン（約七五〇円）である。

(17) 一体となった中鋳型と原型は、合わせてクオン・チョン (khuôn trong) とも呼ばれる。

(18) たとえば、カトゥ族のゴングの錫の割合は、銅一〇〇に対して、二〇―二五、エデ族のゴングの場合、一〇―一二である。

(19) グッドウェイ(Goodway 1988: 62)によれば、高錫青銅のゴングは、鋳込み後に急冷することによって延性をもち、打ち延ばしが可能になる。

(20) ゴングの表面をグラインダーで削る作業は、外観をきれいに磨くだけでなく、音色を調整する役目もあるため、調音作業の一部としてとらえることもできる。また調音の際に、金槌だけでなく、木製の角棒でゴングの表面を打つこともある。

(21) 田村(二〇〇二:六六)は、「鋳型に予め鍛造跡のような凸凹を作り込むのは、かつて、ベトナムに鍛造のゴングがあり、かつ、それが高値であり尊重されていた証しではないか」と指摘する。

(22) 第2章で述べたように、ジャライ族のナイファイ氏によれば、「古いゴングの縁はつるつるしているが、新しいゴングの縁はぎざぎざしている」とのことだったので、実際には縁のぎざぎざがその製作意図とは反対に、新品のゴングの証として購入する側には判断されていることがわかる。

(23) サン氏によれば、少数民族が「アンティーク調」のゴングを好む理由として、単に外観的な好みだけでなく、外面に凸凹を施すことで響きがよくなり、古いゴングの音色に近づくからだという。

(24) フッキウ村のゴング製作工房のなかには、工場のオーナーが複数の職人を雇って分業でゴング製作を行なっている工房もあった。またインドネシアのバリ島では、竹の音叉を使った調律が行われているという(杉山二〇一三)。

フィールドワーカーにとって食事はとても重要である。現地調査は身体が資本であり、その意味でも食事が口に合わない土地に長期滞在することは難しい。その点、ベトナムは、おそらく私だけでなく、多くの日本人の口に合う食べ物が多いと感じる。箸を使う点がまず日本と同じだし、ごはんが主食なのも同じである。そして味付けがシンプルで、甘すぎたり、辛すぎたり、香りが独特だったり、油でギトギトだったりすることはほとんどなく、食べやすい。

私が調査地で食べる主な食事は三種類ある。① 一つめはバインミーというサンドウィッチ。これは二〇センチほどの小さなフランスパンに切れ込みを入れて、バターやパテを塗り、酢につけた野菜、ハーブ、肉、卵などを挟んで、甘辛いソースをかけたものである。私は朝に路上の店舗で目玉焼きを挟んだバインミー・オプラー（bánh mì ốp la）をテイクアウトして食べることが多い。値段はだいたい一万ドン（約五〇円）くらいである。ベトナムのフランスパンは、皮はカリカリで中はもっちりしていて本当においしい。もちろんフランス起源の食文化であるが、ベトナムのどこにいてもフランスパンは安定しておいしいのはなぜだろう。水や小麦粉が日本とは違うためであろうか。

そして麺類は日本でもよく知られているフォー（Phở）のほかに、ブン（Bún 米粉麺）、ミー（Mì 中華麺）、バインカン（Bánh canh、キャッサバ粉を使ったもちもち麺）、ミエン（春雨麺）などさまざまな種類がある。個人的に一番食べる機会が多いのはやはりフォーである。フォーは、鶏がらの出汁をベースにした鶏肉のフォー（フォーガー Phở gà）と牛骨の出汁をベースにした牛肉のフォー（フォーボー Phở bò）に分けられる。さらに、肉の茹で具合によってフォーボータイ（半生 Phở bò tái）、フォーボーチン（しっかり茹でる Phở chín）などがある。一般的に人気があるのはフォーボータイ（フォータイ）である。さらに汁なし麺（スープは別添え）のフォーコー（Phở khô）（図1）、ビーフシチューがベースのフォーボーコー（Phở bò kho）などさまざまなバリエーションがあるため、毎日フォーでも飽きない。

フォーは、そのままでも十分おいしいが、別皿に盛られた野菜やハーブ（レタス、ノコ

図１　フォーコー

ギリコリアンダー、アジアンバジルなど）をちぎって入れ、茹でたもやしを投入するのが基本である。また卓上には、ライム、ニョクマム漬け唐辛子、ニンニクの酢漬け、大豆を発酵させた甘い味噌、チリソースなどさまざまな調味料が置いてあり、自分流に味付けして食べる。現地の若者がこの甘い味噌とチリソースをスープが赤黒くなるくらい大量に入れて食べているのをよく見る。二〇〇六年頃は、ローカルな店でフォー一杯五千ドン（約二五円）ほどで食べられたが、二〇一六年の時点で、一万―一万五〇〇〇ドン（約一〇〇―一二五円）はするようになった。物価の上昇は著しい。

　最後に米である。ベトナムではどこでもcơm（ご飯）と書かれた大衆食堂（皿飯屋）があり、お昼時になるとおいしい店は地元民でごった返している。最近はメニューを置いてある店も増えてきたが、基本的にはウインドウ越しに調理済みのおかずを指でさして指定すると、ご飯に載せて持ってきてくれる。おかずは焼き豚、鶏肉や野菜の炒め物、揚げ春巻き、魚の煮つけ、煮卵、揚げ豆腐など、日本で食べるものとそれほど大きな差はない。これにニガウリやモロヘイヤなどのスープがデフォルトでつく。フォーなどの麺類は手軽に食べられるのだが、比較的すぐにお腹が減ってくるので、村落調査のときはやはり米を食べることが多い。これも以前は一皿七〇〇〇ドン（約三五円）くらいであったが、現在では一皿二万五〇〇〇ドン（約一二五円）はするようになった。ちなみにベトナム人（キン族）のお宅でご飯をご馳走になるときも、少数民族のお宅でごちそうになるときも、米とおかず、スープが基本である。そのほか、鶏肉の出汁がきいたライスの上に素揚げの骨付き鶏肉を丸ごと載せたコムガー（Cơm gà）や、鶏肉のおかゆ（チャオガー Cháo gà）なども町の中心部では必ず店舗を見かける日常的に食べる料理である。

図2　ボネー

　以上はおそらくベトナムのどこにいても食べることのできる基本的な食べ物であるが、あまりほかでは見かけない食べ物も紹介したい。まずボネー（Bò nê）という牛肉のステーキである（図2）。ステーキといっても欧米（や日本）のような厚みのある肉ではなく、かなり薄く歯ごたえのある肉である。熱々の鉄板の上に肉が数枚、スライスしたトマトやキュウリ、エシャロット、ソーセージ、目玉焼きとともに載せられる。ソースはニンニクが効いた醤油ベースのもので、バインミーを浸して一緒に食べるとおいしい。ベトナム人は朝からよくボネーを食べるのだが、私も現地にいる間はしばしば朝にボネーを食べる。

またコントゥムの特産料理として、ゴイラー（Gỏi lá）と呼ばれる料理がある。豚肉やエビを特製のソースにつけてさまざまなハーブに巻いて食べる料理である。しかし、これは数少ない専門店でしか食べられない。またコントゥム省ではヤギが多く飼育されており、ヤギ肉専門のレストランもしばしば見かける。ここのヤギはまったく臭みがなく、焼いたり、蒸したり、鍋で野菜や麺と一緒に食べたり、いろいろなバリエーションがある。大勢でご飯に行くときはヤギ肉料理屋に行くことも多い。

最近では、ベトナム料理だけでなくお洒落なコリアンレストランなどもできて地元の富裕な若者に人気である。まだほかの都市にあるような観光客向けのレストランは皆無に近いが、今後観光客が増えればできていくのであろう。

（1）ここでは少数民族村落でご馳走になった食事や儀礼で供される食事は扱わない。

第6章

ゴングを調律する

ゴング調律師

先述したように、ベトナム中部高原に住む少数民族は自らゴングを鋳造しておらず、沿岸部に住むキン族や国境を接するラオス、カンボジアから購入したゴングを、ゴング調律師が民族ごとに異なる音階に調律して使用している。(1) ゴングの調律は、ベトナム語でチン・チエン（chỉnh chiêng ゴングを整える）またはスア・チエン（sửa chiêng ゴングを修理する）、あるいはチン・スア・チエン（chỉnh sửa chiêng）という。またゴング調律師は、ベトナム語でゲニャン・チン・チエン（nghệ nhân chỉnh chiêng）、バナやジャライの言葉では、ポクチン（*pok chinh*）、ポクチェン（*pok chêng*）と呼ばれる。ゴングは新しく購入したとき以外にも、長年の使用（または不使用）で音程がずれたり、音色が悪くなったりしたときに調律する必要がある。(2) また第4章で述べたとおり、村ごとに行う儀礼・祭礼が異なり、それぞれの儀礼ごとに演奏する曲も変化する。また第2章で述べたように、儀礼によって演奏に使用するゴングセットが異なり、複数の異なるゴングセットを所有していることがある。その場合、ゴングセットごとに必要とされる音階や音色に調律する必要がある。

筆者は、コンジェイ（Kon Drei）村（コントゥム省コントゥム市ダクブラ社）のキウ（Khiuh）氏（バナ族ジョロングループ）、ムロンゴー4（Mrông Ngó 4）村（ザライ省チュパ県イアカー社）のゾー・チャム・ウェック（Rơ Châm Uêk）氏（ジャライ族）、ブオンズー（Buôn Dù）村（ザライ省クロンパ県フートゥック市）のナイファイ（Nay Phai）氏（ジャライ族ムトゥールグループ）の三人のゴング調律師に実際に会って話をうかがい、またそれぞれの調律作業の一部をビデオで記録することができた。キウ氏とウェック氏は、普段は田畑で農作業をしており、生活レベルもほかの村人と大きな差はなかった。一方、ナイファイ氏は主にゴングの調律・売買で生計を立てており、比較的裕福な暮らしぶりであった。

ナイファイ氏によれば、「現在、ザライ省には、一二人のゴング調律師がいるが、調律技術に優れているのは三人しかいない。そのうち二人はすでに高齢で、三人のなかで私が一番若い。どんなに高価なゴングセットでも、調律されていなければ、演奏に使えないため価値がない。つまり、ゴングは調律して初めて価値がある。われわれが、若い世代に調律技術を伝えていかなければ、ゴング調律の伝統は途絶えてしまうだろう」という。つまり、調律されておらず演奏に使うことのできないゴングは、半ば死んでいる状態である。ゴング調律師が調律することで、初めてゴングは演奏に用いることができ、その価値が生み出されるのである。[3]

1　ナイファイ氏

ナイファイ氏【図６・１】は、自他共に認めるジャライ族の著名なゴング調律師である。一九五四年生まれのナイファイ氏は、幼い頃からゴング調律師であった父の仕事についていって調律技術を習得し、一八歳のときから現在まで四六年間ゴング調律の仕事をしている。調律技術の習得は非常に難しく、一人前の調律師として仕事ができるようになるまでには少なくとも五―一〇年の修行が必要である。通常、ゴング調律師は、バナ族ならバナ族、ジャライ族ならジャライ族のゴングセットのみを調律することができる。しかし、ナイファイ氏は中部高原のすべての少数民族のゴングセットを熟知しており、調律することができる。このようなゴング調律師は、ナイファイ氏以外にはおらず、その高い調律技術は遠くの地域まで知れ渡っている。

ナイファイ氏はゴング商人としても活動しており、ザライ省、コントゥム省、ダクラク省の各村落を回っては、主に使われていないゴングセットを購入し、調律して、必要な村に売却している。ナイファイ氏が調律したゴングセットは知名度と調律技術の信頼があるため、高く売れるという。ゴングは長期間家の奥に使用せずに保管していると、錆《さび》やひび割れが生じて使用できなくなることも少なくない。したがって、

図6・1　ゴング調律師ナイファイ（中央）

ナイファイ氏の活動は、使われていないゴングセットに息吹を与えるとともに、ゴングの毀損や流出を防ぐ点でも非常に意義がある。二〇〇八年に筆者がナイファイ氏の家を訪れたときには、各地で購入したゴングセットのなかから選りすぐった貴重なゴングセット（すべて一〇〇年以上前に製造されたという）が二〇セットも保管されていた。

ナイファイ氏には二人の息子と三人の娘がおり、現在のところ長男のクパサンが父ナイファイから調律のわざを習っている。またナイファイ氏の四番目の弟（ナイトリー）も、高い調律技術をもつゴング調律師である。ナイファイ氏は、政府機関の協力のもと、ザライ省各地の学校でゴング演奏・調律の出張授業を行うなど、ゴング文化の伝承活動も積極的に行なっている。また政府主催のフェスティバルへの参加、各種メディアへの露出などを通じて、ゴング文化の広報活動も行なっている。現在、ナイファイ氏は、所有するゴングセットやその他の民族楽器を一般に公開する目的で、私費を投じて自宅敷地内にゴング・ミュージアムを建設中である。

2　ウェック氏

ゾー・チャム・ウェック氏（ジャライ族）は、コントゥム省、ザライ省にその名を轟かせる著名なゴング調律師である。彼は一九二六年に生まれてから現在までムロンゴー4村に居住している。彼がまだ一〇代の頃、仕事で父親に連れられアー（A）村（B3社）に行き、そこでコップ（Khop）

氏に会った。コップ氏は当時優れたゴング調律師の一人であり、彼からゴングの調律を習うことになった。一九五五年にゴングの調律を始めてから現在まで、ずっと調律の仕事をつづけている。ウェック氏は、調律の仕事を始めた頃は調律を行うことに困難を感じていたが、多くの経験を積み、優れた技術を身につけた現在では、もはや困難を感じることはない。また、これまで一度として調律に失敗してゴングを壊したことはないという。

ウェック氏がゴングの調律に行く地域は、ザライ省ドゥクコー（Đức Cơ）県、ザライ省プレイク（Pleiku）市、ザライ省アンケー（An Khê）県、コントゥム省サータイ（Sa thầy）県、コントゥム省コントゥム市などである。二〇〇六年だけでも彼は二〇から三〇の村でゴングの調律を行なった。またウェック氏のもとには、近隣の村から遠く離れた村まで、ゴング所有者が調律を依頼するため訪れる。

3 キウ氏

一九三六年生まれのキウ氏は長年優れたゴング演奏者であったが、一九七二年からゴングの調律をモーネイ（Mơnay）村のイウ（Iu）氏のもとで習い始め、二五年の修行の末ようやく調律師として熟練した腕前になった。キウ氏はバナ族のゴングセットのみを調律することができる。彼がゴングの調律の際に使う道具は鉄製のハンマー一本のみである。彼は調律が必要なゴングの音を二、三回鳴らすと、熟練した鍼灸師のように、何の迷いもなくゴングにハンマーを打っていく。彼がゴングの外面を円を描くようにハンマーで打つとゴングの音が微妙に変化していくのがわかる。その動作を何度か繰り返すうちに、目的の音が得られるのだ。

コンジョゼ（Kon Jơ Dreh）村でゴングの調律を行なった際、一セット（こぶ付きゴング三枚、平ゴン八枚）にかかった時間はわずか三〇分程度であった。ゴングの調律が終わると、平ゴングを床に並べ、こぶ付きゴングはほかの人が演奏し、音のチェックを兼ねて曲をいくつか演奏する。ゴング演奏が終わると、ゴング所有者の家族らと共に食事をし、用意された甕《かめ》酒を飲む。

キウ氏によれば、かつて各家にゴングセットがあった時代には、ゴング調律の需要も大きかったが、ゴングの流出が進み、ゴング文化が衰退するにつれて、調律の需要も減っていったという。しかし近年ユネスコによる無形文化遺産リストへの記載などもあり、ベトナム政府が少数民族のゴングの使用を奨励しているためゴング調律の需要も増えてきているという。

調律の仕事

1　調律依頼と報酬

ベトナム中部高原では、多くの儀礼・祭礼が一一―四月の乾季の時期に行われる。この時期に儀礼・祭礼が多く行われる理由として、米の収穫が終わっていること、雨が少なく、比較的気温も低いため、屋外での活動に適していることなどが考えられる。したがって、この時期が、ゴング演奏のピークシーズンであると同時に、ゴング調律のピークシーズンでもある。ナイファイ氏は、一―三月にかけては、月あたり平均して一五―二〇組のゴングセットを調律するという。

ナイファイ氏の場合、調律の依頼は、調律が必要なゴングセットの所有者（村が所有している場合、村落の代表者など）からナイファイ氏へ連絡が入り、調律の日時を決める。以前は、ナイファイ氏の自宅に直接赴いて、調律の日時を決めていた。しかし、現在では携帯電話が普及しているため、ナイファイ氏とは電話で連絡を取り合うことが多いようである。調律作業は、ナイファイ氏の家で行われることが多いが、遠い村落からの依頼などの場合には、ナイファイ氏が調律の必要な村に赴いて行うこともある。

ナイファイ氏が、一組のゴングセットを調律することで得る報酬は、ゴングの枚数や調律の難しさなどによって変わるが、おおよそ半日かかる場合は一〇〇万ドン（約五〇〇〇円）、一日かかる場合は二〇〇万ドン（約一万円）である（二〇一二年時点）。これはコントゥム省、ザライ省を含むベトナム中部高原北部の平均月収が約一二八万五千ドン（約六四〇〇円）（二〇一二年度ベトナム統計総局発表）であることをふまえると、非常に高額な報酬である。ベトナム農村部の生活はたいへんきびしい。それでも、ゴング調律師に多くの報酬が与えられるのは、それだけ調律の必要性と調律師の仕事に対する尊敬の念が人びとの間で共有されているということである。ジャライ族のゴング調律師であるウェック氏の場合、ゴングセット一組（一五枚から二〇枚）の調律に支払われる金額はおよそ二〇万ドン（約一〇〇〇円）から五〇万ドン（約二五〇〇円）であり（二〇〇七年時点）、ゴングの数や調律の難易度などによっても変わるとのことであった。(4)

ゴングの調律は実入りのよい仕事であるにもかかわらず、近年ゴング調律師の数が激減している理由として、キウ氏によれば、商品経済の浸透に伴い、お金を稼ぐために以前にも増して農作業が忙しく、そのような技術を習得する時間的・金銭的余裕がなくなったことや、実際に調律技術を教えられる人がすでにほとんどいなくなったという背景がある。加えて、生活の近代化、貨幣経済の浸透に伴い、現金収入を得るためにゴングセット自体を売却する家が増えており、またゴングを演奏する機会（儀礼）自体が減少したことで、昔に比べるとゴング調律の需要自体も減ってきている可能性がある。さらに、ゴング調律の際に誤ってゴングを破損させてしまうと、調律師が弁償しなければならない。価値の高いゴングになると一枚でも水牛数頭分から数十頭分の価値があり、水牛一頭八〇〇万ドン（約四万円）としてもたいへんな金額となる。すなわち、調律の際に破損させてしまったときに弁償のリスクがあることも、調律師の仕事が敬遠される一因となっていると考えられる。

2　調律師の減少

一九六〇年代以前は各村に一人はゴングを調律できる人がいたといわれているが、近年ゴング調律師は高齢化し、その数も非常に少なくなっている。コントゥム市周辺で私が調査を行なった範囲では、現役のゴング調律師は先述したジェイ村のキウ氏とコンローバン村のヴェア氏、クルーンクラー村のアニール氏の三人のみであった。(5) 頻繁に演奏に使用されるゴングセットの場合、二―三年に一度は調律する必要があるが、経済的な事情もあり、なかなか調律できず家の奥に保管されていることもあった。コントゥム市周辺のいくつかの村では、調律されていないために長い間演奏に使われず、埃をかぶって、ところどころが錆びてひび割れたゴングセットがあった。ゴングは長い間使用せず放置されると、錆びて壊れやすくなるうえ、長期間演奏が行われなければ、演奏者の演奏技術も落ち、演奏できる曲の数も減っていく。そのような村のゴング文化は、ゴングセットと演奏者が存在しているにもかかわらず消滅の危機に瀕していると考えられる。

キウ氏によれば、ゴング調律師になるには、まず演奏技術が非常に優れていなければならず、さらに数十年の鍛錬を経てようやく調律をこなせるようになるという。またナイファイ氏は、「ゴング調律技術を習得するのは非常に難しく、誰にでもできるわけではない」という。ゴング調律には、まず微妙な音の差異を聞きとれる耳がないとできないため当然であろう。ナイファイ氏のような優れたゴング調律師が、若い世代に調律技術を伝え、育てていくことはたいへん重要である。しかし、前述したような貨幣経済の浸透や生活の近代化により、日々の生活にますます現金が必要になっており、少数民族の生活は以前にも増してきびしい。そのような状況下では、ベトナム政府による経済的な支援策や育成策が必要であると感じる。なぜならゴング調律の技術を習得するには、非常に長い年月の修行が必要で、その間、農作業などの仕事を休む必要があるからである。

3　考　察

ゴングの調律には長年の鍛錬が必要だが、すでに優れた調律技術をもつゴング調律師はとても少なくなっていることが明らかになった。中部高原の少数民族はそれぞれ村ごとに行う儀礼に即したゴングセットをもっており、調律していない、あるいは長年の使用（または不使用）によって音程の外れたゴングは演奏することができない。したがって、ゴングそのものを保護してもそれを適切に調律する人がいなければ、そのゴングは使い物にならないのである。

また第4章で述べたとおり、ゴングの流出は進んでいるものの調査を行なったほとんどの村においてゴングセットが存在し、また多数の儀礼・祭礼を観察した結果、年長者だけでなく多くの若者がゴングを演奏していることがわかった。したがって先行研究（Viện Văn hoá Thông tin 2006）で指摘される「ゴングの流出」、「ゴング演奏者の高齢化」よりも「ゴング調律師」が非常に少なくなっていることこそが、ゴング文化衰退の要因となっていることが示唆される。

ゴング調律師はまずもって優れたゴング演奏者であり、さらに各民族、ゴングセットの音階の違いや各儀礼における曲を把握し、各民族の慣習にも詳しく、ゴング文化に関して最も精通している存在といえる。つまり、ゴング文化を継承するにはゴングそのものの保護とゴング演奏者の育成、曲の伝承だけでなく、ゴング調律師の技術・知識を次世代に継承することが急務である。

調律方法

1　ウェック氏のゴング調律方法

次に、二〇〇七年三月一一日にクラウンゴルゴー（Klâu Ngol Ngó）村（コントゥム省コントゥム市イアチム社）で行われたゴングセット[6]の調律を例に、ウェック氏のゴング調律方法について説明する。

ウェック氏が、ゴング調律の際に使用する道具は、金属製のハンマー台、打面の広さが異なる金槌三本（打面が小さいほうから金槌A、金槌B、金槌Cとする）、音の確認用の桴《ばち》、金属製のコンパス（ゴングの突起を作る際などに使うが、この日は使用しなかった）である。具体的なゴングの調律方法は、以下の①―⑦を組み合わせて行なっていた【動画6・1 vii頁】。

①金敷きの上にゴングを置き、金槌Aでゴング外面または内面の周縁に近い同心円上[7]を打つ（一

周三〇―四〇回くらいかけて細かく）【図６・２】。

②金敷きの上にゴングを置き、金槌Ａでゴング外面または内面の①より中心に近い同心円上を打つ（一周一五―二〇回くらいかけて細かく）。

③金敷きの上にゴングを置き、金槌Ａでゴング外面の中央を一、二回強く打つ。

④ゴングを床に置き、左手でゴングを床に押しつけながら、金槌Ａでゴング外面の縁に近い同心円上をかなり強めに打つ（一周二五回くらいかけて細かく）。

⑤ゴング外面と内面の中心付近の同心円上を金槌Ａでそれぞれ一〇回ほど

図６・２　ゴング外面の周縁に近い同心円状を金槌Ａで打つ

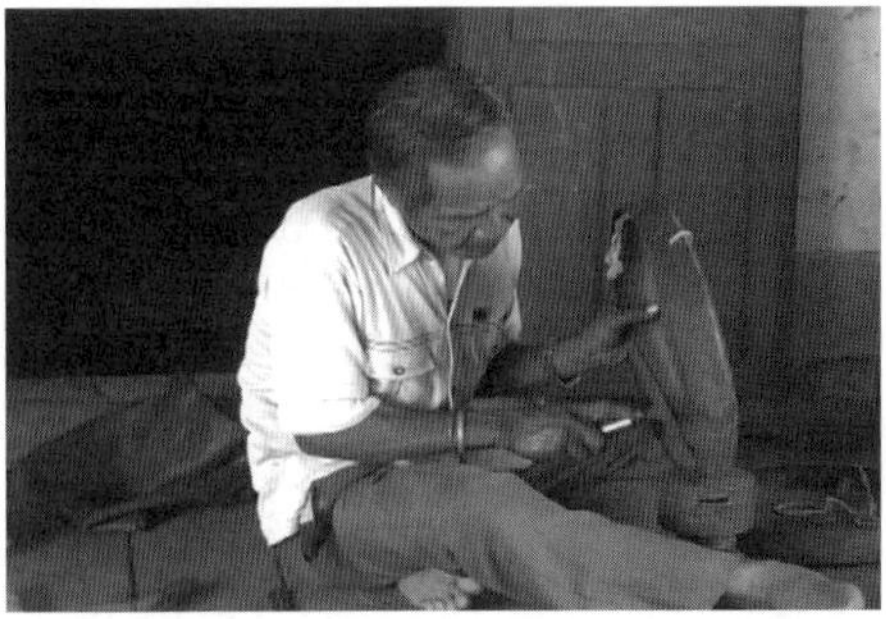

図６・３　ゴングを縦に置き、左手でゴングを回転させながら、ゴング内面の縁部分を金槌Ｂで打つ

打つ。

⑥ゴングを縦にして、金敷き（または膝）の上に置き、左手でゴングを回転させながら、金槌A（の打面の大きいほう）、または、金槌Bでゴング外面または内面の縁部分を強く打つ（一周三〇—六〇回ほどかけて細かく）【図6・3】。

⑦金敷きの上にゴングを置き、金槌Cでゴング外面または内面の周縁、または中心に近い同心円上を反時計回りに打つ。

通常、ゴングを調律する際は、まずこぶ付きゴング3から調律する場合が多い(8)。それはこぶ付きゴング3の音が、ゴングセット全体の基準の音となるからだ（第7章参照）。したがって、平ゴング調律の際は、村の男（通常、ゴングセットの所有者またはその同行者、家族）に基準となるこぶ付きゴングを鳴らしてもらい、その音に

表6・1　調律前後のゴングの音高変化 *1

	調律前の第2部分音と第4部分音の周波数（音圧レベル）	調律後の第2部分音と第4部分音の周波数（音圧レベル）	参照したゴングの基音
平ゴングA	271Hz（−26.7dB） 536Hz（−19.83dB）	272Hz（−35.46dB） 545Hz（−21.03dB）	265Hz（こぶ付きゴング）
平ゴングB	334Hz（−41.81dB） 669Hz（−18.75dB）	334Hz（−26.44dB） 671Hz（−18.72dB）	333Hz（こぶ付きゴング）
平ゴングC	249Hz（−40.24dB） 491Hz（−19.51dB）	249Hz（−49.17dB） 500Hz（−19.19dB）	平ゴングA、Bを参照
平ゴングD	393Hz（−28.73dB） 785Hz（−20.01dB）	410Hz（−31.53dB） 822Hz（−14.37dB）	平ゴングA、Bを参照
平ゴングE	353Hz（−22.97dB） 710Hz（−14.31dB）	360Hz（−20.03dB） 724Hz（−17.63dB）	平ゴングA、B、Dを参照
平ゴングF	505Hz（−22.88dB） 1009Hz（−24.03dB）	508Hz（−21.62dB） 1017Hz（−17.77dB）	主に平ゴングDを参照

*1）平ゴングの音高を決める部分音の分析については第7章を参照のこと。

合わせて調律する。【表６・１】からわかるように、調律が終わった平ゴングを基準に調律することも多い。また調律中の平ゴングと完全五度の関係にある基準となる平ゴングを向かい合わせにして持ち、基準となる平ゴングのみを叩き、生じる共鳴が調和して聞こえるかどうかで調律具合を確認するという方法もある【図６・４】（Tô Ngọc Thành 1988: 219）。ただし、ウェック氏は、最初の平ゴングの調律の際、桴で一、二度鳴らして音を確認すると、ほかのゴングの音を参照することもなく、金槌を打ち始めていた。つまり、ウェック氏は基本的に、ほかのゴングの音を参照しなくても音高や音色を判断することができ、目標とする音高、音色に合わせて金槌の種類や打ち方、打つ場所を変えて調律していることがわかった。最終的な調整は、こぶ付きゴングや調律済みの平ゴングの音を参照しながら行なった。調律が終わると、音高のチェックも兼ねて、ゴングをすべて床の上に並べ、さまざまな曲を演奏した。

図６・４　基準となる平ゴングを叩く村の男（左）と調律師キウ氏（右）

2　ナイファイ氏のゴング調律方法

次にナイファイ氏のゴング調律方法について述べる【動画6・2 vii頁】。ナイファイ氏が調律に用いる道具は、打面の広さが異なる三種類の金槌、木製のハンマー台、桴である。ハンマー台が木製なのを除き、ウェック氏と同じである。最初にこぶ付きゴングを調律し、調律の終わったこぶ付きゴングの音を基準にして、平ゴングを調律する。ナイファイ氏によれば、すべてのゴングには同心円状に全部で一二本（外面五本、内面七本）の調律箇所【図6・5、図6・6】があり、それぞれの調律箇所を金槌で打つことで特定の効果（音の変化）が現れるという。平ゴング両面の調律箇所【図6・5、図6・6の①―⑫】の効果は以下のとおりである。

①はゴング内面の周縁付近にあり、「音高を上げる」効果がある。②はゴング外面の周縁に近い円周上にあり、音が変化しないように「固定する」（ナイファイ氏の言葉では、「鍵をかけて閉める」）効果がある。③はゴング内面の①より中心に近い円周上にあり、「音を丸くする」効果がある。④はゴング内面の③より中心に近い円周上にあり、「音を探す」効果がある。「音を探す」とは、音高がはっきりしないゴングの場合、まずここを打つことでそのゴングの音高を見つけることを指す。⑤および⑥はゴング外面にあり、④と同様に「音を探す」効果がある。⑦はゴング外面の中心にあり、②と同様に音を「固定する」効果がある。⑧はゴング内面の④より中心に近い円周上にあり、同じく音を「固定する」効果がある。⑨はゴング内面の中心付近の円周上にあり、「音の響きをはっき

図６・５　ゴング外面の調律箇所

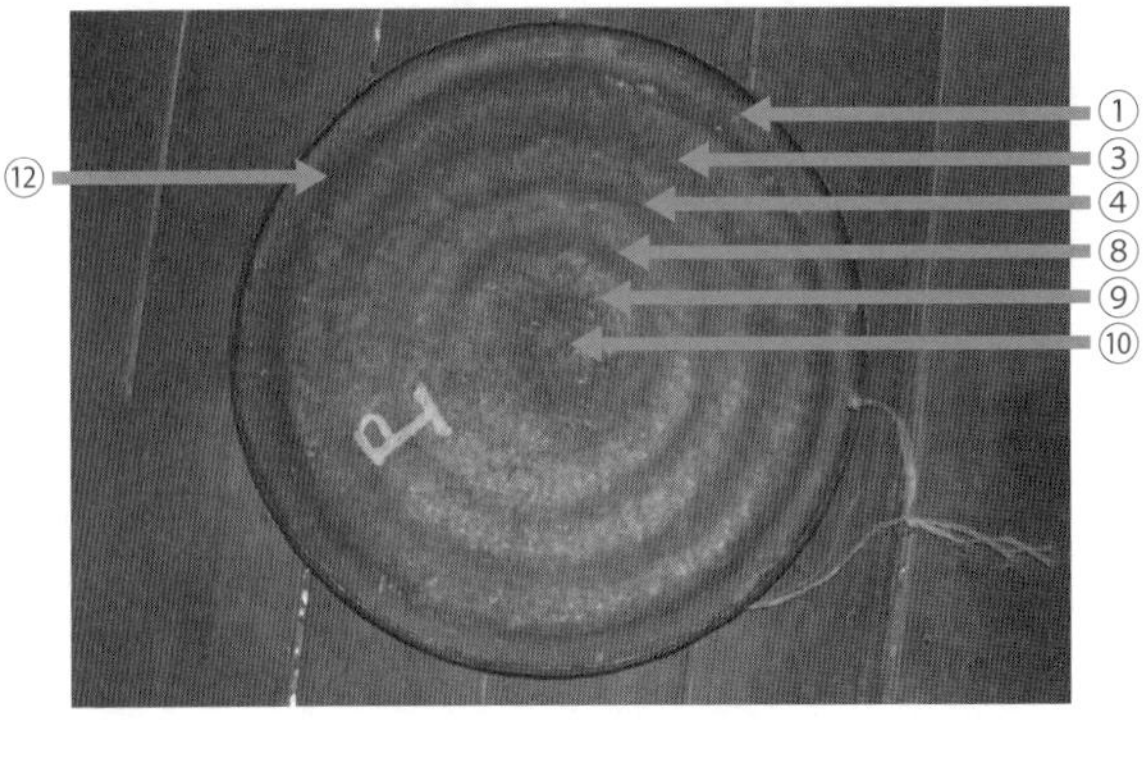

図６・６　ゴング内面の調律箇所

りさせる」効果がある。⑩はゴング内面の中心にあり、⑨と同様の効果がある。⑪はゴング外面の周縁上にあり（①の溝の裏にあたる）、ゴングの「音高を下げる」効果がある（①で音高を上げすぎた場合は、⑪を打って調整する）。⑫はゴング内面の①よりわずかに中心に近い円周上にあるが、その効果についてははっきりとわからなかった。

ナイファイ氏によれば、ゴング調律師は、通常五―七本程度の調律箇所のみを使って調律する。調律技術に特に優れたゴング調律師のみが、一二本の調律箇所すべてを使って調律することができるという。また平ゴングの調律では、①と⑦の調律箇所（すなわち音高を上げる箇所と音を固定する箇所）が最も重要である。

ゴングを調律する際、金槌で強く打ちすぎるとゴングは壊れてしまうし、弱く打っても効果が現れないので、力の加減が難しい。またナイファイ氏は、調律箇所によって複数の金槌を使い分けていることがわかった。ムットパクラーチン[9]（*Mut Pơ Kra Cing*）は、長さが一八センチほどの最も大きな金槌で、打面が鋭く、主に音高を上げる（または下げる）際に用いられる。ムットマーヒアップ（*Mut mă hiăp*）は、主に「音を探す」際に用いられる金槌で、ムットドゥルチン（*Mut đul Cing*）は、主にこぶ付きゴングのこぶ部分を彫刻するのに用いられる。[10]

ナイファイ氏、ウェック氏、キウ氏ともにゴングの音響を桴で叩いて確認しながら、調律箇所に適した金槌を使い分け、慎重にゴングの音高や音色を変えていく。また金槌で打つ回数・強さを変えて、その変化の度合いをそのつど調整している。調律中のゴングの音の確認は、ほかの基準となるゴングの音と比較しながら行うが、チューナーなどの機械を使って音高を確認することはいっさいなかった。つまり、ゴング調律師はゴングのどの部分を、どの程度の強さ・回数で打てば、どのように音が変わるのかといった知識が長年の経験から身体化されているのである。

3　新世代の音楽家

次に、若い世代のゴング調律もこなす音楽家を紹介したい。一九八八年にバナ族のコンクロー村に生まれたカリー・チャン（Kaly Trần）という名の青年は、幼少時は家族の経済的な理由から孤児院で暮らしていたが、音楽への情熱をあきらめず、ホーチミンシティの大学で音楽教育などを学び、二〇一五年に生まれ故郷の村に戻ってきた。彼は幼い頃から聴いていたバナの音楽を心から愛しており、それらが廃れている現状を知って、文化を守り、伝えていく強い決意をもったという。まず彼は村の若者を説得して、バナ音楽の演奏団を結成した。若者はみんな貧しい農家の出身で、最初は演奏など自分にはできないと尻込みしていたが、彼の情熱に感化されて次第に参加者が増えていき、現在では総勢一〇〇人を超える演奏者（主に男性）と踊り手（主に女性）が参加している。彼が結成したKaly Bandは、改良ゴングアンサンブルを中心として、曲によって、さまざまな竹製楽器や石琴などが加わる。改良ゴングアンサンブルの旋律を担当する吊り下げ式のこぶ付きゴングは、バナ族の伝統的な曲に加えて、キン族のポピュラーソングや西洋の音楽など新しい楽曲も演奏できるように全音階のEメジャーに調律されている。彼のゴング調律方法は、ハンマーでゴングの両面を打って調律する点は前述した三人と同じだが、コンピュータやスマートフォンのチューナーアプリを用いて音高の確認を行う点がこれまでの調律師にはみられない点である。カリー氏はまだ若く、前述したゴング調律師のような調律技術や理論ももっていないようであったが、今後経験を積み重ねていけば地域のゴング文化を支える存在となる可能性が高い。

また、カリー氏は石琴（Đàn đá）の製作も自ら行っていた【図6・7】。石琴は中部高原で最も古い楽器の一つと考えられており、現在ではほとんど見ることのない伝説の楽器である。まずカリー氏は仲間と共に森の中や小川のそばで石琴に使えそうな石を探すことから始め、最終的にザライ省イアパー県で石琴に適した硬く響きのよい石（花崗岩の一種）を見つけるまでとても長い時間がかかったという。そして集めた石をディスクグラインダーを使って削り加工していく。石琴の作り方（石の加工、調律）は誰に教わったわけでもなく、自分で作りながら学んでいったという。石琴の音階はゴングセットと同じEメジャーに調律してあり、また、石琴の下には垂直に並ぶ竹筒を音を増幅させるためにつけている。ここにもカリー氏の創造性がうかがえる。彼は単に失われた伝統楽器を再現しただけでなく、現在のニーズに合うようにさらに改良を加えているのである。また演奏に使う桴は市場で購入した金槌を加工して（頭部の片側をカットする）使用している。また森でさまざまな種類の竹（ロオー lồ ô やヌア nũa）を集め、それらを加工して、トゥルン、ティンニン、クロンプット、クニといった竹製の弦楽器や打楽器を自らの工場で製作し、演奏に使用するだけでなく販売もしている。その値段は、たとえば、トルン（竹琴）の場合、一台五〇〇万ドン（約二万五〇〇〇円）である。それらの製作方法もまた自分で製作しながら覚えていったという。こうした活動の傍らで、カリー氏は村の子どもたちや省内の学校などでゴング演奏も教えている。

現在、Kaly Band は、コントゥム省の文化体育観光局が主催する文化イベントでしばしば演奏するほか、カトリック教会の典礼などでも演奏しており、その取り組みはＶＴＶ1、ＶＴＶ3といったベトナム国営テレビの番組に取り上げられるまでになった。

図6・7　製作中の石琴の音程を確かめるカリー氏

調律前後のゴングの音響変化

本節では、調律の効果について考察するため、「1 ウェック氏のゴング調律方法」で述べたウェック氏のゴング調律について、調律前後の平ゴングの音響変化を周波数スペクトルの分析により明らかにする。平ゴングの調律前後の音高変化は【表6・1】のとおりである。[11] ウェック氏が調律した順番にAからFの番号をふった。ゴングの音は、アタック部に瞬間的に多くの周波数成分が含まれるため、各ゴング波形のアタック部分を除く〇・〇五―一秒の範囲の平均化した周波数スペクトルをソフトウェア[12]を用いて分析し、部分音の周波数、音圧レベルと音高（基音）を調べた。[13] 第7章で詳しくみるが、ゴングは振動モードが複雑で、弦楽器とは異なり、周波数のピーク（部分音）が整数倍の関係になっていないため、音高が曖昧なことが少なく

表6・1　調律前後のゴングの音高変化 *1（再掲）

	調律前の第2部分音と第4部分音の周波数（音圧レベル）	調律後の第2部分音と第4部分音の周波数（音圧レベル）	参照したゴングの基音
平ゴングA	271Hz（−26.7dB） 536Hz（−19.83dB）	272Hz（−35.46dB） 545Hz（−21.03dB）	265Hz（こぶ付きゴング）
平ゴングB	334Hz（−41.81dB） 669Hz（−18.75dB）	334Hz（−26.44dB） 671Hz（−18.72dB）	333Hz（こぶ付きゴング）
平ゴングC	249Hz（−40.24dB） 491Hz（−19.51dB）	249Hz（−49.17dB） 500Hz（−19.19dB）	平ゴングA、Bを参照
平ゴングD	393Hz（−28.73dB） 785Hz（−20.01dB）	410Hz（−31.53dB） 822Hz（−14.37dB）	平ゴングA、Bを参照
平ゴングE	353Hz（−22.97dB） 710Hz（−14.31dB）	360Hz（−20.03dB） 724Hz（−17.63dB）	平ゴングA、B、Dを参照
平ゴングF	505Hz（−22.88dB） 1009Hz（−24.03dB）	508Hz（−21.62dB） 1017Hz（−17.77dB）	主に平ゴングDを参照

*1）平ゴングの音高を決める部分音の分析については第7章を参照のこと。

ない。ベトナム中部高原で使われているゴングは、インドネシアのガムラン演奏で使われるゴング（たとえばボナン）に比べて、聴感上も音高がはっきりしないものが多い。特に調律前のゴングは、後述するように、音高のはっきりしないものが複数あった。

次に、【表6・1】のなかから、平ゴングDと平ゴングFの調律前後の周波数スペクトルの変化をみる。調律前の平ゴングDの周波数スペクトルを示した【図6・8】を見ると、第二部分音（基音）が三九三ヘルツ（G4+3）、第四部分音がほぼ一オクターブ上の七八五ヘルツにあることがわかった。しかし五六一ヘルツ、一〇二五ヘルツ、一〇五三ヘルツ、一三三九ヘルツ、一六八八ヘルツ、二〇一六ヘルツ辺りの部分音も同様に伸びているため、音高は明確でない【音声6・1☞vii頁】。また第四部分音のピークが七ヘルツ程度の差（七八五ヘルツと七九二ヘルツ）で二つの山に分かれている。調律後の平ゴングDの周波数スペクトルを示した【図6・9】を見ると、第二部分音（基音）が四一〇ヘルツ（G#4−18）、第四部分音が八二二ヘルツとなり、調律前と比べて、第二部分音（基音）が約一七ヘルツ、第四部分音が約三七ヘルツ上がり、二つの山に分かれていた第四部分音のピークは一つに収束され、相対的な音圧レベルも大きく上がっている。またその他の部分音（特に一二〇〇ヘルツ以上）の音圧が抑制されたため、雑味が消えて、音高がより明確になり、聴感上もより澄んだ音色となった【音声6・2☞vii頁】。

調律前の平ゴングFの周波数スペクトルを示した【図6・10】を見ると、第二部分音（基音）が

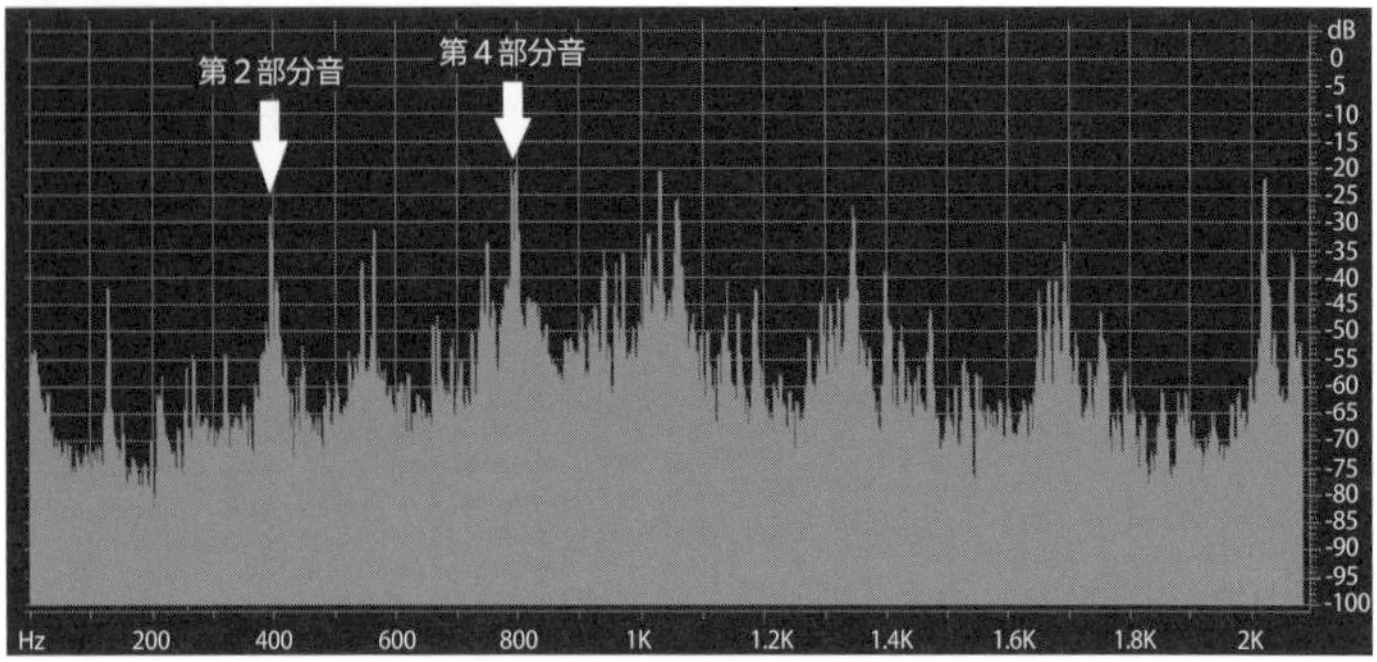

図６・８　調律前の平ゴング D の周波数スペクトル
（縦軸：音圧レベル dB、横軸：周波数 Hz）【音声６・１☞ vii 頁】

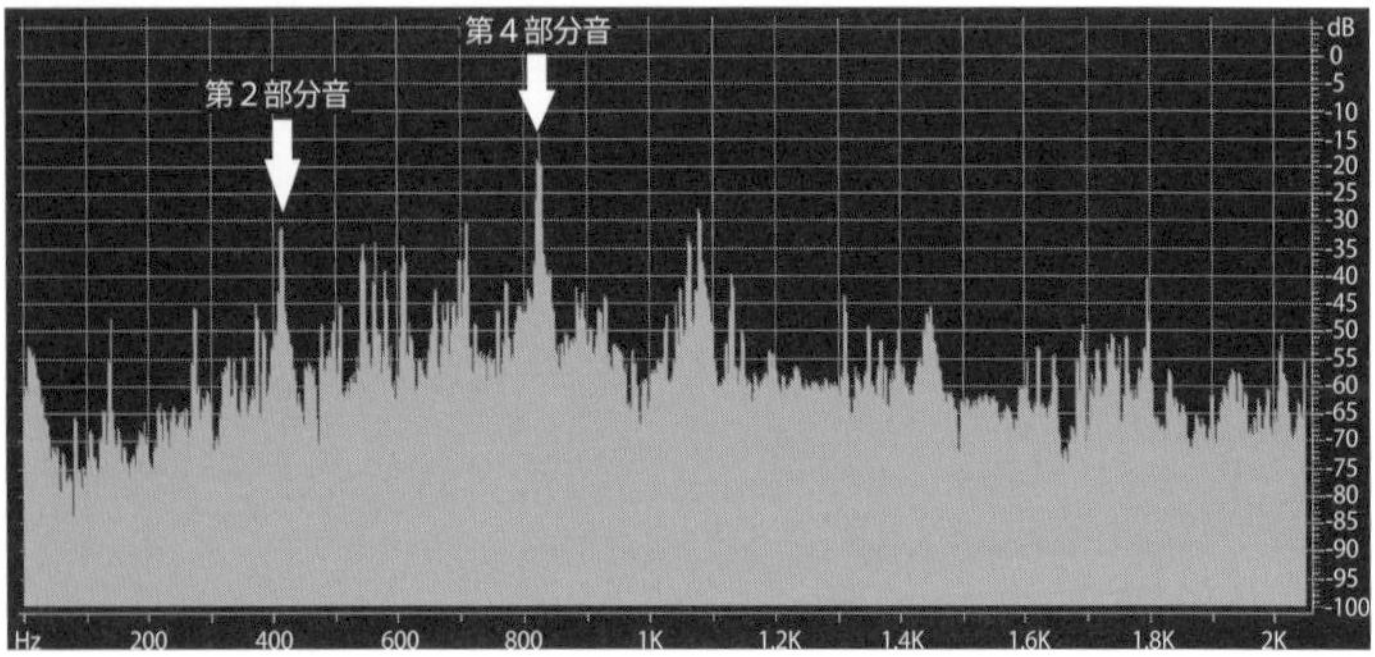

図６・９　調律後の平ゴング D の周波数スペクトル
（縦軸：音圧レベル dB、横軸：周波数 Hz）【音声６・２☞ vii 頁】

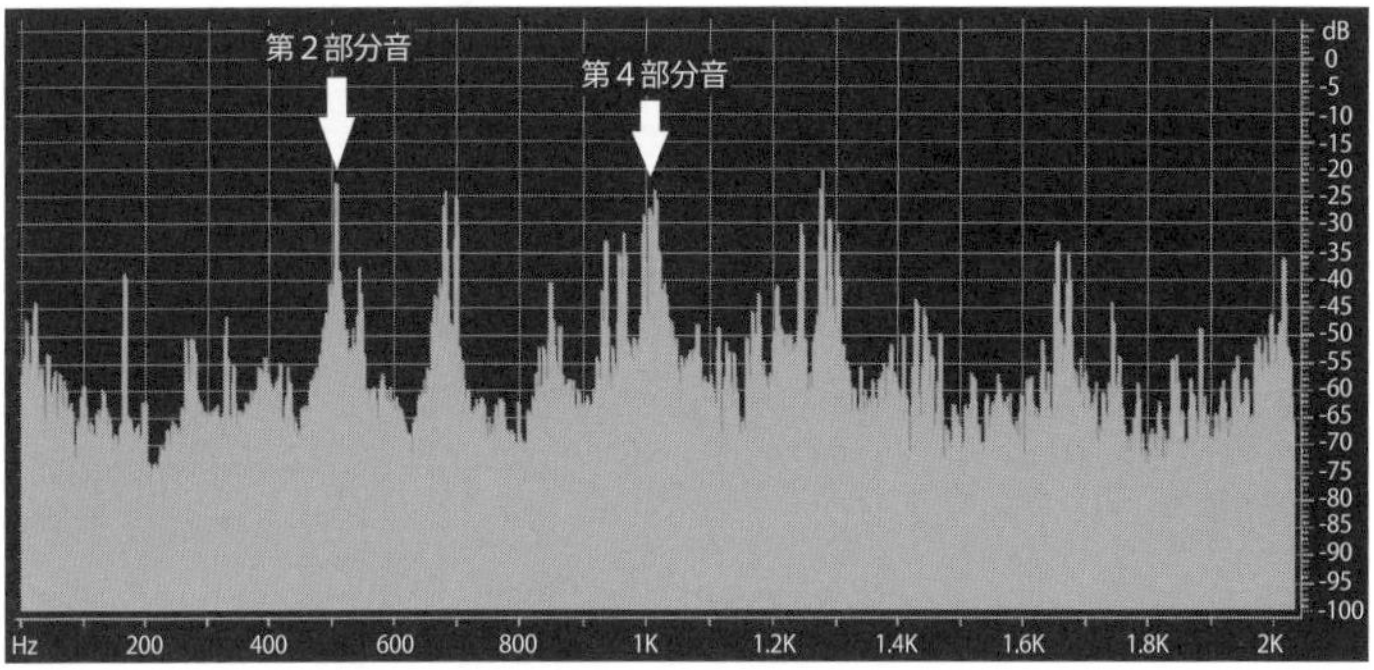

図6・10　調律前の平ゴングFの周波数スペクトル
（縦軸：音圧レベル dB、横軸：周波数 Hz）【音声6・3☞ vii 頁】

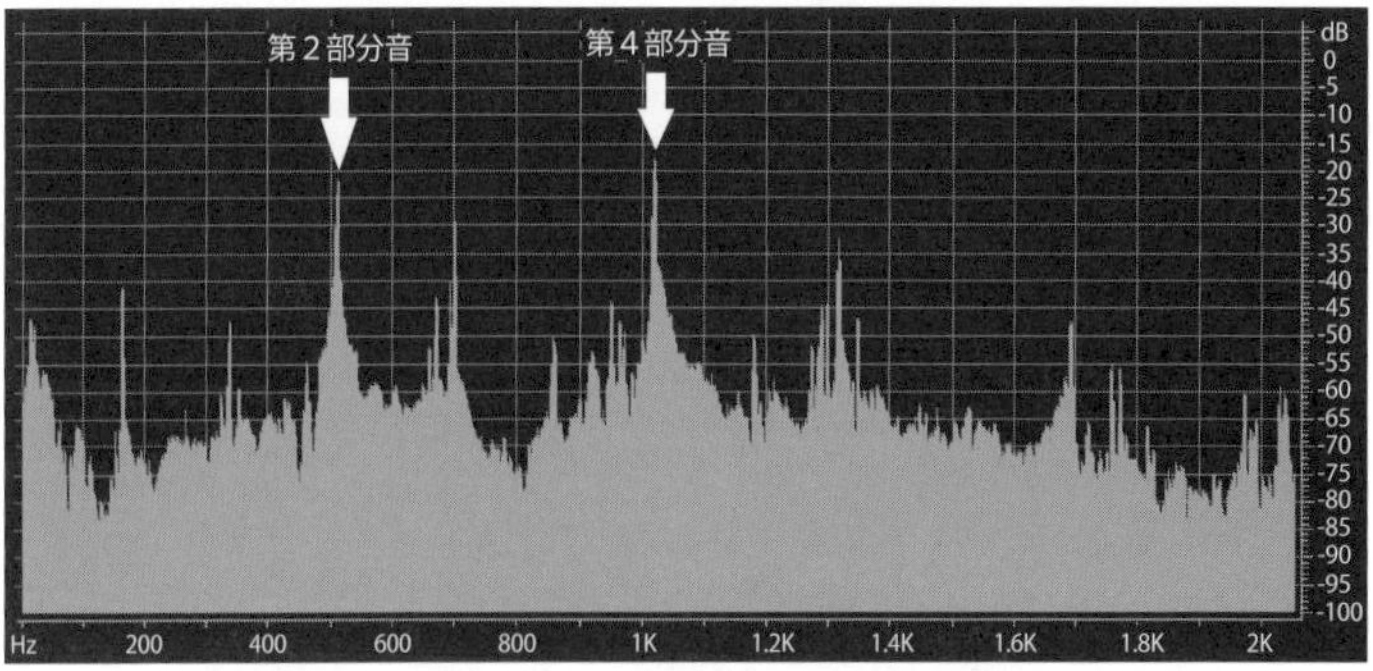

図6・11　調律後の平ゴングFの周波数スペクトル
（縦軸：音圧レベル dB、横軸：周波数 Hz）【音声6・4☞ vii 頁】

五〇五ヘルツ、第四部分音がそのほぼ一オクターブ上の一〇〇九ヘルツにあることがわかったが、六九六ヘルツ、一二七四ヘルツ、一六四五ヘルツ、二〇一一ヘルツなど周辺に多くの部分音が拮抗しており、音高が明確でない。また第四部分音のピークが三つの山（九九二ヘルツ、一〇〇〇ヘルツ、一〇〇九ヘルツ）に分かれている。聴感上も、シンバルを叩いたような音高のはっきりしない音が出ていた【音声6・3☞vii頁】。一方、調律後の平ゴングFの周波数スペクトルを示した【図6・11】を見ると、第二部分音（基音）が五〇八ヘルツ、その一オクターブ上の第四部分音が一〇一七ヘルツ付近となり、調律前に比べてそれぞれ三ヘルツ、八ヘルツ周波数が上がっていることがわかる。また三つの山に分かれていた第四部分音のピークが一つに収束され、相対的な音圧レベルも大きく上がっている。またその他の拮抗していた部分音の音圧が抑制されたため、ゴング調律前に比べて音高が明確になった。[14] 聴感上も、調律前に比べて、明らかに混濁感の少ない明瞭な音色となった【音声6・4☞vii頁】。

考察

以上より、ゴング調律には大きく二つの目的が考えられる。一つは、特に平ゴングA、D、E、Fにみられるように、ゴングセット内のほかのゴングの音と調和するように、ゴングの基音（第二部分音）の音高を若干変えることである。【表６・１】（☞二一六頁）に示したように、平ゴングA、D、E、Fは、調律後は一―一七ヘルツの範囲で音高がやや上がっている。次に基音である第二部分音と、その約一オクターブ上にある第四部分音の音圧レベルを相対的に上げ、ほかの部分音を相対的に下げることで（さらに第二、第四部分音のピークが複数に分かれている場合、一つに収れんさせること）によって、音高をより明確にすることである。【図６・10】、【図６・11】（☞ともに二一九頁）に示したように、調律によって多数の部分音のピークが拮抗して音高のはっきりしなかったゴングの音が比較的に明確な音高が出るような音に変わった。聴感上も、調律後のゴングは、濁りの少ないクリアな音色になったことがわかる。第２章で述べたように、ゴングの価値が「遠くまでよく響き、よく聴こえること」にあることを考えると、調律によってはっきりとした音高、音色となったことで、遠くまで明瞭に響くゴング、つまり価値のあるゴングに変わったといえる。つまり、ゴング調律師は、各ゴングの音響状態の変化を耳で判断しながら、長年の経験から金槌の種類や叩く箇所、叩き方などを変えていき、これら二つの効果を達成しているのである。

ゴング調律師はゴングの倍音（部分音）の出方を変えることで、音高だけでなく音色も調整している。【表６・１】（☞二一六頁）に示したように、平ゴングの調律の際は、必ず基準となるこぶ付きゴング、あるいは調律を終えた平ゴングを鳴らして音を確かめながら調律を行う。調律が一通り終わると、床に平ゴングをすべて並べ、こぶ付きゴングの伴奏とともに、いくつかの曲を演奏して、音を確かめる。そこで依然として気になる音のゴングがあれば、そのゴングを再度調整（調律）し、再び演奏して音を確かめる。以上のような作業を繰り返すのである。それはゴング調律が、複数同時に響かせたときの心地よさを追求しているからである。[15] 先述したように、実際のゴング演奏では、それぞれ異なる音高・音色をもつ多数のゴングを同時に奏する。したがって、ゴングそれぞれの音も重要だが、むしろ同時に鳴らしたときのハーモニーこそがより重要になるのである。またゴングの音高を調整できる範囲は、ゴングの直径や形状によっても規定される。ゴング調律師は、各々のゴングを絶対的な音高に調整しているというより、ゴングセット内のほかのゴングと調和するように相対的に調整しているのである。

以上、ゴング調律前後の音響変化をみることによって、ゴング調律の効果と意義について考察した。ゴングは、古くよりベトナム中部高原少数民族の生活と深く結びついており、その音は通奏音のように日常の音風景のなかに響いている。つまり、ゴングの音色・響きには、その地域に住む人びとの嗜好性や価値観が反映されていると考えられる。すなわち、ゴング調律師とは、地域住民の嗜好性や価値観を汲み取って、ゴングの音として具現化する存在なのである。

音声的コミュニケーションの機能は、「意味の伝達」よりも、「音声を交換すること」や「それを誰がどこで発したかを知ること」のほうが先にあることが示唆される（木村 一九九六：三三二）。第3章で考察したように、ゴング演奏は、神（精霊）や先祖との交信を媒介すると同時に、村人同士の交流をも媒介している。ゴング演奏に参加し、お互いのゴングの音を「交換する」ことによって、地域共同体の成員としての自覚が生まれるのである。それは、ゴング演奏という「儀礼装置」(今村・今村 二〇〇七) が、地域社会の存続と再生産に欠かせないものである、と言い換えることもできる。そして、ゴング調律師が、各ゴングの音高・音色をほかのゴングの音と調和するように調律することで、ゴングの音を介した人と精霊、人と人とのコミュニケーションが成立するのである。つまり、ゴング調律師とは、各民族、各村のゴングセットに合わせてゴングを調律することで、各村落の音風景を作り出すとともに、地域共同体の維持と調和にも貢献しているのである。

またカリー・チャンのような若い世代が、スマートフォンなどの新しいテクノロジーをゴングの調律に活用しようとするのは自然な流れである。また顧客（調律の依頼主）にとっても、調律の効果を視覚的（ここでは音高の表示）に把握できることから、調律に対する満足感や信頼感を得やすいのではないか。それはすべての顧客が調律前後の微妙な音の変化を聞き分けられるわけではないからである。さらにいえば、調律技術習得の困難さはこのような新しいテクノロジーを使ったとしてもおそらく変わらないだろうが、新しいテクノロジーを使うことで調律の仕事に対する心理的なハードルが少しでも下がれば、より多くの若者がゴング調律の仕事に興味を示す可能性があるのではないか。一方、こうしたテクノロジーが調律に採用されていくと、第7章で分析するようなゴングセット内の複数の平ゴング間のわずかに異なるオクターブの関係性などが均質化していくことも考えられる。このことは民族ごと、ゴングセットごとに異なるゴング演奏の多様なハーモニーが均質化されることにつながる可能性がある。

川田（二〇〇八：八八）は、「伝統芸能が新しいメディアにとりこまれて、長所を失うのではなく、新しいメディアを積極的にとりこんで活用する工夫をすべき」と指摘する。カリー氏が出演する政府主催の文化イベントやテレビ番組ではしばしばエキゾチシズムが強調された演出が行われるが、カリー氏自身もそうした意図や視線を十分理解したうえで、むしろそれを積極的に楽しんで演じているようにみえる。一方で、カリー氏は自分たちの演奏や活動の様子をスマホで撮影し、Facebook のアカウント上でライブ配信を行なったり、テレビで放映された番組の映像とともに、それらの動画を随時 YouTube のチャンネル[16]にアップし、アーカイブ化している。これらは従来、外部の研究者やマスメディア、レコード、ドキュメンタリーなどに一方的に表象されるだけの存在だった少数民族が、新しいテクノロジーを活用して主体的に自文化を記録、保存、発信することで、文化を再創造、再活性化しようとする革新的な試みとしてとらえることができるだろう。

注——第6章　ゴングを調律する

（1）ここでいう音階とは、平ゴング、こぶ付きゴングをそれぞれ音の高さ順に並べたときの各ゴング間の相対的な音高の隔たりのことを指す。

（2）ゴング調律師は、ゴングの一部が割れたりしたときに修復することもある。こぶ付きゴングのこぶ部分はほかの箇所に比べて割れやすく、筆者が調査した事例では割れたこぶ部分に蜜蝋を塗って修復していた。

（3）そのうちの一人は、ムロンゴー4村のゾー・チャム・ウェック氏であるが、もう一人の詳細は不明である。

（4）貨幣経済が浸透する以前は、豚、ヤギ、鶏などの家畜を代価として支払っていた。

（5）ここでいうゴング調律師とは、他村からも調律の依頼がくるような特に優れた技術をもつ調律師のことで、自分の所有するゴングセットを調律することができるという程度の人は含まれない。また先述したとおり、ゴング調律師といっても専業で調律を行なっている人は皆無に近く、キウ氏もウェック氏も普段は農作業をしている普通の村人である。

（6）ゾー・チャム・アヘル（Rơ Châm Ahel）氏所有のチエン・ハン（Chiêng Hênh）ゴングセット。

（7）金槌を打つ方向は、反時計回りのときと、時計回りのときがあり、特に決まっていないようである。また前者と後者で、特に音の変化の違いはみられなかった。

（8）この日は、こぶ付きゴングはすでに調律されていたため、平ゴングの調律から始めた。

（9）ジャライ語で、ムット（*Mut*）はハンマー、パクラー（*Pơ Kra*）は打つ、チン（*Cing*）はゴングのことを指す。

（10）鋳造のゴングの場合、こぶ部分は鋳型で作られるため、ジャライの一部のゴングセットは打ち出し（冷間鍛造）で作られていることがうかがえる。またゴングのこぶ部分が凹んだ際の修復にも用いられる。

（11）このほかにも数枚のゴングを調律したが、調律過程を最初から最後まで記録できたのがこの六枚であった。

（12）音源のサンプリング周波数は四八キロヘルツで、Adobe Audition CC2017（FFTサイズ：三二七六八、窓関数：ハミング）を使用した。また一秒に満たないサンプルはできるだけ長い範囲を分析した。
（13）厳密にいえば、叩き方・叩く箇所によっても、ゴングの音色（倍音構成）や音高は多少変わるが、音高は最大でも二ヘルツ程度の違いしか生じなかった。
（14）インドネシアのガムラン・ゴングと小さなタワ・タワ・ゴング（いずれもこぶ付きゴング）の両方に共通した特徴として、二つの顕著なピークを示す二つの軸対称モードが二対一（オクターブ）の比になっている点が挙げられる（フレッチャー&ロッシング 二〇一二：六六一）。つまり、きちんと調律されたゴングは、基音とその一オクターブ上または下にある部分音がほかの部分音に比べて顕著に伸びているという可能性が示唆される。
（15）インドネシア・バリ島のガムランは、どの編成においても楽器は二台一組で用いられているが、その二台の楽器の音高は、五―一〇ヘルツ程度意図的にずらして「うなり」が発生するように調律されている（塩川・梅田・皆川二〇一四：一八）。
（16）カリー氏のYouTubeチャンネル〈https://www.youtube.com/channel/UCTK8Ky2iCt6R_ccBz1X_vag〉

第7章

ゴングの音を分析する

本章では、バナ族のゴングセットにおける各ゴングの周波数スペクトルの分析より、その音高を確定して平ゴング、こぶ付きゴングの音階を明らかにするとともに、ゴングセット内における平ゴングとこぶ付きゴングの関係性について明らかにする。

バナ族のゴングセット

バナ族のゴングセットについて、コントゥム省サータイ県ホモーン郡ダクヴォク村を事例に述べる。ダクヴォク村はバナ族のロンガオ（*Rơ Ngao*）グループの村落である。ダクヴォク村にはブローン（*Brông*）とブロン（*Brong*）と呼ばれる二種類のゴングセットがある。本章はダクヴォク村ゴング演奏グループのリーダーであるトゥット（A Thút）氏所有のゴングセット【図7・1】とその演奏を分析の対象とする。(1) トゥット氏が所有するゴングセットの詳細を【表7・1】にまとめた。なおゴング

図7・1　トゥット氏の所有する３組のゴングセットの一部
（右列: ブローン A、中列: ブローン B、左列: ブロン）

セットの名称として使われる「ブロン」は高い、「ブローン」は低いという意味である。実際、「ブロン」の音域は「ブローン」よりも高い。

ブロンは、平ゴング八枚、こぶ付きゴング三枚で一セットである。またブロンはミンマン帝の治世（一八二〇―一八四一年）に購入したといわれるものであり、ブローンと比較して製作時期がより古いと考えられるため価値が高く、有力者の葬式など特別な機会にしか演奏しない。

一方、ブローンは購入時期がバオダイ帝治世以前（一九二六年以前）のもの（ブローンAとする）と、バオダイ帝の統治時代（一九二六―一九四五年）のもの（ブローンBとする）の二組があり、どちらも平ゴング一〇枚、こぶ付きゴング三枚で一セットである。ブローンAとBを比べると、前者のほうが製作時期が古く音がよいと考えられているためやや価値が高い。なおブロー

表7・1　トゥット氏の所有する3組のゴングセットの比較

	ゴングセットの名称		
	ブロン	ブローン	
		A	B
購入時期	ミンマン期 (1820–1841年)	バオダイ以前 (1926年以前)	バオダイ期 (1926–1945年)
平ゴング数	8	10	10
直　径	23.5–40cm	25–45.5cm	26–45.5cm
音　域	D♭4–G♭5	B3–A♭5	A♭3–F5
こぶ付きゴング数	3	3	3
直　径	31.5–56cm	35–59.5cm	36.5–60cm
音　域	E3–E4	D♭3–D♭4	B3–B♭4
主な演奏機会	有力者の葬式	国内外の公演	通常の葬式・祭礼

ンA、ブローンBともにトゥット氏が調律を行なったゴングセットであり、音域は異なるものの、その音程関係はほぼ同一であった。またトゥット氏によれば、これら三組のゴングセットは演奏機会と特に対応しておらず、原則としてどの演奏機会でも演奏することができる。ただし、先に述べたとおり、ブロンは高価なため壊れるのを恐れて、有力者の葬式など特別の機会にしか演奏しない。本章では最も演奏機会が多いと考えられるブローンAを分析対象として論じていく。

【表7・2】にブローンAの各ゴングのバナ語での名称とその直径を、直径の大きい順に記す。なおゴングセットはバナ語でホムルックゴン（*Hơ Mruk gong*）という。

表7・2　ブローンAの各ゴングの名称（バナ語）と直径

	名　称	直　径
こぶ付きゴング	①カンゴン（*Kăn gong*）	59.5cm
	②モーンゴン（*Môông gong*）	44.5cm
	③モンゴン（*Moong gong*）	35cm
平ゴング	①カンチェン（*Kăn Chêng*）	45.5cm
	②チェンモーン（*Chêng Môông*）	43cm
	③モンペン（*Mong Pêng*）	40.5cm
	④モンプオン（*Mong Pươn*）	38.5cm
	⑤モンポダム（*Mong Pơ Đăm*）	36cm
	⑥モントジャウ（*Mong Tơ Drâu*）	34cm
	⑦モントポッ（*Mong Tơ Pơh*）	32cm
	⑧モントフガム（*Mong Tơ Hngam*）	30cm
	⑨モントーシン（*Mong Tơ Xinh*）	28cm
	⑩モンミンジット（*Mong Minh Jít*）	25cm

ゴングの音響分析

ゴングの音を分析するうえで留意すべき点は、ゴングは弦楽器や管楽器とは、音の出方が異なるということである。ピアノあるいはギターのような弦楽器では、ある音を出しても、実際は倍音と呼ばれる多くの音が同時に出ている。この様子をグラフに示したのが【図７・２】である。この図は、横軸が音の高さ＝周波数（ヘルツ（Ｈｚ））を示し、縦軸は音の強度（デシベル（ｄＢ））を示したスペクトルと呼ばれる図である。このグラフでは、ピアノのド（Ｃ４）を分析した結果を示している。多くのピーク（倍音）が出ているが、その間隔は一定である。Ｃ４のドの音は周波数で表せば、二六二ヘルツであるが、それよりも右側（高音域）に強度が同程度の多くのピークが観察される。二番目のピークは五二四ヘルツ、三番目のピークは七八六ヘルツであり、その差は、いずれも二六二ヘルツである。この関係は、グラフの一番右のピークに至るまでみられ、一番左（低音側）のピークの周波数を①とすれば、②、③のピークは①の周波数のちょうど二、三倍と整数倍になっている。このように、ピアノの一つの鍵盤を弾いたときに実際には多くの整数倍音が出ているが、人の耳は一番低い音（基音）を認識するようになっている。(2)

同じ分析方法を用いてゴングの音を調べてグラフにしたのが【図７・３】である。一見してわかることは、ピークの並び方がピアノのように等間隔でないことである。等間隔で並んでいないということは、一番低いピーク（周波数）を①とした場合、その上のピークの倍数は、一、二、三のような整数では表せないことを示している。なぜピアノとゴングの倍音列が違うのかは、音を発生する物体の構造に起因している。ピアノの音の源は弦（一次元）である。ゴングの音が出ている部分は、弦ではなく円盤（二次元）である。この次元の違いが、【図7・2】と【図7・3】の違いを生んでいるのだ。

　ゴングの音響分析を行う

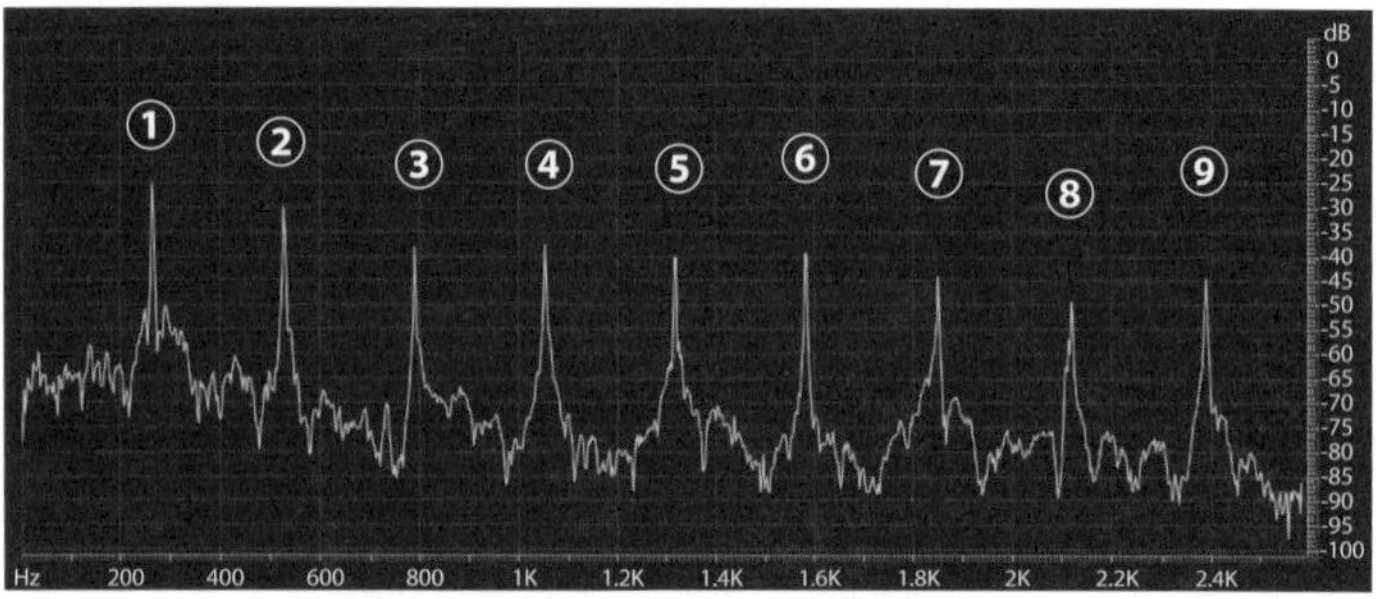

図7・2　ピアノ（C4、262Hz）の周波数スペクトル
（縦軸：音圧レベル dB、横軸：周波数 Hz）

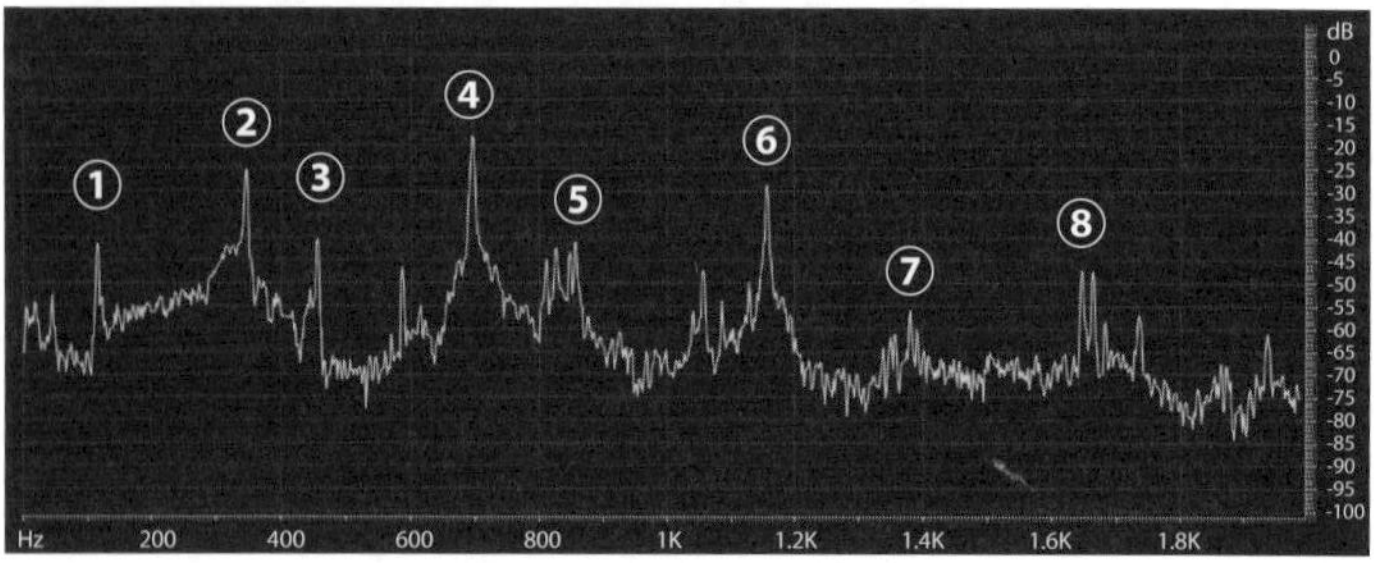

図7・3　平ゴング3の周波数スペクトル
（縦軸：音圧レベル dB、横軸：周波数 Hz）

にあたり、まず各ゴングの音を録音した。録音のビットレートは一六ビット、サンプリング周波数は四八キロヘルツである。次にAdobe社のAudition CCを用いて、〇・〇五―一秒の範囲で高速フーリエ解析を行い、各ゴングのパワースペクトルを分析した。FFTサイズは六五五三六ポイントで、窓関数はハミングを用いた。

すでに述べたとおり、弦楽器（一次元の弦を発音体とする楽器）のスペクトルは、一番音高の低いピークの整数倍に等間隔にピークが出現しているが、ゴングではそのような規則性はみられない。つまり弦楽器では一番低いピークの音高（周波数）を基音とした場合、次のピークは二倍の音高（周波数）、その次のピークは基音の三倍のところに出現する。しかし、ゴングの場合は【図７・３】で示したようにピーク①を基音とした場合、二番目のピークは三・一〇一倍、三番目のピークは五・六四七倍、四番目のピークは六・二四四倍と、いずれも整数倍にはならない。このように基音に対して非整数倍の周波数をもつピークの並び方を、非整数次倍音と呼ぶ。

また、ゴングの構造をみると、円盤の縁にスカートのような構造が付いており、この構造が端の自由な振動を抑制していると考えられる。【図７・４】に平ゴングの横断面構造と振動の様子を図示する。円盤表面は面全体が振動するので発音に寄与するが、円盤縁は金属の厚み部分しか発音に寄与しない。

周辺固定の円盤振動の理論によれば、円盤を叩いたときに出るピークの比率を数字で表すと、〇・

五三、一・〇〇、一・五三、二・一三、二・二四、二・七九、三・〇二、三・九八のように小数点が付く非整数次倍音であることが知られている（Blanch 1952; Carrington 1925; Leissa 1969）。このように、弦楽器とは異なりゴングが非整数次の倍音を出す理由は、発音体が弦（一次元）ではなく平面（二次元）だからである。また、【図7・3】で注意すべきは、ピーク①の強度が②よりも六分の一（−16dB）低いことである。このため実際に聞こえる音の高さはピーク②の音となる。

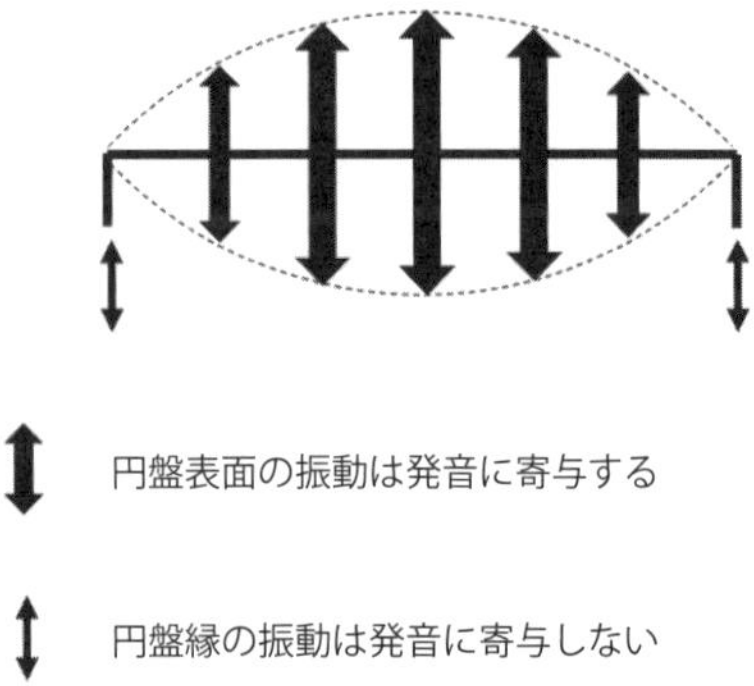

円盤表面の振動は発音に寄与する
円盤縁の振動は発音に寄与しない

図7・4　ゴングの構造と振動の模式図

平ゴングの音高

平ゴングの直径の大きいほうから順に1—10の番号をふり、各平ゴングの周波数と強度を調べたものを【表7・3】にまとめた。一枚のゴングを叩いたときに現われるすべてのピークのエネルギー（音の強さ）が混ざり合ったものが、そのゴングの音色となる。ここでは、音階に注目するため、音の強度が大きいピークを取り出し、そのなかで最も強度の大きいピークの音圧レベルを〇《ゼロ》デシ

表7・3　平ゴングの部分音列の周波数（Hz）および強度（dB）

平ゴング番号	部分音番号						
	第1	第2	第3	第4	第5	第6	第7
1	146（−22）[D]	249（−15）[B]	435（−21）[A]	**495（0）[B]**	632（−23）[E♭]	846（−7）[A]	1018（−25）[B]
2	不　明	280（−16）[D♭]	371（−23）[G♭]	**556（0）[D♭]**	716（−11）[F]	954（−5）[B♭]	1155（−27）[D]
3	112（−24）[A]	344（−8）[F]	453（−23）[A]	**693（0）[F]**	853（−23）[A♭]	1153（−11）[D]	1376（−38）[F]
4	119（−5）[B♭]	**369（0）[G♭]**	672（−14）[E]	743（−2）[G♭]	976（−14）[B]	1208（−19）[D]	1501（−26）[G♭]
5	145（−23）[D]	**414（0）[A♭]**	537（−30）[C]	**829（0）[A♭]**	1036（−32）[C]	1446（−11）[G♭]	1660（−36）[A♭]
6	149（−23）[D]	513（−1）[C]	657（−5）[E]	**1029（0）[C]**	1249（−31）[E♭]	1681（−23）[A♭]	2019（−28）[B]
7	176（−28）[F]	558（−10）[D♭]	729（−12）[G♭]	**1118（0）[D♭]**	1362（−22）[F]	1633（−23）[A♭]	2194（−18）[D♭]
8	192（−26）[G]	**628（0）[E♭]**	853（−17）[A♭]	1252（−24）[E♭]	1589（−27）[G]	2084（−28）[C]	2534（−40）[E♭]
9	222（−14）[A]	**760（0）[G♭]**	986（−22）[B]	1422（−22）[G♭]	1784（−25）[A]	2547（−26）[E♭]	2976（−41）[G♭]
10	267（−6）[C]	**853（0）[A♭]**	1182（−14）[D]	1712（−9）[A]	2240（−26）[D]	2873（−28）[F]	3684（−38）[B♭]
比率平均	0.34	1.00	1.41	1.99	2.51	3.32	4.04
理論比率	0.53	1.00	1.53	2.13, 2.24	2.79	3.02	3.98
振動様式	(1 0)	(0 1)	(1 1)	(2 1)（0 2）	(3 1)	(1 2)	(0 3)

*1)　録音日時、2013年3月4日。0.05-1秒の範囲でスペクトル分析を行なった。音の強度は、（　）内に示し、一番強いものを0dBとして太字で表し、それ以下はマイナスで表記した。近い音名を［　］内に示した。表下の比率平均は、第2部分音を基準としてそのほかの部分音の比率を平ゴング1-10までの平均値で表した。理論比率は周辺固定の円盤振動様式から理論的に導かれる比率である。また各部分音列の振動様式を（n m）表記で表した。nは円盤の中心を通る直線の節の数を、mはドーナツ状の節の数を示す。

ベルとした。したがって、そのほかのピークの音圧レベルはすべてマイナスとなる。本書では、これら一つひとつのピークを「部分音」と定義し、それを周波数（音の高さ）の低いほうから、第一部分音、第二部分音……と番号をふった[3]。

まず、第一部分音は平ゴングの大きさにより音高が正確に比例して変化せず、また音の強度も弱いので考慮しないこととした。音の強度を比較すると、第二番目または、第四番目の部分音の強度が大きいことがわかった。また、この第二部分音、第四部分音は、ほぼ二倍の周波数、つまり一オクターブの関係になっている。

先述したように、平ゴング1から10の音高は、【表7・3】の第二部分音の高さが聞こえる。したがって、第二部分音を実際に聞こえる音高の基音として、音階を五線譜化したものが【図7・5】である。平均律とは多少ずれているところもあるが、便宜上五線譜に表し、その音程関係を示した。

ゴング番号	1	2	3	4	5	6	7	8	9	10	

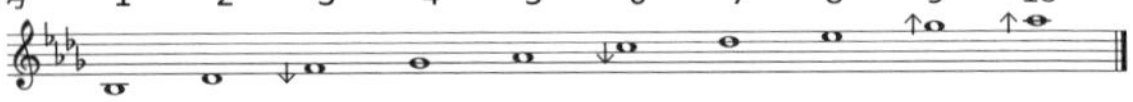

平ゴングの周波数	249	280	344	369	414	513	558	628	760	853	（単位：Hz）
平均律の周波数	247	277	349	370	415	523	554	622	740	831	（単位：Hz）
セント値	0	203	560	681	880	1251	1397	1602	1932	2132	（単位：cent）
音程	203	357	121	199	371	146	205	330	200		（単位：cent）

図7・5　平ゴング1–10の五線譜表記とその音階

*1)　半音は100セントである。

*2)　平均律と特に差がある音高については、上向き・下向きの矢印で示した。

*3)　図7・5以降の譜面の図においては、音階に必ず付く変記号（♭）として、五線の最初に示す。なおこのゴング音階はB♮である。

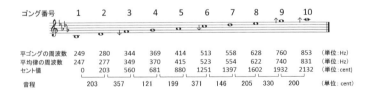

平ゴングの音階

トゥット氏によれば、バナの音階にはタリア・ブロン（*Tơliỡ Brong*）と、タリア・ブローン（*Tơliỡ Brông*）がある。タリア（*Tơliỡ*）は音階、ブロン（*Brong*）は高い、ブローン（*Brông*）は低いという意味である。【図7・6】より、二つの音階を比べると、第二番目の音が、ブロン音階のFに対して、ブローン音階はE♭であることから、ブロン音階のほうがブローン音階よりも高い。つまり、ブロン（高い）音階と、ブローン（低い）音階に分けられる。またこれら二つの音階を平ゴングの音列にあてはめると、平ゴング2から7がブロン音階、平ゴング7から10がブローン音階となる。すなわち、【図7・6】の三段目に示すように、ブローンAのなかには、ブロン音階とブローン音階が含まれている。

なお【図7・6】以降の五線譜では、平ゴング6は

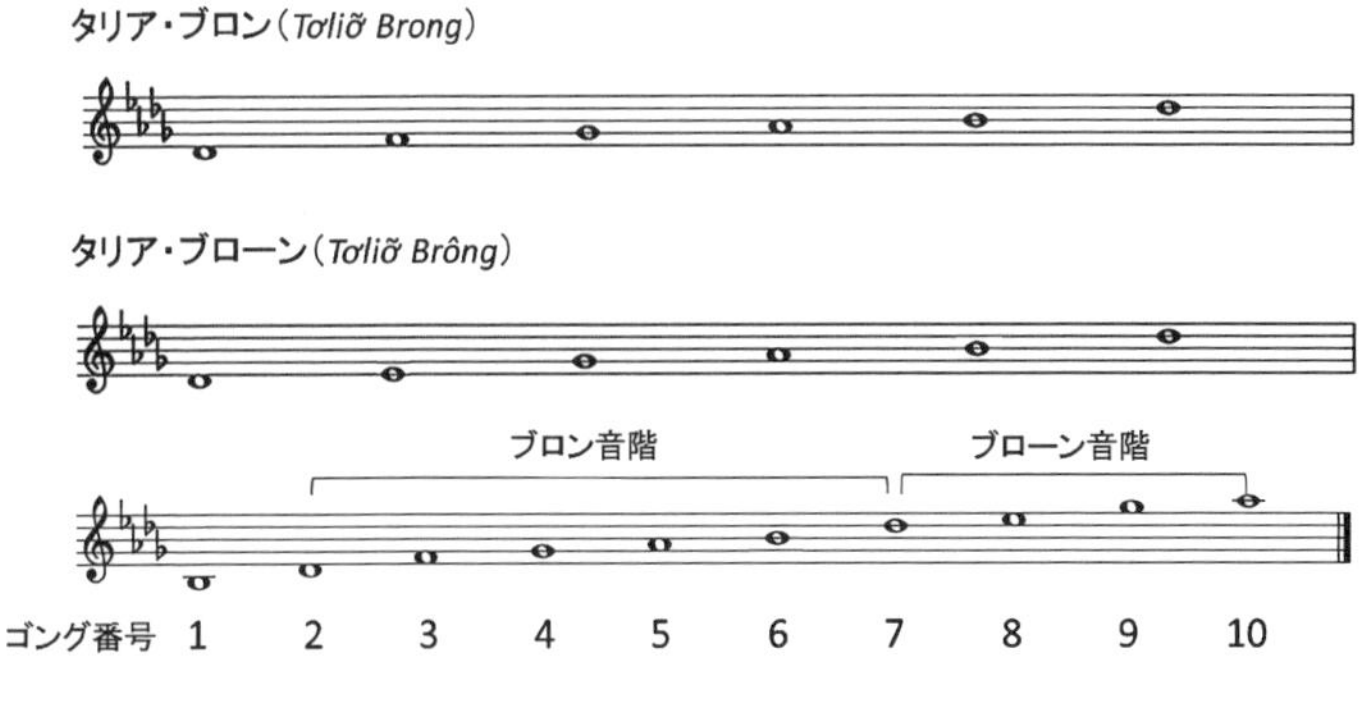

図7・6　バナ族のゴング音階

「B」の音として示すが、その理由については本章最終節「考察」で述べることとする。また先述したゴングセットの名称「ブロン」、「ブローン」は音域の高低のことを指しており、ここで述べたブロン音階、ブローン音階とは異なることを留意されたい。

こぶ付きゴングの音高

平ゴングに対して、こぶ付きゴングは中央に丸い突起があり、三つのゴングで一セットになっている。平ゴングと同様にこぶ付きゴングの直径の大きいほうから順に1―3の番号をふり、その三つのゴングの周波数と音の強さを【表7・4】にまとめた。

平ゴングの【表7・3】（☞二三五頁）と同じように、音の強い部分音列を、周波数の低いほうから五番目まで示す。音の強度は【表7・3】と同様に、最も強度の大きい部分音、つまり第三部分音の音圧レベルを〇《ゼロ》デシベルとした。その次は、第一部分音で、その関係は、約一オクターブ下である。実際に聞こ

表7・4　こぶ付きゴングの部分音列の周波数（Hz）および強度（dB）

こぶ付きゴング番号	部分音番号				
	第1	第2	第3	第4	第5
1	72(−5)［D♭］	105(−30)［A♭］	**141(0)［D♭］**	170(−38)［F］	211(−18)［A♭］
			145(−2)［D］	177(−24)［F］	216(−20)［A］
2	107(−9)［A♭］	155(−37)［E♭］	205(−5)［A♭］	255(−24)［C］	321(−26)［E］
			214(0)［A♭］		
3	142(−15)［D♭］	不明	**285(0)［D♭］**	354(−23)［F］	423(−12)［A♭］

*1）録音日時、2017年8月20日。0.05–1秒の範囲でスペクトル分析を行なった。各部分音については近い音名を［　］内に表記した。

える音は、第三部分音なので、それを基音とした。

また、同じ部分音番号に二つの周波数が書かれているものがあるが、これは部分音のピークが二つに分かれているためである。それを一つにまとめず、二つとも示した。なお、こぶ付きゴング1は毎秒四回、こぶ付きゴング2は毎秒九回の強いうなりが生じている。これは部分音のピークが二つに分かれているからである。

この二つのピークも考慮に入れて、こぶ付きゴングと平ゴングの関係をみる。

・こぶ付きゴング1の第三部分音一四一ヘルツと平ゴング2の第二部分音二八〇ヘルツとは、一・九九倍
・こぶ付きゴング1の第三部分音一四五ヘルツと平ゴング2の第二部分音二八〇ヘルツとは、一・九三倍
・二つの平均値は、一・九六倍
・こぶ付きゴング2の第三部分音二〇五ヘルツと平ゴング5の第二部分音四一四ヘルツとは、二・〇二倍
・こぶ付きゴング2の第三部分音二一四ヘルツと平ゴング5の第二部分音四一四ヘルツとは、一・九三倍

・二つの平均値は、一・九八倍
・こぶ付きゴング3の第三部分音二八五ヘルツと平ゴング7の第二部分音五五八ヘルツは、一・九六倍

このように、特定のこぶ付きゴングと平ゴングには約二・〇〇倍に近い値での音高関係がある。こぶ付きゴングと平ゴングの音高の関係を【図7・7】に示した。こぶ付きゴング1と3は、ほぼ一オクターブの関係にある。このこぶ付きゴング1、2、3の音程関係はザライ省のバナ族のこぶ付きゴングの音程関係と一致する（Lê Xuân Hoan 2014: 49）。また平ゴングとの関係をみると、こぶ付きゴング1は平ゴング2の、こぶ付きゴング2は平ゴング5の、そしてこぶ付きゴング3は平ゴング7の約一オクターブ下の音になっている。これら「一オクターブの関係」は、ほぼ二倍であり、前述したように、一次元の振動「弦」の一オクターブの

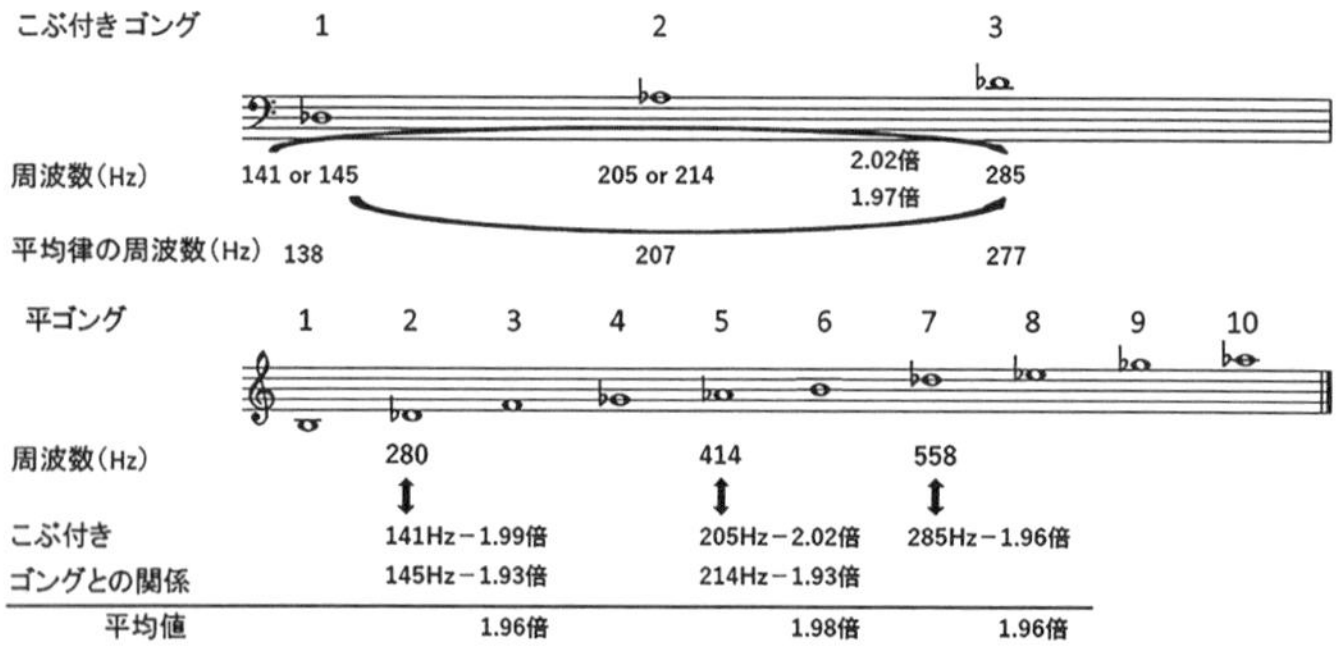

図7・7　こぶ付きゴングと平ゴング2、5、7の音高の関係性

関係である。

考察

先述したように、バナの音階は、平ゴング2から7がブロン音階、平ゴング7から10がブローン音階となる。トゥット氏によれば、平ゴング2［D♭］と平ゴング7［D♭］だけでなく、平ゴング1［B］と平ゴング6［C］もオクターブの関係にある。そこで、改めて平ゴング1と6、平ゴング2と7の部分音とその周波数を対比してみたのが【図7・8】である。

平ゴング1で実際に聞こえる音は、第二部分音の二四九ヘルツ［B］であり、

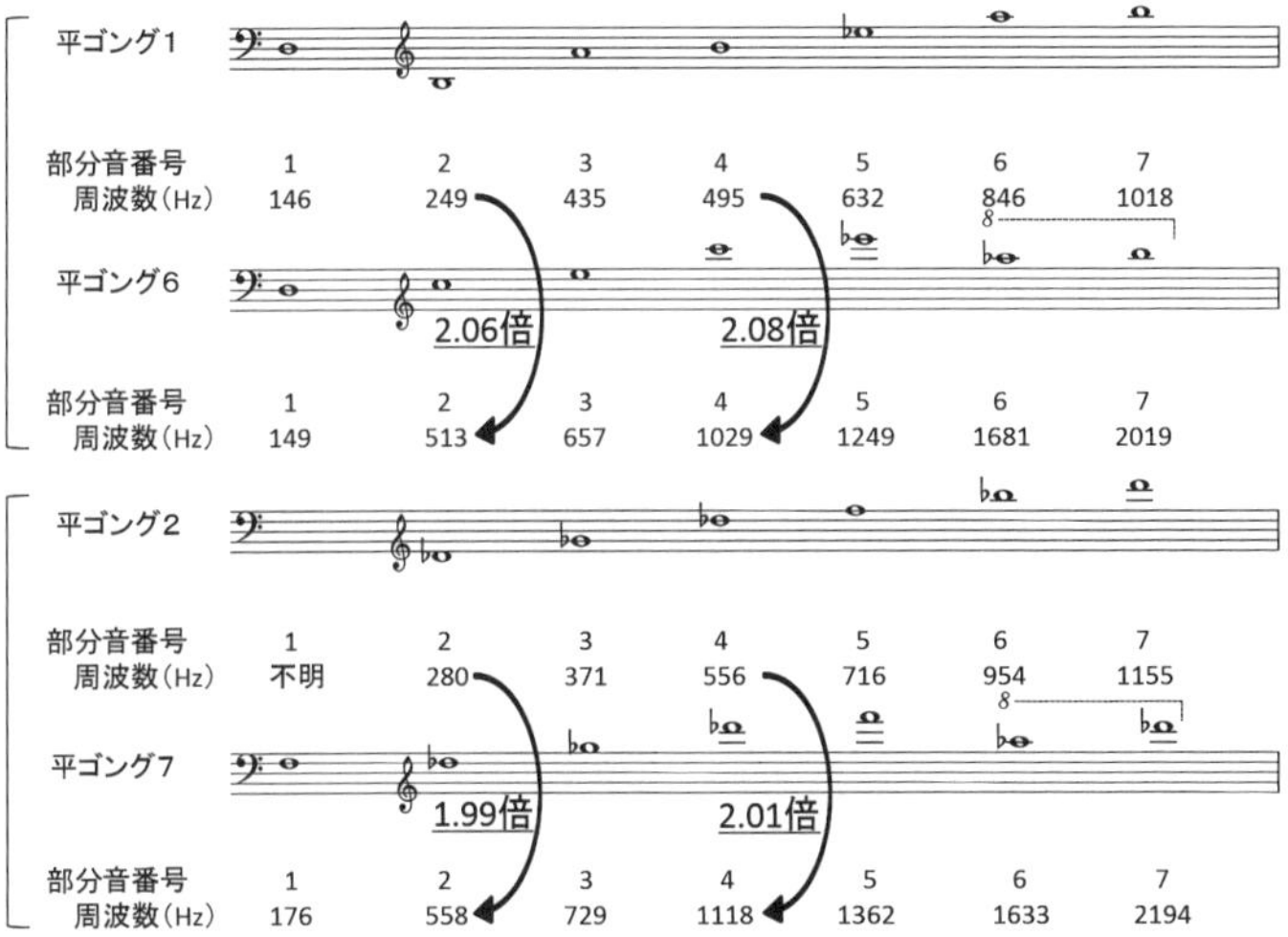

図7・8　平ゴング1と6、平ゴング2と7の各ゴングに含まれる部分音の音高と周波数の比較

第四部分音は四九五ヘルツ［B］である。平ゴング6の第二部分音五一三ヘルツ［C］は、平ゴング1の第二部分音二四九ヘルツの約一オクターブ上で、ほぼ二倍にあたるが、正確には二・〇六倍である。また平ゴング1の第四部分音は四九五ヘルツ［B］で、平ゴング6の第四部分音も約一オクターブ上の一〇二九ヘルツ［C］で、この関係も約二倍にあたるが、正確には二・〇八倍である。

弦楽器や管楽器のような一次元の振動の倍音は、「ピタゴラスの音階」や「三分損益法」では整数比で語られる。しかし、ゴングのように一次元ではなく、面の楽器、すなわち二次元で振動する楽器の場合、等差的な倍音（整数倍音）は存在しない（フレッチャー&ロッシング 二〇一二）。セザレス（Sethares 2005）によれば、「ピアノやヴァイオリンのような一次元楽器の「等差数列的な整数倍音を含む音」で、周波数が二倍の音を聞かせると、人（被験者）は、一オクターブと感じるが、「シンセサイザーで作った等差数列的な整数倍音を含まない単音」を聞かせると、二・一倍の音を一オクターブと判断する」という。

二・一倍というのは、一オクターブと八四・五セント（半音弱）の音程である。つまり、先述した平ゴング1と6の第二部分音の関係性（二・〇六倍）と、第四部分音の関係性（二・〇八倍）から、平ゴング1と6がゴング音階の一オクターブとして聞こえるのかもしれない。

しかし、平ゴング2と平ゴング7の関係性をみると、第二部分音は、一・九九倍、第四部分音は、二・〇一倍であり、これらほぼ二・〇〇倍は、一次元の振動「弦」の一オクターブの関係性である。

つまり、同じ平ゴングのセットのなかで、一次元の振動「弦」と二次元の振動「円盤」という二つの異なるオクターブの関係性が共存していると考えられる。平ゴング6の基音五一三ヘルツは、B（四九四ヘルツ）とC（五二三ヘルツ）の中間であるが、先述の理由により、【図7・6】以降の五線譜では、平ゴング6は［B］の音として示した。

次に【表7・3】（☞二三五頁）より、平ゴング1から10までで、一オクターブの関係にあるゴングの第二部分音の周波数とその比率を挙げる【表7・5】。

平ゴング1と6、平ゴング4と9、平ゴング5と10は、前述したセザレスによる「等差数列的な整数部分音を含まない音は二・一倍の音を一オクターブとする」という理論にもとづいた一オクターブであり、平ゴング2と7は、一次元振動「弦」の一オクターブになっている【図7・9】。

特定のゴングの周波数比が完全五度の関係になっていることも【図7・9】に示す。その組み合わせは、番号を三つ飛ばした組み合わせで、【表7・6】のようになる。

なおこの一オクターブ、完全五度の関係性は、五線譜上のものではなく、

表7・5　1オクターブの関係にあるゴングの第2部分音の周波数とその比率

ゴングの番号および周波数	周波数の比率
平ゴング1（249Hz）と6（513Hz）	2.06倍（1オクターブ＋52セント）
平ゴング2（280Hz）と7（558Hz）	1.99倍（1オクターブ-8セント）
平ゴング4（369Hz）と9（760Hz）	2.06倍（1オクターブ＋52セント）
平ゴング5（414Hz）と10（853Hz）	2.06倍（1オクターブ＋52セント）

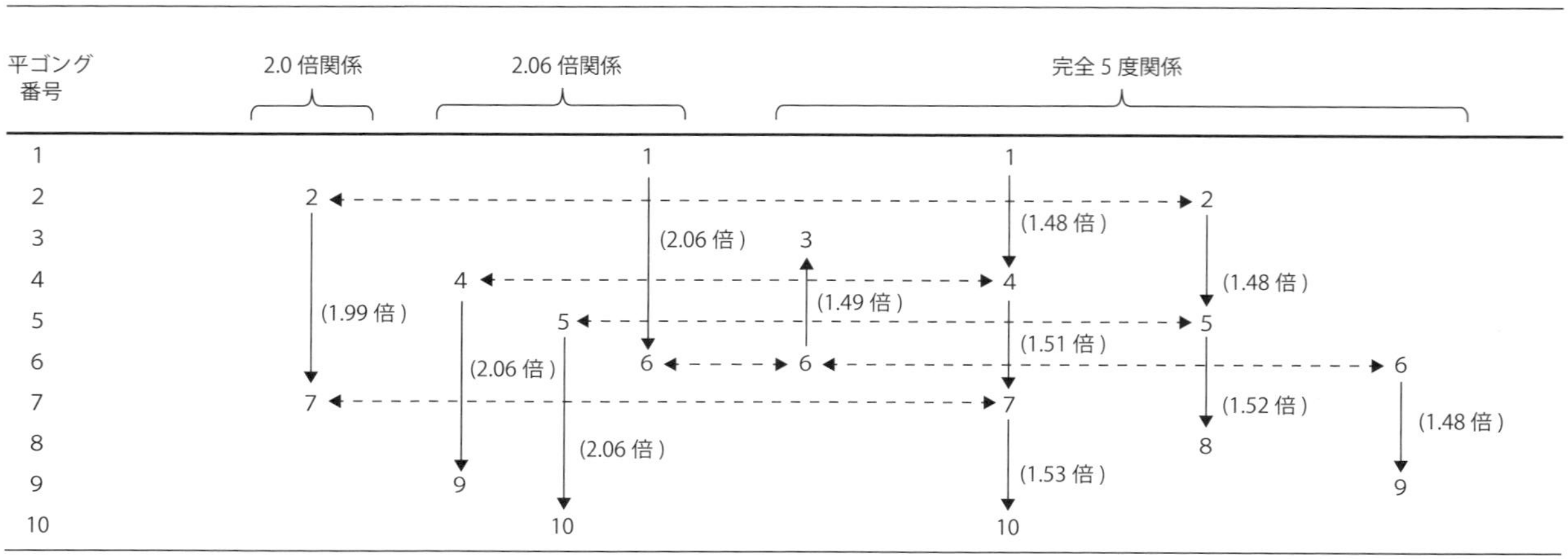

図 7・9　平ゴング 1–10 の音程関係

ゴングの音高の関係は、2.0 倍、2.06 倍および完全 5 度で関連づけられている。音程関係の一例を挙げれば、1-6-3-9、1-4-7-10、2-5-8-、2-7-10 という関係になってる。この表から一つのゴングの音高が決まれば、すべての音高を決めることができることがわかる。(　) 内の数字は、低い番号のゴングの第 2 部分音（基音）に対する高い番号のゴングの第 2 部分音の比率を表す。完全 5 度は、平均律では 1.498 倍。

一オクターブが二・〇〇倍、または二・〇六倍、完全五度が一・四八—一・五三倍という音高の周波数の比率で考えたものである。

また三組の平ゴング1と6、平ゴング4と9、平ゴング5と10の一オクターブの部分音比率が二・〇六倍、平ゴング2と7の一オクターブの部分音比率が一・九九倍になったことは、ほかのバナ族四村のゴングセットの音程関係を調べた結果からもほぼ確かめられた。

一オクターブと、完全五度の関係を挙げると、これで平ゴング1から10のすべての音が出てくる。トゥット氏によれば、こぶ付き付きゴング3〔D♭〕の音が、調律の際に基準となる。まずこぶ付きゴング3からこぶ付きゴング1、2を調律し、そしてこぶ付きゴング3の音と平ゴング2を合わせ、平ゴングを調律していく。したがって、以下のような調律工程の仮説が考えられる。またゴングセット内のすべての平ゴングとこぶ付きゴングの関係性を【図7・10】に示す。

表7・6　周波数比が完全5度になる平ゴングの組み合わせ

ゴングの番号および周波数	周波数の比率
平ゴング1（249Hz）と4（369Hz）	1.48倍（完全5度−38セント）
平ゴング2（280Hz）と5（414Hz）	1.48倍（完全5度−38セント）
平ゴング3（344Hz）と6（513Hz）	1.49倍（完全5度−9セント）
平ゴング4（369Hz）と7（558Hz）	1.51倍（完全5度＋14セント）
平ゴング5（414Hz）と8（628Hz）	1.52倍（完全5度＋25セント）
平ゴング6（513Hz）と9（760Hz）	1.48倍（完全5度−38セント）
平ゴング7（558Hz）と10（853Hz）	1.53倍（完全5度＋37セント）

①こぶ付きゴング3［D♭］と同じ音高（完全一度）で、平ゴング2［D♭］を作る。

②平ゴング2［D♭］の完全五度上に平ゴング5［A♭］を作り、さらにその平ゴング5［A♭］の完全五度上に平ゴング8［E♭］を作る（2-5-8）。

③平ゴング2［D♭］の一オクターブ上に平ゴング7［D♭］を作る。さらに平ゴング7［D♭］から、完全五度上に平ゴング10［A♭］を作り、平ゴング7から完全五度下に平ゴング4［G♭］の音を作る（2-7-10、7-4）。

④平ゴング4［G♭］から完全五度下

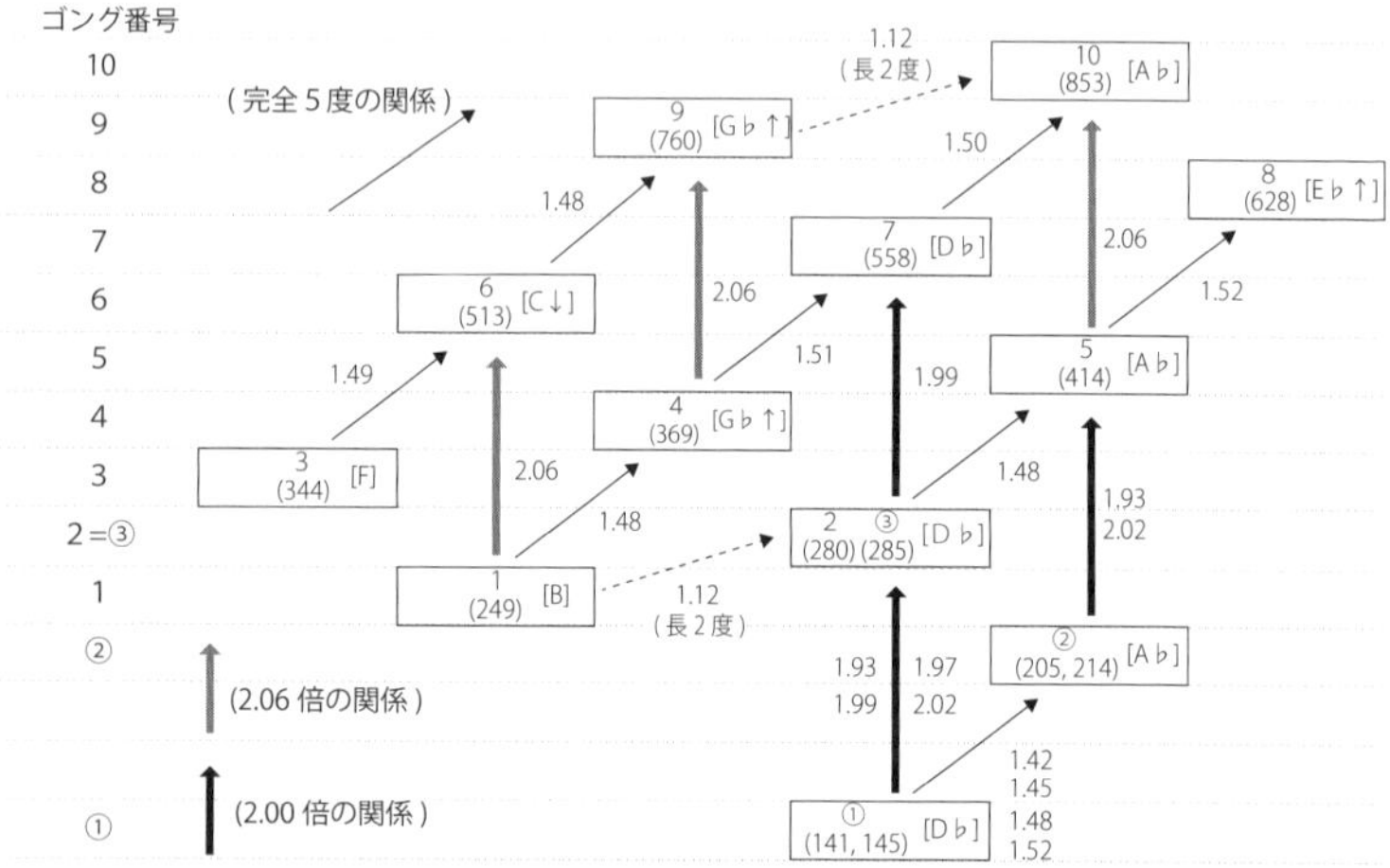

図7・10　こぶ付きゴングと平ゴングの音程関係

図内の矢印の添え字が二つの音高の比率を表す。□内の丸数字はこぶ付きゴング、それ以外は平ゴングの番号、その下の（　）内には示した数字はゴングの基本周波数、［　］内は音名、↑および↓は記載の音名より若干高い／低いを表す。

に平ゴング1［B］を作り、そこから一オクターブ上に平ゴング6［C］を作る（4-1-6）。
⑤平ゴング6［C］から完全五度上に平ゴング9［G♭］、完全五度下に平ゴング3［F］を作る（6-9、6-3）。

ゴング調律師は、音階の幅においては、一オクターブを一組の二・〇〇倍と三組の二・〇六倍に、一・五倍前後の周波数関係を完全五度として七組作ったといえるかどうかは、今後研究を進めていきたい。また、ヒトの耳の音高や和音の知覚原理についてはまだ不明な点が多く、今後の研究を待ちたい。

注――第7章　ゴングの音を分析する

（1）トゥット氏は国家が認定する「優秀芸術家（nghệ nhân ưu tú）」に選出されている。またトゥット氏のゴング演奏グループは国内各地の公演のほか、Smithsonian Folklife Festival 2007など海外での演奏経験もある。
（2）われわれの音の基本周波数に対する感覚の性質として、調音（音楽的な意味で高さをはっきりつかめる）の上限はおよそ五・六キロヘルツであり、また基本周波数の高さの絶対値にはかなり鈍感であるのに対し、相対値に対する弁別（二音の高さの差を感じ取れる）の感度はきわめて高いという特徴がある（安藤一九九六：一二一一四）。
（3）「部分音」の名称を使用するにあたり、ゴングと同じ二次元楽器である梵鐘の周波数分析を行なった大熊（一九九八）を参考にした。

第8章

ゴング演奏を分析する

本章では、バナ族（ダクヴォク村）のゴングアンサンブルが演奏する葬礼曲、水牛供犠曲という二つの楽曲を事例に、平ゴングの旋律の技法、和音の役割、太鼓のパターン、楽曲形式などについて明らかにする。

ゴング演奏の撮影、採譜方法

本節では、ダクヴォク村のゴングアンサンブル（平ゴング一〇人、こぶ付きゴング三人、太鼓二人）の撮影方法と採譜方法を述べる。実際のゴング演奏では、太鼓に加えて、多数のゴング奏者が一列に並んで歩き回りながら演奏を行うため、一台のカメラで演奏の詳細を記録することは非常に困難である。したがって、広角のカメラを複数台設置し【図8・1】、演奏者は立ち位置からなるべく動かないように演奏してもらうことにした。また打音と消音のタイミングの詳細を記録するために、平ゴング奏者はゴングの内面（打面）を、こぶ付きゴング奏者はゴングの外面（打面）をカメラのほうに向けて演奏してもらっ

図8・1　ゴング演奏の撮影の様子

た。また奏者同士が途中でゴングを交換する可能性があるため、あとで混乱しないように、ゴングにチョークで番号を書かせてもらった（チョークは容易に消すことができる）。さらに、できるだけゆっくり演奏を行なってもらうようにした。このようにしていくつかの曲を収録し、そのなかで特に重要と考えられる「葬礼曲」と「水牛供犠曲」を採譜することにした。

採譜方法は、各ゴングを叩くタイミング、音の長さ（音価）、ミュート（消音）の長さを映像を繰り返し視聴しながら記録していった。特にすばやく打音と消音を繰り返す部分は、再生速度を落としたり、一時停止したりすることで確認した。そして第7章の音響分析により確定した基音（音高）にもとづいて五線譜に記譜していった。太鼓についても同様に映像をもとに記譜していった。楽譜の作成には、無料の楽譜作成ソフトMuseScoreと有料のFinaleを併用した。なおゴング演奏では、多数の平ゴングが同時に打たれることで和音が構成される。つまり、記譜はできても、どの部分が主旋律であるかはわからないため、ゴングアンサンブルのリーダーであるトゥット氏に歌ってもらうことで主旋律を確定した。これは、トゥット氏がアンサンブルのリーダーであり、トゥット氏の口ずさむ主旋律がほかのメンバーに共有されることによって楽曲が演出されているためである。

平ゴングの旋律、和音(1)

1　平ゴングの演奏例「葬礼曲(2)」

◉葬礼曲について

バナ族はこれまで常に自然資源に依存した生活を送ってきた。その生活は山や川や森とともにある。バナ族にとって死とは神によってどこか別の世界にある安息の地へと召喚されることを意味する。残された人びとは死者の家族のもとを訪れて哀悼の意を捧げ、彼／彼女らが抱える喪失のつらさを和らげようと、ゴングを演奏したり、踊ったりするのである。理想論ではあるが、死後の世界というものがあり、それは現世と同じような世界であると考えられているため、死者の持ち物はすべて死者に捧げることで、彼／彼女は生前と同じように暮らしつづけることができるのである。あるいは、生前より豊かに暮らすことができるかもしれないのだ。そこには抑圧や妬みはなく、すべては神の思し召しによる。死は神によって選択されたのであり、死がもたらすものは肉体の消滅のみである。魂は永遠に不滅である。

死者に捧げられたモノは死者の魂によって死後の世界で使用される。もし死者の家族が貧しく、多くのモノ（たとえば、水牛、豚、鶏の肉）を捧げることができなければ、死者の魂は死後の世界で貧しい生活を余儀なくされるだろう(3)。

葬礼におけるゴング演奏のメロディは悲しみや不幸を表すように緩やかで、低く、深い。また多くの場合その旋律は悲しげで、その場にいる人びとにやりきれない思いを抱かせる。残された人びとはその旋律を聞いて、死者のことを思い出そうとするのである。彼／彼女が、生前どのような姿で、どのように暮らし、どのように振る舞い、（ほかの人と）交流していたのか。そしていつの日か自分が死んで彼／彼女に会ったとき、彼／彼女がより豊かで快適な生活を送っていることを願って……彼／彼女は神に選ばれたのだから。（トゥット氏より）

◉葬礼曲の音階と楽曲形式

【図８・２】に「葬礼曲」の冒頭部分と、平ゴング7、８、９が使われている主旋律を

図８・２　葬礼曲の主旋律の例

*1)　平ゴングの鳴っている時間は、基本的には８分音符分であり、次のゴング音が鳴る前に消音する。また同じ音を連打する場合、最初の音は消音しない。

記す。以降の主旋律はすべてトゥット氏に歌ってもらった旋律にもとづく。また「葬礼曲」全体の旋律は本書巻末の付録3（☞三〇六頁）に示した。平ゴングは比較的に高い音が中心のため便宜的にト音記号の楽譜に、比較的低い音が中心のこぶ付きゴングはヘ音記号の楽譜に記す。葬礼曲では八拍を一つの旋律の単位としてそれを二回ずつ繰り返して演奏されることがほとんどである【動画8・1☞vii頁】。

この曲ではブロン音階の開始音である平ゴング2［D♭］と、一オクターブ上の平ゴング7［D♭］が多用されている。また葬礼曲は全体がA、B、Cの部分に分かれており【図8・3】、AとB、BとC、CとAは「四拍のつなぎの旋律」でつながって

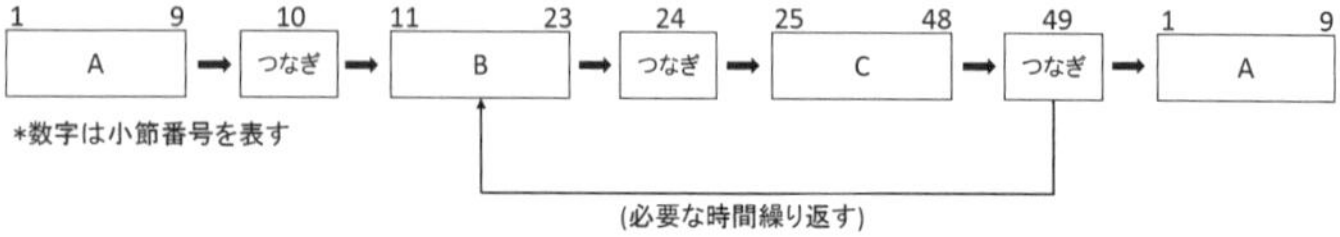

図8・3　葬礼曲の楽曲形式

図8・4　つなぎの旋律

Aから B のつなぎ（10 小節目）、C から B または C から A のつなぎ（49 小節目）

いる【図８・４】。平ゴング7、8、9が主旋律に使われるのは、Ｃの部分である。つまりＡとＢはブロン音階、Ｃはブローン音階で演奏される。楽曲の形式は、Ａから始まり、〈Ｂ—Ｃ〉を必要な時間繰り返し、最後に〈Ｂ—Ｃ〉からＡに戻って終わるという形になっている【図８・３】。

2　平ゴングの演奏例「水牛供犠曲」

◉水牛供犠祭について

水牛供犠祭はバナ族（ロンガオグループ）の主要な祭礼である。一般的に、コントゥム省の少数民族にとって家畜は暮らしに役に立つ存在であると信じられてきた。そのなかでも水牛は最も大きく、最も経済的な価値の高い家畜である。したがって、水牛の肉は精霊に捧げる最上の供物であると考えられている。水牛供犠祭はバナ語で「水牛を食べる（*Sa Kopo*）」または「水牛を柱につなぐ（*Gang Kopo*）」と呼ばれる。水牛供犠祭は集会所の落成式や一般の家屋が完成した際、米の収穫を終えた際（豊作を祝う）などに行われる。また水牛供犠は勝利（*Ro Lang*）を祝う際にも行われる。(4)

水牛をつなぐ儀礼柱（cây nêu）にはバナ族の霊的信仰を表す細かな模様が描かれている。その柱がより高く、より美しいほど、精霊を引きつける力が強く、より多くの精霊が宴にやって来ると考えられている。バナ族が信仰する主な三つの精霊は水の精霊、山の精霊、雷の精霊である。これらの精霊は人間に幸福や罰を与えるあらゆる力をもつのである。

豊作を祝う祭りは慎重に日取りが決められるが、通常乾季の時期に、収穫したすべての米を納屋に入れ終わったときに行われる。この時期は一月、二月、三月の余暇の季節（*khei ning nong ropong chong kon*）で、綿花が花開く時期でもある。祭りを行う七日くらい前に近親者（結婚して他村で暮らす息子、娘、兄弟、姉妹など）やその他の親族に、村に戻って祭りに参加するよう伝える。これは彼／彼女らが欲深くなく、正直者であり、他者に優しいことを示すことで神様から褒めてもらえるように行うのである。（トゥット氏より）

◉水牛供犠祭の祭礼進行

〈第一部　トゥータップ（*Tuh Tăp*）〉

村の長老が集会所から広場に降りて、水牛がつながれた儀礼柱に向かっていく。その後ろを女性の踊り手が、最後にゴング演奏グループがつづく。

〈第二部　ペルヴァン（*Pĕl Wang*）〉

儀礼柱の周りをゴング演奏者が反時計回りに回りながらゴングを演奏する。複雑で細かいリズムを刻むことが要求されるため、この箇所の太鼓を演奏できる人はとても少ない。水牛を実際に葬るときにもこの曲を演奏する。

〈第三部　ボージュアル（*Bo̍ Juar*）〉

ゴング演奏のテンポがどんどん速くなるとともに女性がゴング演奏者の周りを輪になって踊り始める。さらに幾人かの男たちが盾と矛を持って踊る。

◉水牛供犠曲の旋律の廻り方

水牛供犠曲の主旋律は、全体をとおして平ゴング１―７までしか使われないので、ブロン音階の曲である。【図８・５】に水牛供犠曲の第一部「トゥータップ」で演奏される平ゴングの主旋律の一部と、その旋律の廻り方を示す【動画８・２ vii頁】。

平ゴングの主旋律を見ると、平ゴング５の［A♭］が多用されている。トゥット氏によれば、平ゴングの旋律の廻り方には【図８・５】の二段目のような規則がある。すなわち、平ゴング２にたどり着くには必ず平ゴング３↓１↓２と演奏されなければなら

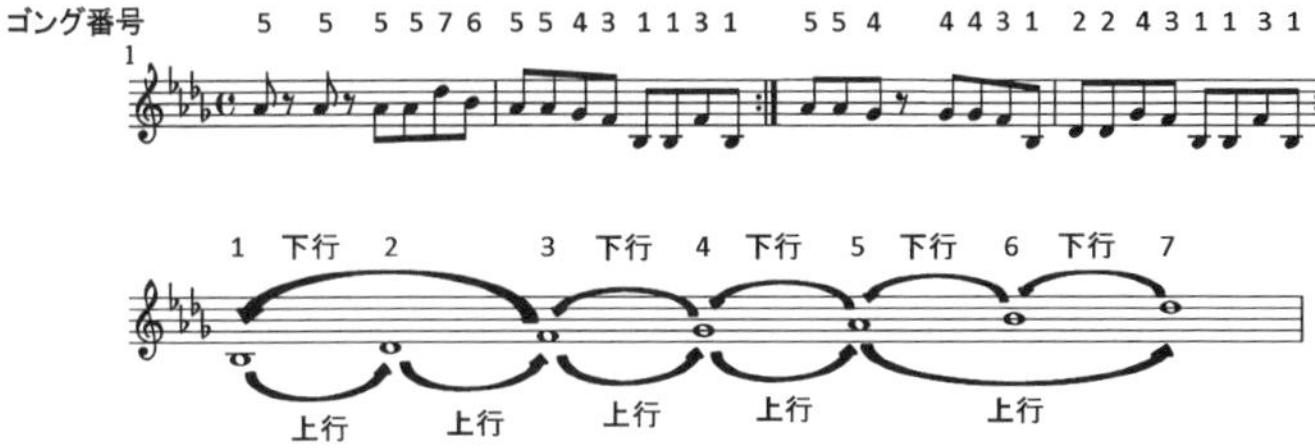

図８・５　水牛供犠曲の第１部「トゥータップ」の主旋律とその廻り方

ない。この廻り方によって、「平ゴング1がなければ平ゴング2にはいけない」という平ゴング1の役割が示されている。また、平ゴング5から6に上行することはできず、平ゴング5から7への上行の跳躍がこの曲の特徴となっている。

◉平ゴングとこぶ付きゴングの関係性

次に実際の演奏において、平ゴングとこぶ付きゴングの関係をみていく。【図8・2】（☞二五三頁）の冒頭部分の葬礼曲の平ゴングの旋律は、ブロン音階の開始音でもある平ゴング2の［D♭］を中心に旋律が作られている。その旋律に、こぶ付きゴング3の［D♭］が強拍ごとに打たれ、［D♭］の音を中心にした楽曲が作られている。

図8・6　水牛供犠曲の合奏形態の五線譜表記①：第1部トゥータップ（アダール）の冒頭部分

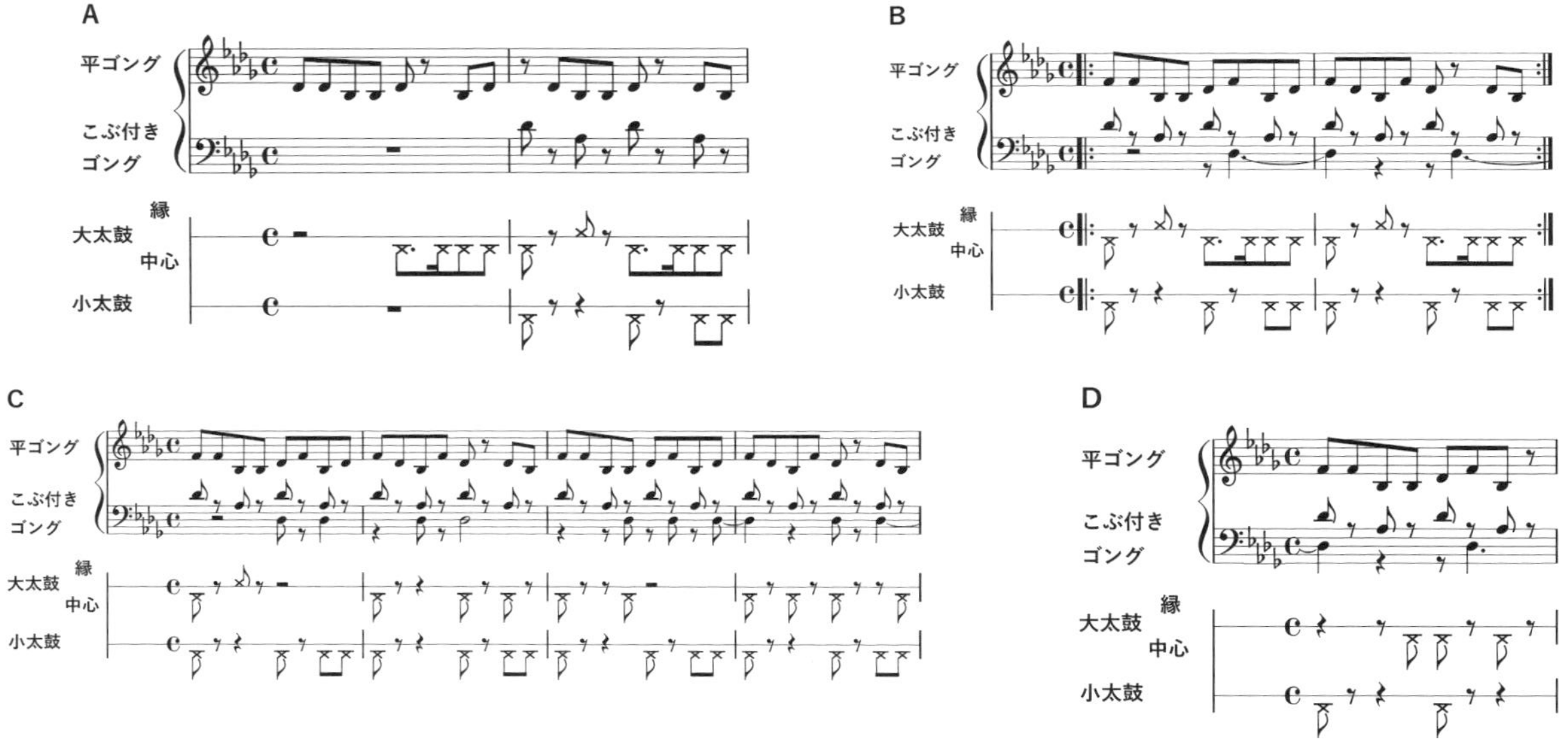

図8・7　水牛供犠曲の合奏形態の五線譜表記②：第2部ペルヴァン（アダール・フリン）

*1)　アダール・フリンは、A ⇒〈B-C〉⇒ B ⇒ D と進行する。なお〈B-C〉は必要なだけ繰り返す。

*2)　A の最初の平ゴングは D♭になる。この D♭はトゥット氏が打っており、彼の合図で始まる。

*3)　アダール・フリンのこぶ付きゴング 1 は、即興的に打つタイミングを変えながら演奏しており、こぶ付きゴング 2 や 3 と比べて自由度が高い。記譜したパターンはそのなかで最も多く演奏されていたパターンである。

【図8・7】の水牛供犠曲の第二部「ペルヴァン」【動画8・3 ☞vii頁】、第三部の「ボージュアル」【図8・8】もブロン音階の開始音の［D♭］を中心とした旋律と思われるが、第一部「トゥータップ」の平ゴングの旋律【図8・6】（☞二五八頁）は、平ゴング5の［A♭］の音を中心にしているようにみえる。しかし、こぶ付きゴングの演奏を見ると、葬礼曲と同じく、こぶ付きゴング3の［D♭］が強拍ごとに打たれ、次にこぶ付きゴング1の［D♭］が、拍のタイミングを変えながら一小節内に二回以上打たれる。それに対してこぶ付きゴング2の［A♭］は、一・二・四小節目では一回、三小節目だけ二回打たれる。つまり、第一部「トゥータップ」では、こぶ付きゴングの［D♭］の音が通奏低音のように響きながら、二番目に重要な音である平ゴング5の［A♭］を多用した旋律が使われている。

　こぶ付きゴング1の［D♭］の音は、ゴングセットのなかでの最低音であり、こぶ付きゴング3がその一オクター

図8・8　水牛供犠曲の合奏形態の五線譜表記③：第3部ボージュアル（カジャーイ・フリン）

*1)　この小節を必要な時間繰り返す。

*2)　こぶ付きゴング1は即興的に打つタイミングや余韻の長さを変えながら演奏を行なっていた。記譜したパターンはその中で最も多く演奏されていたパターンである。

ブ上で、［D♭］の音を強調して合奏されることから、葬礼曲と水牛供犠曲は、［D♭］の音を中心に構成されている。

◉平ゴングの和音

平ゴングは主旋律と同時に、ほかの平ゴングが打たれることで和音を作る。水牛供犠曲の第三部「ボージュアル」は、四拍のフレーズを繰り返すだけだが、多くの平ゴングの音が和音となって重なっている【動画８・４☞vii頁】。「ボージュアル」の平ゴングの和音の重なりを五線譜に表したのが【図８・９】である。

次に「葬礼曲」を例に、主旋律にどの音が重なるかを数え、多く出現するものを、組み合わせのパターンとして【表８・１】に示す。【表８・１】をもとに、トゥット氏の説明も参考にしながら、和音の役割について述べる。

図８・９　水牛供犠曲の第３部「ボージュアル」における平ゴングの和音

〈その一〉

・平ゴング1［B］に対して平ゴング2［D♭］が一五回

・平ゴング2［D♭］に対して平ゴング3［F］が一〇回

この二つの和音は、一または三拍目の強拍部に現れる。また平ゴング2［D♭］と平ゴング3［F］の和音のうち、旋律として使用されるのは平ゴング2のほうである。この和音は、旋律が上行するときのみ使われる。

〈その二〉

・平ゴング4［G♭］に対して、平ゴング5［A♭］が二八回

トゥット氏によれば、この和音の組み合わせはダクヴォク村にのみみられるもので、楽曲形式のC（二五—四八小節目）のみで使われる。

表8・1　平ゴングの和音の組み合わせ

ゴング番号	組み合わせ	回数	ゴング番号	組み合わせ	回数
1[B]	2[D♭]	15	4[G♭]	5[A♭]	28
	2[D♭] 3[F]	6		5[A♭] 8[E♭]	9
	2[D♭] 8[E♭]	1		8[E♭]	1
2[D♭]	3[F]	10		10[A♭]	4
	3[F] 6[C]	4	5[A♭]	8[E♭]	31
	4[G♭]	4	6[C]	9[G♭]	14
	6[C]	2		8[E♭] 9[G♭]	6
	8[E♭]	2		9[G♭] 10[A♭]	1
3[F]	5[A♭]	3	7[D♭]	9[G♭]	2
	5[A♭] 8[E♭]	4		10[A♭]	9
	6[C]	6			

・平ゴング4［G♭］に対して平ゴング5［A♭］と平ゴング8［E♭］が九回

平ゴング4、5、8のうち、旋律として使用されるのは、平ゴング4である。この和音は旋律が上行するときのみ使われる。

主旋律として平ゴング4が単音で打たれるとき、それは「四拍のつなぎの旋律」【図8・4】（☞二五四頁）としての役割がある。つまり、単音で打つことで演奏者全員に、「つなぎの旋律」を明確に伝えているのである。

〈その三〉

・平ゴング5［A♭］に対して平ゴング8［E♭］が三一回
・平ゴング6［C］に対して平ゴング9［G♭］が一四回
・平ゴング7［D♭］に対して平ゴング10［A♭］が九回

トゥット氏により、これらの音程関係は和音として合っており響きを豊かにする役割があることが確かめられた。

和音の音程関係は第7章【表7・3】（☞二三五頁）を参照すれば、平ゴング1と2、2と3、4と5の三組のゴングの間に共通する部分音はない。したがって、和音の役割は、〈その一〉、〈その二〉

では、部分音の共鳴ではなく、主旋律を誘導する役割を果たしており、〈その三〉では部分音の共鳴により響きを豊かにしていると考えられる。

太鼓について

バナ族は大太鼓（*Xơ gơr nơng* ソゴールノン）と小太鼓（*Xơ gơr tâp* ソゴールタップ）の二種類の太鼓を使う。小太鼓の奏者はバナ族の英雄の象徴である。彼はほかの戦士より強く、常に先頭をいく。多くの女性が彼に注目し、彼を追って踊り始める。彼は正しい方角を踊り手に示すのである。一方、大太鼓の奏者は村の守護者（村の長老）を象徴している。たとえば村に敵が侵入するなど危険な出来事が起きたことがわかると、太鼓を大きく打ち鳴らす。そうすることで、村を敵の襲撃から守るのである。これが大太鼓の役割である。大太鼓はベトナム戦争のときも敵の侵入を知らせる目的で使われていた。（トゥット氏より）

大太鼓は、木製の桴《ばち》で、小太鼓は、手の平（通常右手）で演奏される。その二つの太鼓により一つのリズムパターンが作られ、そのパターンが繰り返される。

1　太鼓のパターン

葬礼曲の太鼓パターンは、「フレン・ロー・ニャム（*Hreng Rơ Nhâm*）」と呼ばれ、「最初はゆっくり、だんだん速く」という意味である。

水牛供犠曲では、祭礼の進行によって太鼓パターンが変化する【図8・6―8】（☞二五八―二六〇頁）。本章「水牛供犠祭の祭礼進行」（☞二五六頁）で説明した三つの祭礼のそれぞれの太鼓パターンの名称は以下のとおりである。

・第一部「トゥータップ」―「アダール（*Adar*）」
・第二部「ペルヴァン」―「アダール・フリン（*Adar Hreng*）」
・第三部「ボージュアル」―「カジャーイ・フリン（*Kơdraih Hreng*）」

【図8・6】から【図8・8】（☞二五八―二六〇頁）、【図8・10】より、葬礼曲の「フレン・ロー・ニャム」、水牛供犠の「アダール」、「カジャーイ・フリン」では、こぶ付きゴング3と、大太鼓は強拍部（一、二、三、四拍）を同時に打つことがわかる。また【図8・7】「第二部ペルヴァン（アダール・フリン）」より、「アダール・フリン」は二小節を一つの単位とした平ゴングの旋律で曲は成り立っているが、太鼓のリズムに変化のある二小節が間に挟まるのが〈C〉である。〈C〉が始まる合図は、

〈C〉の1小節目の三、四拍目のこぶ付きゴング1［D♭］によって、大太鼓による二―四小節のリズムが打たれる。楽曲全体の終わりの合図は、〈D〉の大太鼓のリズムが強く叩かれることによって、ほかの奏者たちがそれに気づいて演奏をやめる。

葬礼曲は主旋律の展開によって楽曲が構成されるのに対し、水牛供犠曲では太鼓のパターンによって楽曲が構成されている。トゥット氏によれば、葬礼曲は死を悼む悲しい曲なので、旋律が中心となる。一方、水牛供犠曲は、儀礼の進行にしたがって盛り上がってゆく曲なので、第三部の「ボージュアル」に向かって太鼓のテンポが速くなる太鼓中心の曲である。

図8・10　葬礼曲の合奏形態の五線譜表記

２　太鼓のループを利用した旋律の技法

葬礼曲の太鼓パターン「フレン・ロー・ニャム」は、八拍を一つの単位として曲の最初から最後まで繰り返される。そこで、Ａ「一一小節から一三小節」とＢ「一七小節の三拍目から二一小節の二拍目」をみると、全体は同じ旋律であるが、小太鼓を打つタイミングが違うことと、八拍を一つの単位としてできている楽曲の特徴から、この二つは違う旋律に聞こえる【図８・10】。この事例はほかの箇所にもあり、トゥット氏によれば、ほかの演奏者も把握しており、一つの「旋律の技法」ということである。

まとめ

最後に第7章と第8章のまとめを簡潔に記す。

①ゴングには、タリア・ブロンとタリア・ブローンの二種類の音階がある。
②ゴングの楽曲には形式がある。
③ゴングの楽曲には旋律中心とリズム中心の二種類がある。
④平ゴングの一〇音から成る音列には一組の二・〇〇倍と三組の二・〇六倍の異なるオクターブ

が共存している。

⑤平ゴングの音列には七組の一・五倍前後の完全五度がある。

⑥太鼓には四つのリズムパターンがある。

⑦和音の役割には主旋律を誘導するものと、部分音の共鳴により響きを豊かにするものがある。

注——第8章　ゴング演奏を分析する

（1）　第3章で述べたように、複数の奏者がゴングを同時に叩くことによって生まれる音の重なりを「和音」と定義する。

（2）　各村落では葬式のときに演奏する曲が複数受け継がれている。今回分析で取り上げた曲は*Jexu Bok Đang*（ダン宣教師）という曲である。この曲は、ダンというベトナム人宣教師がこの地域（現在のホモーン郡）に初めてキリスト教を布教したことに由来している。なお、トゥット氏を含むダクヴォク村の多くの住人はカトリックを信仰している。

（3）　これは墓放棄祭で供犠される動物や霊廟内に配置された道具や食料などを指すものと思われる。

（4）　かつてベトナム中部高原では、土地、奴隷、貴重品、美しい女性、権力などを争って村落間の戦闘がたびたび繰り返されてきた（Tô Đông Hải 2002: 140–141）。「勝利（*Ro Lang*）を祝う」というのはその時代に由来すると考えられる。

第9章

ゴング文化を守る

無形文化遺産保護政策の歴史

社会主義国家ベトナムでは、よくも悪くも政府の文化政策が各地域の有形・無形文化のあり方や人びとの意識に与える影響は大きい。本節では、大泉（二〇一五：二五七—二五九、二六一）を参照して、無形文化遺産保護に関するベトナム国家の取り組みの歴史について、二〇〇〇年代以降を中心に述べる。

ドイモイ路線採択後の一九九一年、ベトナム共産党第七回党大会で、「先進的で民族色の濃い文化」の建設が方針として打ち出され、第七期党中央委員会第四回総会決議以降、「民族文化」保存の動きが顕著に高まった。これはユネスコによる無形文化遺産保護の取り組みが一九九〇年代初頭から顕著になることと時期を同じくしている。二〇〇一年には、文化遺産法が制定され、無形文化遺産の保護に関する規定も設けられた。しかし、その草稿は有形文化遺産の保存や博物館行政のためのもので、無形文化遺産の保護や顕彰制度については具体性を欠くものであった。そこで民族学者トー・ゴック・タンを会長とする非政府組織のベトナム民間文芸協会（Association of Vietnamese Folklorists）が、二〇〇二年に無形文化遺産の継承者を「民間芸術家（Nghệ nhân dân gian）」として認定顕彰する制度を開始する。その後、国家の主導により、二〇〇九年に文化遺産法修正法が制定され、省・中央直属市ごとに文化体育観光局が中心となって、無形文化遺産の調査と目録化を行うことになった。そして二〇一四年には、無形文化遺産の優れた継承者を「人民芸術家（Nghệ nhân nhân dân）」、「優秀芸術家（Nghệ nhân ưu tú）」として国家が顕彰する制度が開始された。

このように二〇〇〇年代以降、非政府組織であるベトナム民間文芸協会の活動に加えて、二〇〇九年頃に法律や枠組みが整備されると、文化体育観光省の指導のもと各省レベルで無形文化遺産の調査と目録の作成、継承者の顕彰が行われるようになった。

優秀芸術家顕彰制度の事例

本節では、優秀芸術家顕彰制度の具体的な内容を筆者の調査地であるコントゥム省、ザライ省に即して検討する。ベトナム政府ウェブサイトに「優秀芸術家」の要件として次の四点が挙げられている（Hoàng Diên 2014）。第一が「社会主義国家に忠誠心をもち、国家が定める法令や規則などを遵守していること」、第二が「道徳的に良好で模範的な生活を送り、仕事に熱心で同僚から尊敬され、後進を指導することで無形文化遺産の価値を守り、促進していること」、第三が「傑出した職業上の才能を有し、地域の無形文化遺産の価値を守り促進することに大きく貢献し、無形文化遺産の霊的、物質的な活動を実行するスキルと知識を身につけていること」、第四が「その職業について一五年以上の経験があること」。また「人民芸術家」となるには、「優秀芸術家」に選定されたうえで、その職業について二〇年以上の経験があることが要件となる。

二〇一五年ベトナム文化体育観光省は、各省（中央直轄市）の文化体育観光局が提出した推薦リストにもとづき第一回「優秀芸術家」を選定した。その結果、国全体で六一八人の「優秀芸術家」が選定され、コントゥム省からは四三人が「優秀芸術家」として選定された。これはすべての省で最多の人数である（二番目はハノイ市とゲアン省の三九人）。コントゥム省が発行した二〇一五年第一回コントゥム省無形文化遺産優秀芸術家称号授与者名簿（Danh Sách Các Nghệ Nhân Đề Nghị Xét Tặng Danh Hiệu "Nghệ Nhân Ưu Tú" Trong Lĩnh Vực Di Sản Văn Hoá Phi Vật Thể Tỉnh Kon Tum Lần Thứ Nhất Năm 2015）によれば、授与者の地域分布は、全授与者四三人中、サータイ県一三人、ダクハ県一四人、コンゼイ県三人、ンゴックホイ県二人、ダクト県二人、トゥモロン県三人、コンプロン県六人である（各県の位置は第1章の【図1・2】（☞一五頁）を参照）。ここからサータイ県とダクハ県の授与者が特に多く、コントゥム市とダクグレイ県については一人も授与者がいないことがわかった。

また授与者四三人中音楽家が三二人おり、そのなかでもゴング演奏・調律が継承内容として明記されている者が二七人もいることから、同省において国が認定する無形文化の中心には音楽があり、なかでも「ゴング文化」が特に重要視されていることがわかった。これは先述したように二〇〇八年に中部高原のゴング文化がユネスコの無形文化遺産の代表リストに記載されたことも関係しているだろう。複雑な歴史的背景をもつ中部高原の少数民族の統合を喧伝するうえで、ユネスコのお墨付きを得た「ゴング文化」は政治的に利用する価値が高いのである。

筆者が二〇一六年八月にコントゥム省内の優秀芸術家称号授与者の数人に聞き取りをしたかぎりでは、顕彰といっても表彰状をもらうのみで、公的支援などは特に受けていないということであった(1)。また、先述した叙事詩の研究者でゴング演奏や調律にも熟達しているアヤー氏（プレイドン村）、熟達したゴング演奏者・調律師で若年者への指導も積極的に行なっているアヴェア氏（コンローバン村）、省内でも指折りのゴング調律師であるキウ氏（コンジェィ村）など、地域の無形文化を継承するうえで重要な人物が選ばれていない。コントゥム市内にはほかにも多くの優れた「芸術家」がいるが、一人も選ばれていないのは驚きである。省内最北のダクグレイ県はともかく、文化情報体育観光局と距離的に最も近いコントゥム市内の村落の情報が入ってこないとは考えにくいからである。グエン・トゥー・フオン（Nguyen Thu Huong 2016: 186–187）は、コントゥム市内に居住する多数派のバナ族が、ほかの少数民族（セダン、ゼ・チエン、ジャライ）や少数の山岳地帯に住むバナ族に比べて、要職（公的機関など）に就けない理由として、彼／彼女らの多くがベトナム戦争時にアメリカの支援を受けた南ベトナム軍側についていたためであると指摘する。コントゥム市内に多く居住する少数民族のバナ族が「優秀芸術家」として選ばれていない背景には、このような戦争の歴史が関係している可能性がある。すなわち、彼／彼女らは先述した「優秀芸術家」の要件として第一に挙げられている「社会主義国家ベトナムへの忠誠心」に欠けていると判断されたとは考えられないだろうか。

ザライ省からは第6章で述べたゴング調律師のウェック氏、ナイファイ氏を含む一五人に「優秀芸術家」称号が授与された。コントゥム省の四三人と比較して少ない数だが、その理由は明らかではない。[2] コントゥム省のように居住地域や継承内容について詳しく書かれたリストは入手できなかったが、一五人中八人がゴング演奏・調律など音楽に関わる内容であったと推測される。また一五人のうち、二〇一九年一月までに毎月の生活費の受給を受けている者は三人のみで、高齢で貧困や病気に苦しんでいる授与者が制度上の問題により、いまだ生活費を受給できていない現状が地方紙で指摘されている（Hoàng Ngọc 2019）。

二〇一八年一一月ベトナム文化情報体育観光省は、第二回無形文化遺産分野の「優秀芸術家」および「人民芸術家」を決定したことを発表した。採択者のリストは現時点で入手できていないが、ベトナム全体で、「優秀芸術家」は五七〇人（各省からの推薦は五八〇人）、「人民芸術家」は六五人（各省からの推薦は六七人）が採択された。

ゴング文化保護の取り組み

ユネスコの無形文化遺産に記載されたのは、「ゴング音楽」でも、「ゴング文化」でもなく、「ベトナム中部高原のゴングの文化的空間（The space of gong culture in the Central Highlands of Vietnam）」である。この「空間」とは何を指すのか。それはザレミンク（Salemink 2016: 327）が指摘するように、国家が規定する行政区画としての（五省から成る）中部高原の地理的・政治的な「空間」であり、ゴング文化の脈絡としての生態・経済・社会的な「空間」である。前者の「空間」からは、周辺地域（ベトナム中部沿岸部の高地、ラオス南部、カンボジア北東部）の少数民族が継承する、中部高原と同様のゴング文化は無形文化遺産の対象から除外されているという問題が指摘できる（Salemink 2016: 327）。一方、後者の「空間」からは、社会・経済・生態の急速な変化のなかで、ユネスコ、ベトナム政府とも「ゴング文化」を継承するためには、文化を保持する人やモノ（ゴング）、コミュニティを守るだけでなく、ゴング演奏が行われる「空間」、すなわち儀礼・祭礼とそれを支える信仰、生態環境を保護し、継承していく必要性を認識しているようにも思える。

ベトナム政府はベトナム文化芸術研究院（VICAS）と連携して、現状の調査とともに、経済面、教育面、観光面からさまざまな政策を立案し、ワークショップ、文化フェスティバルの開催、ゴング文化の保護・研究プロジェクトの実施、マスメディアをとおした宣伝、啓発などを行なってきた

（グエン・キム・ドゥン 二〇一〇）。しかし、その背景には、多くの山岳少数民族が観光業に従事している北部のサパ（Sa Pa）のように、中部高原地域が有するゴング演奏をはじめとする文化実践を観光資源として観光産業に活用することで、経済的な問題から端を発した暴動などの政情不安を安定化しようとする政治的な思惑が感じられる（Logan 2010: 203）。それは、たとえば、二〇〇四年四月暴動が起きた省の一つであり、プロテスタント系の住民も多いダクノン省の人民委員会が出した「二〇一六―二〇二〇年におけるダクノン省のゴング文化遺産の保護と活用案」の内容からもうかがえる。同法案は、約一六〇億ドン（約八千万円）を投資して、エデ族、マ族、ムノン族などのゴング演奏グループに楽器や設備の購入、教育・学習用資料の作成、演奏教室の設置などを行うが、その目的として明記されているのが、ゴング文化の保護・活用とともに、ゴング文化を同省の観光的魅力とし、観光開発につなげることである（VOV5. 2016）。つまり、ユネスコのお墨付きを得た「ゴング文化」は観光資源として政治的、経済的に守る価値のある文化であるが、観光の目的においては、必ずしも生態環境を基盤とするアニミズム的な精霊信仰に支えられた儀礼・祭礼といった脈絡がなくても、また地域ごと、村落ごとの旋律の多様性が失われても大きな問題はないのである。

考察

第3章で述べたように、ユネスコによりゴング文化が「第三回人類の口承および無形遺産の傑作の宣言」の一つに選出された二〇〇五年辺りから現在まで、プレイク、コントゥムを中心に中部高原の各省都で、省政府主催の「ゴング文化フェスティバル」が頻繁に開催され、国営テレビなどのマスメディアでもその様子が放映されている。そこではキン族の司会進行のもと、ステージ上（あるいは広場）でエキゾチックな民族衣装を着た少数民族の男女がゴングを演奏したり、踊ったりするパフォーマンスが行われている。ローガン（Logan 2010: 204–205）も指摘するように、もし儀礼・祭礼といった演奏の脈絡が将来的に失われたとき、ゴングは博物館で展示されるモノと化し、政府の庇護のもと、一握りの「エリート」ゴングアンサンブルが観光客のエキゾチシズムを満足させるために演奏するだけのものになるのだろうか。

先述したようにグローバル化による急速な社会・経済の変化により、少数民族の生活にも大きな変化が生じており、キン族と同じように子どもを大学に行かせ、経済的に豊かな暮らしを求める少数民族が、ゴングを売り払うことを誰が非難できるだろうか。ベトナムで最も貧困率が高いのは北部山岳地帯、北中部、中部高原であるが、政府の取り組みもあり、農村部の貧困率は二〇一四年からの三年間で一〇％減少したという（Pimhidzai 2018）。しかし、筆者が訪れた村落のほとんどはベトナム全体の経済発展から取り残されており、高等教育機関への就学率の低さ、不衛生なトイレや飲料水の使用、低賃金で不安定な就業形態など、いまだ多くの世帯が貧困に喘いでいるのが現状である。またたとえば、同じバナ族の村落でも、農地を多く所有して裕福な世帯と、小作農として借金を返済しながら働いている貧しい世帯との格差が広がっており、そうしたことが共同体としての団結が不可欠な儀礼・祭礼の継続をより困難にさせている。またソーシャル・キャピタルと文化資本に大きな差があるキン族と少数民族の間の経済格差もますます広がっているように感じる。多くの少数民族が平均所得以下の暮らしを余儀なくされている状況を改善するために、政府は少数民族の生活実態を十分に把握し、各村落の実態に即したハード面、ソフト面の支援を行う必要があるだろう。

ザレミンク（Salemink 2016: 314）は、文化的な場所、モノ、実践の遺産化（heritagisation）により、外部のエリート（文化の専門家、科学者、国家機関、観光産業）が自身の利益のために文化遺産の管理と組織化を実質的に行うことで、地域社会が長い時間と労力をかけて築いてきた文化遺産を当該社会から剥奪する、と痛烈に批判する。そして、かつての社会主義政権下では「後進的」で「迷信的な」信仰として抑圧され、近年の生態、経済、人口構成、政治、文化の劇的な変化に伴い実質的に維持が不可能となった宗教的な概念や文化的、儀礼的な実践を現在のベトナム政府は「無形文化遺産」として積極的に保護しようとしており、その背景には反共的なプロテスタント勢力の増加に対する懸念がある（Salemink 2016: 333）、と指摘する。しかし、筆者はザレミンクの主張する、大きな外部の力に翻弄され虐げられる弱者としての少数民族観は歴史的、大局的な観点からみた一側面にすぎず、現地のさまざまな事例に即して考えると、こうした少数民族観はその本質をとらえきれていないように思える。また地域コミュニティやクランをベースとした自給自足的な焼畑農耕から、個人主義的な農業形態である商品作物栽培に転換した少数民族は、儀礼を実践する脈絡である宇宙論的な環境観（アニミズム的信仰）を失い、新たな拠りどころとしてプロテスタントに入信していった（Salemink 2016: 33–332）というストーリーは、一部地域に当てはまる状況にすぎない。少なくとも筆者が調査したコントゥム市周辺では、墓放棄祭の事例（第４章）からもうかがえるように、生業形態や生活のさまざまな変化にもかかわらず、儀礼的実践は少数民族の社会・文化生活のなかで現在もきわめて重要な位置を占めている。また第３章で述べたように、カトリックという外来宗教を受け入れたバナ族の間では教会の典礼というゴング演奏の新しい脈絡が重要性を増すなかで、全音階で西洋的な曲も演奏できるゴング演奏グループ（改良ゴングアンサンブル）が誕生して若者を惹きつけており、カリー・チャンのような伝統を再創造する新世代の音楽家も生まれている（第６章）。つまり、ローカルな文化の担い手は必ずしもグローバリズム、資本主義の大きな流れに翻弄され、公的な権力や観光産業からの要請に応えるだけの受身の存在ではなく、むしろそうした外部の視線や要求を敏感に感じるなかで、自らの文化的なアイデンティティを再認識し、さまざまな状況や時代の変化に応じて柔軟に、したたかに自らを適応させながら文化を受け継いでいるともいえるのではないだろうか。

また政府が主催する文化イベントも、それがたとえ本来の脈絡を剥奪されたステージ上の「見世物」であったとしても、あるいはマスメディアをとおして「国民統合（民族団結）」の象徴として政治的に利用されるものであったとしても、演奏者にとっては自文化の価値を再認識するきっかけとなるだけでなく、類似のゴング文化を有する他民族との交流をとおして刺激を受ける機会となりうる。また繰り返し述べたように、ゴング文化の観光資源としての価値が政府の側から認識されつつあり、今後、観光の場で行われる職業的な演奏グループによるパフォーマンスが増えていくことであろう。こうした流れがゴング文化の将来にどのような影響を及ぼすのかはわからないが、儀礼・祭礼といったゴング演奏の脈絡が徐々に形骸化し、一方で村落の外部とスマートフォンなどの端末をとおして、あるいはリアルに、かつてないほどのつながりをもつようになった若者にとっては、村落内の閉じられたコミュニティの儀礼で演奏する機会だけでなく、外部の世界に開かれた演奏の機会はモチベーションとなり、結果的にコミュニティ内での演奏も盛んになるのではないだろうか。またダクヴォク村のゴングアンサンブルのように海外でも公演するゴンググループが今後増えていけば、外国のオーディエンスの反応や音楽家との交流をとおして、ローカルな文化の再創造と活性化につながる可能性もある。

伝統的な音楽や芸能は、多くの場合、作者が特定できないため、あるいは、創作されてから長い期間が経過しているため、パブリック・ドメインとして扱われるが、それらの芸能を撮影し編集した作品には著作権が発生する（福岡 二〇〇九：二二―二三）。つまり、現地の芸能を担う人びとの多くは、著作権を主張することができない。その一方、研究者や映像作家など外部者が撮影して民族誌映画などの映像作品を制作すれば、その作品には著作権が発生する。したがって、研究者は現地の芸能を記録する以上、実際にその芸能を支えている人が、その映像を活用できるように工夫する必要がある（福岡 二〇〇九：二三―二四）。コラム２（☞一〇五頁）で述べたように、記録した映像や録音を現地の人が容易に視聴できるようなメディアに焼いて寄贈することも一つの方法である。研究者の記録した映像が、現地の芸能の伝承・教育に活用される可能性があるためである。しかし、現地で記録した映像や録音も、時間とともにそれが当該社会に対してもちうる意味は変容していく。また研究者の記録した映像や録音が、対立する伝統芸能の一方の「正典化」の根拠として政治的に利用される可能性もある。したがって、現地で記録した録音や映像を現地社会に「返還する」方法やその際に生じうる文化的、倫理的、法的なさまざまな問題について研究者は慎重に判断する必要がある（Nannyonga-Tamusuza and Weintraub 2012）。

徳丸（二〇一六：一六〇）は、「これからの民族音楽学は、ある音楽を文化において記述するだけでなく、その音楽が消滅しないように努力することも目的にしなければならない」と指摘する。現地コミュニティとの長期にわたる交流、対話のなかで研究を進めていく文化人類学者、民族音楽学者が、現地の音楽や芸能に与える影響は決して小さくない。遠くから何度も調査にやってくる外国人

（筆者）の存在そのものが少なからず現地コミュニティに刺激を与えているであろうことはこれまでの経験から実感として感じる。一研究者として、ゴング文化の継承にどのように関わっていくことができるか、これからも引きつづき考えていきたい。

注——第9章　ゴング文化を守る

（1）政令 109/2015/NĐ-CP（二〇一五年一〇月）により、人民芸術家（Nghệ nhân nhân dân）および優秀芸術家（Nghệ nhân ưu tú）に認定された者で、生活が苦しい者、病気により長期の療養が必要な者、身体障碍がある者に対して、世帯収入などの条件に応じて、毎月の生活費の支給（一〇〇万ドン（約五〇〇〇円）、八〇万ドン（約四〇〇〇円）、七五万ドン（約三七五〇円）の三段階）、医療保険の適用、葬礼費用の補助（七〇〇万ドン（約三万五千円））などが実施されることになった。

（2）ザライ省は、中部高原全体の半数以上のゴングセットがあるといわれるほどゴング文化が保持されている地域である。ちなみにザライ省の南に位置するダクラク省は、エデ族をはじめ豊かな音楽文化を有する地域であるが「優秀芸術家」が一人のみである。おそらく推薦者数が少なかったことが一因と考えられるため、省によってこの制度に対する温度差がうかがえる。

おわりに

羅針盤も持たずやみくもに小舟で漕ぎ出して、ようやくいくつかの島にたどり着き、だんだん近海の状況が把握できるようになった。同時にゴング文化という大海原の広さに気づき始めた。先に述べたように、私は基本的にゴング（とその演奏）に興味があり、また諸々の事情もあり、特定の村落の社会構造や人びとの生活については必ずしも積極的に調査をしてこなかった。では、ゴングという切り口でどこまで彼／彼女らの文化を理解できたのだろうか。そもそも現地の文化を理解するとはどういうことなのだろうか。現時点ではその問いに対する十分な答えはもっていない。しかし、第1章で述べたように、現地の人びとと関係性を築きながら、さまざまな儀礼・祭礼、演奏、風景、インタビューを映像と音で記録し、アーカイブ化することは、自分の研究にとってだけではなく、長い目でみれば社会全体にとって意義のあることではないか。そこから何がみえてくるのかは、これから時間をかけてじっくり考えていきたいと思う。

今後の研究課題として、ゴング調律理論の解明が挙げられる。ゴング調律師はゴングの表面をハンマーで打つことによって、倍音の出方（周波数と強度）を変えていることはわかった。ではかれらはどのような音を聴いて、それをどのように判断し、ゴングのどの部分にどのようにハンマーを打つことで、どのように音を変えている（変えようとしている）のかといった調律の方法論はまだ不明な点が多い。調律師が無意識のうちに行なっている身体の使い方や判断基準を何とか言語化し、音響変化の分析、金属工学の知見なども併せて、その核心に迫ることができないだろうか。複数の異なる調律師の間で調律方法が同じであるかについても、より詳しく分析する必要があるだろう。また調律を身体的に理解するためには、筆者自身が調律師に弟子入りして、ゴング調律の技の一部でも習得することが必要になるのかもしれない。

また第7章で分析したように、二種類のオクターブと、一・五倍前後の完全五度の組が一つのゴングセット内にあるのは、同じバナ族でも地域やサブグループに関わらずみられるのか、セダン族、ゼ・チエン族、ジャライ族など隣接する少数民族についてはどうなのか、より多くの村落のゴングセットを調査する必要があるだろう。またキリスト教がゴング音楽に影響を与えている可能性も考慮すれば、キリスト教を信仰していないバナ族村落のゴングセットの音階や演奏形式も調べる必要があるだろう。そこからベトナムのゴング音階とアジアの音階を比較し、アジアの音階の変遷を考察することができるかもしれない。また第8章で分析した曲以外にも、さらに多くの曲を分析すれば、旋律中心の曲、リズム中心の曲のなかでもいろいろなパターンがあり、それらが民族や地域ごとに何らかの共通性や差異があるのかについても調べていきたい。また多様な出自をもつゴングセットの金属組成を科学的に分析することで、その製作方法や製作年代、製作場所などの推定ができるのではないか。そこからゴングの歴史的な流通や変遷の一端が明らかになる可能性がある。

またこれまでに撮影した動画や音声をどのようにアーカイブ化し、ソースコミュニティとどのように共有するかも今後検討すべき課題である。筆者は義理の父となっていただいたナイファイ氏から古くて質のよいゴングセット（平ゴング九枚、こぶ付きゴング六枚、太鼓二個）を、二〇一八年に譲渡の儀礼を行なって譲っていただき、苦労の末日本に送付し、研究室で保管している。ベトナムの古いゴングセットは国外への持ち出しが禁止されているため、ナイファイ氏をとおして研究、教育目的としてベトナム政府の特別な許可を得た。このゴングセットをとおして日本においてゴング演奏の魅力を伝え、そのすばらしい音色と響きを感じてもらうことも今後の課題である。

本書を読んで、アップされた動画や音を視聴して、少しでも刺激を受けたり、おもしろいと思っていただけたなら幸いである。

参照文献・資料

〈日本語文献〉

秋道智彌　二〇一九『たたきの人類史』玉川大学出版部。
安藤由典　一九九六『新版　楽器の音響学』音楽之友社。
伊藤正子　二〇〇八『民族という政治――ベトナム民族分類の歴史と現在』三元社。
井上航　二〇一四「精霊とゴングと拘束なき雑多な集まり――北東カンボジアにおける供犠・憑依」『東洋音楽研究』七九号、二五―四五頁。
今村仁司・今村真介　二〇〇七『儀礼のオントロギー――人間社会を再生産するもの』講談社。
内堀基光・山下晋司　二〇〇六『死の人類学』講談社。
梅田英春　二〇〇八「映像資料が現地の芸能へもたらしたもの――市販されたバリ伝統舞踏集ＶＣＤの事例から」『フォーラム「映像による芸能の民族誌」』国立民族学博物館、配布資料。
大泉さやか　二〇一五「社会主義ベトナムにおけるフォークロアの収集・研究と文化政策」『東南アジア研究』五二巻二号、二三五―二六六頁。
大熊恒靖　一九九八「梵鐘の音の部分音に関する時代的変遷」『日本音響学会誌』五四巻二号、一一九―一二六頁。
太田好信　一九九三「文化の客体化――観光をとおした文化とアイデンティティの創造」『民族学研究』五七巻四号、三八三―四一〇頁。
岡本文雄　一九九五『銅鑼――そのルーツを訪ねて』ビジネス教育出版社。
樫永真佐夫　一九九九ａ「ザライの慣習法」『ベトナムの社会と文化』一号、二一八―二八九頁。
樫永真佐夫　一九九九ｂ「ベトナム中部高原年表」『ベトナムの社会と文化』一号、三九六―四〇五頁。
梶丸岳　二〇一三『山歌《さんか》の民族誌――歌で詞藻《ことば》を交わす』京都大学学術出版会。
金城厚　二〇〇七「民族音楽学と実証的音楽学」『沖縄県立芸術大学紀要』一五号、七七―八三頁。
川田順造　一九八八『サバンナの音の世界』白水社。
川田順造　二〇〇八『文化の三角測量――川田順造講演集』人文書院。
菊池一雅　一九八八『ベトナムの少数民族』古今書院。
菊池一雅　一九八九『インドシナの少数民族社会誌』大明堂。
菊池誠一　二〇一二「ベトナムの考古文化（六）――青銅器時代初期（フングエン文化）」『学苑』八五七号、五六―七〇頁。

北村皆雄・新井一寛・川瀬慈（編）二〇〇六『見る、撮る、魅せるアジア・アフリカ！――映像人類学の新地平』せりか書房。
城崎英明・林泰史　二〇一一「ミャンマーの金属工芸――産地タンパワディーの現況から」『金沢美術工芸大学紀要』五五号、七―一七頁。
木村大治　一九九六「ボンガンドにおける共在感覚」菅原和孝・野村雅一（編）『コミュニケーションとしての身体』大修館書店、三一六―三四四頁。
木村弘道　一九七五「銅鑼造りの名工・魚住為楽　三」『金沢美術工芸大学学報』一九号、一一―一八頁。
グエン・キム・ドゥン　二〇一〇「ベトナム中央高原におけるゴングの文化的空間の保護――課題と保護措置」『無形文化遺産国際研究会「アジア太平洋諸国における保護措置の現状と課題」』独立行政法人国立文化財機構東京文化財研究所無形文化遺産部、一―七頁。
クラウス、バーニー　二〇一三『野生のオーケストラが聴こえる――サウンドスケープ生態学と音楽の起源』伊達淳（訳）、みすず書房。
黒沢隆朝　一九七〇『東南アジアの音楽』音楽之友社。
湖中真哉　二〇〇五「民族誌の未来形へ向けての実験――オンライン民族誌の実践から」飯田卓・原知章（編）『電子メディアを飼いならす――異文化を橋渡すフィールド研究の視座』せりか書房、二一二―二三四頁。
コンドミナス、ジョルジュ　一九九三『森を食べる人々――ベトナム高地、ムノング・ガル族のサル・ルク村で石の精霊ゴオの森を食べた年の記録』橋本和也・青木寿江（訳）、紀伊国屋書店。
櫻井哲男　二〇〇五「序章　諸民族の音楽」櫻井哲男・水野信男（編）『諸民族の音楽を学ぶ人のために』世界思想社、一―二〇頁。
シェクナー、リチャード　一九九八『パフォーマンス研究――演劇と文化人類学の出会うところ』高橋雄一郎（訳）、人文書院。
塩川博義・梅田英春・皆川厚一　二〇一四「インドネシア・バリ島の教育機関に関係のあるガムラン・ゴング・クビャールの音高」『日本大学生産工学部研究報告A（理工系）』四七巻一号、一七―二三頁。
卜田隆嗣　二〇〇六「脈絡の生成――マレーシアにおける伝統芸能の動態」『お茶の水音楽論集』特別号、一八九―二〇〇頁。
下條尚志　二〇一一「ベトナム・サイゴン政権の中部高原統治――先住山地民の土地所有権に対する政策を中心に」『アジア経済』五二巻五号、二―三一頁。
新江利彦　二〇〇三「ベトナム中部高原における開発の歴史と山岳民――コーヒー長者ク・ペン氏の話をめぐる考察」『ベトナムの社会と文化』四号、八九―一〇九頁。
新江利彦　二〇〇七『ベトナムの少数民族定住政策史』風響社。

新江利彦　二〇〇九『ベトナム中部高原ザーライ省マンヤン郡コントゥップ社及びロパン社バナ民族調査報告』国際協力機構。
末成道男　一九九八『ベトナムの祖先祭祀――潮曲の社会生活』風響社。
末成道男（編）二〇〇九『ベトナム文化人類学文献解題――日本からの視点』風響社。
杉山昌子　二〇一三「バリのガムラン鍛冶による音作りの民俗技術――レヨンの製作を事例に」『ムーサ（沖縄県立芸術大学音楽学研究誌）』一四号、一―一四頁。
高橋悠治　二〇〇七「音程」徳丸吉彦・高橋悠治・北中正和・渡辺裕（編）『事典　世界音楽の本』岩波書店、一二一―一二三頁。
田村治美・堀田健治・山崎憲　二〇一一「日本の伝統楽器に含まれる超音波の文化への関与性に関する検討」『東洋音楽研究』七六号、四八―七〇頁。
田村史　二〇〇二「アジアの青銅楽器の系譜――ヴェトナム中部高原と周辺地域のゴング使用」『蒼翠（筑紫女学園大学アジア文化学科紀要）』三号、五四―六七頁。
田村史子　二〇一七「パンデ・ゴングソ――中部ジャワにおける熱間鍛造技法による青銅ゴング製造」『人間文化研究所年報』二八号、一七一―一八六頁。
田村史子　二〇一八「マウン・カッ――ミャンマーのマンダレー地区における熱間鍛造技法による青銅ゴング製造」『筑紫女学園大学研究紀要』一三号、九七―一一〇頁。
田村史子　二〇一九「Duc Cong Chieng――中部ヴェトナムにおける鋳造技術によるゴング製造――形と響き」『筑紫女学園大学研究紀要』一四号、九七―一〇九頁。
デュルケム、エミリ　一九四一『宗教生活の原初形態　上』古野清人（訳）、岩波書店。
トゥリノ、トマス　二〇一五『ミュージック・アズ・ソーシャルライフ――歌い踊ることをめぐる政治』野澤豊一・西島千尋（訳）、水声社。
徳丸吉彦　一九九六『民族音楽学理論』放送大学教育振興会。
徳丸吉彦　二〇〇八『音楽とはなにか――理論と現場の間から』岩波書店。
徳丸吉彦　二〇一六「民族音楽学への流れ」徳丸吉彦（監修）増野亜子（編）『民族音楽学一二の視点』音楽之友社、一五二―一六〇頁。
中川真　二〇〇四『平安京　音の宇宙――サウンドスケープへの旅』平凡社。
中島貞夫（監修）月渓恒子・山口修（編）二〇〇六『音をかたちへ――ベトナム少数民族の芸能調査とその記録化』醍醐書房。

中田友子　一九九五　「ヴェトナム中部高原少数民族における交易に関する覚書き」『歴史と構造』二三号、三―一六頁。
中田友子　一九九六　「国家の挾間としての中部高原――ジャライの火の王、水の王の事例から」末成道男（編）『人類学からみたベトナム社会の基礎的研究――社会構造と社会変動の理論的検討』朋文社、一二六―一三四頁。
中田友子、二〇〇四、「南ラオスの民族混住村における水牛供犠祭り」『東南アジア研究』四二巻一号、七四―一〇三頁。
西村昌也　二〇一二　「ベトナム形成史における「南」からの視点――考古学・古代学からみた中部ベトナム（チャンパ）と北部南域（タインホア・ゲアン地方）の役割」西村昌也・篠原啓方・岡本弘道（編）『周縁と中心の概念で読み解く東アジアの「越・韓・琉」――歴史学・考古学研究からの視座』関西大学文化交渉学教育研究拠点、一〇五―一四一頁。
日本鋳物協会（編）　一九七三　『図解　鋳物用語辞典』日刊工業新聞社。
何氏翠娥・新江利彦　二〇一〇　「ベトナム中部高原コンツム省フレー族の銅鑼について」東洋大学アジア文化研究所・アジア地域研究センター（編）『アジア社会の発展と文化変容』、二四五―二五七頁。
橋本和也　一九九九　『観光人類学の戦略――文化の売り方・売られ方』世界思想社。
濱崎宏則、二〇一〇、「メコン河流域の持続可能な発展とローカル・ガバナンス」『水資源・環境研究』二三巻、二三―三六頁。
濱田穣　二〇一一　「ベトナム中部とラオス中南部にまたがる中部チュオンソン山地系地域の生物多様性とその保護」『哺乳類科学』五一巻二号、三三七―三六八頁。
フェルド、スティーブン　二〇〇〇　「音響認識論と音世界の人類学――パプアニューギニア・ボサビの森から」山田陽一（編）『自然の音・文化の音――環境との響きあい』昭和堂、二六―六三頁。
福岡正太　二〇〇九　「伝統は誰のものか？」沼野充義（編）『芸術は何を超えていくのか？』東信堂、一七―二五頁。
藤田隆則　二〇〇二　「ガンサはどのように鳴り響いているか？――フィリピン・ルソン島山岳地域にて」水野信男（編）『民族音楽学の課題と方法――音楽研究の未来をさぐる』世界思想社、一三五―一五八頁。
フレッチャー、N・H・ロッシング、T・D　二〇一二　『楽器の物理学』岸憲史・久保田秀美・吉川茂（訳）、丸善出版。
本多守　二〇〇七　『ベトナム・ラムドン省のマー族、コホー族の文化――チル集団を中心に』ヴィ・エヌ・テイ・シイ／岩田書院。
本多守　二〇一一　『ヴェトナムのコホー族――チル集団の社会と儀礼の変容』風響社。
マセダ、ホセ　一九八九　『ドローンとメロディー――東南アジアの音楽思想』高橋悠治（編・訳）、新宿書房。

三船温尚　二〇一〇「現代アジアの高錫青銅器製作技術の比較」三船温尚・清水康二・長柄毅一（編）『アジアの高錫青銅器――製作技術と地域性』富山大学芸術文化学部、五―一一頁。

村尾静二・箭内匡・久保正敏（編）二〇一四『映像人類学（シネ・アンスロポロジー）――人類学の新たな実践へ』せりか書房。

メトカーフ、P・ハンティントン、R　一九九六『死の儀礼――葬送習俗の人類学的研究』池上良正・池上冨美子（訳）、未来社。

モース、M・ユベール、H　一九八三『供犠』小関藤一郎（訳）、法政大学出版局。

柳沢英輔　二〇一三「ベトナム中部高原山岳少数民族の伝統的集会施設「ニャーロン」の現在――コントゥム省、ジャライ省の事例から」『国立民族学博物館研究報告』三七巻二号、二四五―二七五頁。

柳沢英輔　二〇一八「ベトナム中部高原のバナ族が聴く音風景」『人間環境科学』二五巻、三―一八頁。

山田陽一　二〇〇〇「自然の音・文化の音」山田陽一（編）『自然の音・文化の音――環境との響きあい』昭和堂、四―二三頁。

山田陽一　二〇〇八『音楽する身体――「わたし」へと広がる響き』昭和堂。

山田陽一　二〇一七『響きあう身体――音楽・グルーヴ・憑依』春秋社。

由比邦子　二〇一四「古代ジャワの奏楽図浮彫が暗示するインターロッキング文化圏――インド化の隠れ蓑を被った東南アジア基層文化の自己顕示」『国際文化論集』四九号、一九一―二〇七頁。

リード、アンソニー　一九九七『大航海時代の東南アジア一――貿易風の下で』平野秀秋・田中優子（訳）、法政大学出版局。

レヴィ＝ストロース、クロード　一九七六『野生の思考』大橋保夫（訳）、みすず書房。

〈外国語文献〉

Alperson, Philip, Nguyễn Chí Bền, & Tô Ngọc Thành. 2007. "The sounding of the world: Aesthetic reflections on traditional gong music of Vietnam." *Journal of Aesthetics and Art Criticism*, 65 (1): 11–20.

Bellwood, Peter. 1995. "Austronesian prehistory in Southeast Asia: Homeland, expansion and transformation." In Peter Bellwood, James J. Fox, & Darrell Tryon (eds.), *The Austronesians: Historical and comparative perspectives*. Canberra: Australian National University Press, pp.103–118.

Blades, James. 1984. *Percussion instruments and their history* (*Revised Edition*). London and Boston: Faber and Faber.

Blanch, Gertrude. 1952. "Notes on zeros of In+1(x)Jn(x) + Jn+1(x)In(x) =0." *Mathematical Tables and Other Aids to Computation*, 6(37): 58.

Blench, Roger. 2006. "From Vietnamese lithophones to Balinese gamelans: A history of tuned percussion in the Indo-Pacific region." *Bulletin of the Indo-Pacific Prehistory Association*, 26: 48–61.

Bourdier, Frédéric. 2014. *Indigenous groups in Cambodia: An updated situation*. Chang Mai: Asia Indigenous Peoples Pact.

Bùi Minh Đạo. 2011. *The Bahnar people in Vietnam*. Hà Nội: Thế Giới Publishers.

Bùi Văn Vượng. 2008. *Bronze casting in Việt Nam*. Hà Nội: Thế Giới Publishers.

Burrows, David L. 1990. *Sound, speech, and music*. Amherst: University of Massachusetts Press.

Carrington, Hereward. 1925. "The frequencies of vibration of flat circular plates fixed at the circumference." *Philosophical Magazine*, 50: 1261–1264.

Chitando, Ezra. 2002. *Singing culture: A study of gospel music in Zimbabwe (No. 121)*. Uppsala: Nordic Africa Institute.

Clarke, Eric & Nicholas Cook (eds.). 2004. *Empirical musicology: Aims, methods, prospects*. New York: Oxford University Press.

Condominas, Georges. 1972. "Aspects of economics among the Mnong Gar of Vietnam: Multiple money and the middleman." *Ethnology*, 11(3): 202–219.

Đặng Nghiêm Vạn, Chu Thái Sơn, & Lưu Hùng. 2010. *The ethnic minorities in Vietnam*. Hà Nội: Thế Giới Publishers.

Đào Huy Quyền. 1998. *Nhạc khí Dân tôc Jrai và Bahnar*. Thành phố Hồ Chí Minh: Nhà Xuất Bản Trẻ.

Đào Huy Quyền. 2007. *Tượng gỗ Tây Nguyên (Wooden statues of Tay Nguyen)*. Thành Phố Hồ Chí Minh: Nhà Xuất Bản Tổng Hợp.

Dawe, Kevin. 2015. "Materials matter: Towards a political ecology of musical instrument making." In Aaron S. Allen, & Kevin Dawe (eds.), *Current directions in ecomusicology: Music, culture, nature*. New York: Routledge, pp.117–129.

Della Ratta, Vincenzo. 2016. "Sound and celebration of death: Gong ensembles in the secondary mortuary rituals of the Jarai (Central Vietnam) compared with those of the Dayak Benuaq (East Kalimantan, Indonesia): Do they originate from the Dong Son Culture?." *International Journal of Creative and Arts Studies*, 3(1): 1–7.

Dourisboure, Pierre-X. 1873. *Les sauvages Ba-hnars (Cochinchine orientale): Souvenirs d'un missionnaire*. Paris: Tequi/Les

Missions Etrangères.

Dournes, Jacques. 1965. "La musique chez les Jörai." *Objets et Mondes*, 5(4): 211–244.

Dournes, Jacques. 1980. *Minorities of Central Vietnam: Autochthonous Indochinese peoples*. London: Minority Rights Group.

Dournes, Jacques. 1988. "The spirit of laws: A first presentation of data on the customary laws of the Indochinese Jorai People." *Contributions to Southeast Asian Ethnography*, 7: 7–25.

Dournes, Jacques. 1993. "Yang: The sacred connection, sacrifice, and the ritual of counting among the Austroasiatic and Austronesian ethnic groups." In Yves Bonnefoy (ed.), Wendy Doniger (trans.), *Asian mythologies*. Chicago: University of Chicago Press, pp.218–221.

Embleton, T. F. W. 1963. "Sound propagation in homogeneous deciduous and evergreen woods." *The Journal of the Acoustical Society of America*, 35(8): 1119–1125.

Geertz, Clifford. 1964. "Tihingan: A Balinese village." *Bijdragen tot de taal-, land-en volkenkunde*, 120(1): 1–33.

Gonzalez-Crussi, Frank. 1991. *The five Senses (reprint edition)*. New York: Vintage.

Goodway, Martha. 1988. "High-Tin bronze Gong making (Part Two of Two)." *Journal of Metals*, 40(4): 62–63.

Guerlach, Jean-Baptiste. 1887. "Moeurs et superstitions des Bahnars." *Les Missions catholiques*, 19: 441–527.

Guilleminet, Paul. 1942. "Le sacrifice du buffle chez les Banhar de la province de Kontum: La fête." *BAVH 2* (avril-juin), 117–154.

Guilleminet, Paul. 1943. "L'économie des tribus moï de l'Indochine." *Revue juridique et économique*, 21: 69–124.

Guilleminet, Paul. 1952a. "La tribu banhar du Kontum (plateaux de l'Indochine centrale)." *BEFEO*, 45/2: 393–561.

Guilleminet, Paul. 1952b. *Coutumier de la tribu Bahnar, des Sedang et des Jarai de la province de Kontum*. Paris: École Française d'Extrême-Orient.

Guilleminet, Paul. 1959. *Dictionnaire bahnar-français* (*Vol.1*). Paris: École Française d'Extrême-Orient.

Guilleminet, Paul. 1963. *Dictionnaire bahnar-français* (*Vol.2*). Paris: École Française d'Extrême-Orient.

Hickey, Gerald Cannon. 1982a. *Sons of the mountains: Ethnohistory of the Vietnamese Central Highlands to 1954*. New Haven: Yale University Press.

Hickey, Gerald Cannon. 1982b. *Free in the forest: Ethnohistory of the Vietnamese Central Highlands, 1954–1976*. New Haven and London: Yale University Press.

Hickey, Gerald Cannon. 1993. *Shattered world: Adaptation and survival among Vietnam's highland peoples during the Vietnam War*. Philadelphia: University of Pennsylvania Press.

Hickey, Gerald Cannon. 2002. *Window on a war: An anthropologist in the Vietnam conflict*. Texas: Texas Tech University Press.

Ihde, Don. 2007. *Listening and voice: Phenomenologies of sound* (*Second edition*). New York: State University of New York Press.

Jacobson, Edward & J. H. van Hasselt. 1975. "The Manufacture of Gongs in Semarang (De Gong-Fabricatie te Semarang)", translated and annotated by Andrew Toth. *Indonesia*, 19: 127–172.

Jähnichen, Gisa. 2013. "Musical instruments used in rituals of the Alak in Laos." *Asian ethnology*, 72(1): 119–143.

Kersalé, Patrick. 2002. *Gongs Vietnam-Laos* (CD). Boulogne: Playa Sound.

Kiều Trung Sơn. 2011. *Cồng chiêng Mường*. Hà Nội: Nhà Xuất Bản Lao động.

Kinefuchi, Etsuko. 2010. "Finding home in migration: Montagnard refugees and post-migration identity." *Journal of International and Intercultural communication*, 3(3): 228–248.

Lafont, Pierre Bernard. 1963. *Tơlơi djuat: Coutumier de la tribu Jarai*. Paris : Ecole française d'Extrême-Orient.

Landau, Carolyn & Janet Topp Fargion. 2012. "We're all archivists now: Towards a more equitable ethnomusicology." *Ethnomusicology Forum*, 21(2): 125–140.

Leach, Edmund. 1976. *Culture and communication: The logic by which symbols are connected: An introduction to the use of structuralist analysis in social anthropology*. Cambridge: Cambridge University Press.

Lebar, Frank M., Gerald C. Hickey, & John K. Musgrave. 1964. *Ethnic groups of mainland Southeast Asia*. New Haven: Human Relations Area Files.

Leissa, Arthur. W. 1969. *Vibration of plates*. Columbus: Ohio State University Columbus.

Lê Xuân Hoan. 2014. *Tìm hiểu thang âm - điệu thức trong âm nhạc dân gian Bahnar*. Hà Nội: Nhà Xuất Bản Âm Nhạc.

Logan, William. 2010. "Protecting the Tay Nguyen gongs: Conflicting rights in Vietnam's central plateau." In Michele Langfield,

William Logan, & Mairead Nic Craith（eds.）, *Cultural diversity, heritage and human rights: Intersections in theory and practice*. New York: Routledge, pp.189–207.

Lưu Hùng（ed.）. 2006. *The grave house of the Jarai Arap people*. Hanoi: Vietnam Museum of Ethnology.

Maceda, Jose. 1978. "The music of flat Gongs." *The World of Music*, 20(2): 82–85.

Maceda, Jose. 1986. "A Concept of time in a music of Southeast Asia（A Preliminary Account）." *Ethnomusicology*, 30(1): 11–53.

Maceda, Jose. 1998. *Gongs & Bamboo: A panorama of Philippine music instruments*. Quezon City: University of the Philippines Press.

Metcalf, Peter. 2009. *The life of the longhouse: An archaeology of ethnicity*. Cambridge: Cambridge University Press.

Miller, Terry E. & Sean Williams（eds.）. 2008. *The Garland handbook of Southeast Asian Music*. New York: Routledge.

Nannyonga-Tamusuza, Sylvia & Andrew N. Weintraub. 2012. "The audible future: Reimagining the role of sound archives and sound repatriation in Uganda." *Ethnomusicology*, 56(2): 206–233.

Needham, Rodney. 1979. *Symbolic classification*（*Vol. 1*）. Santa Monica: Goodyear Publishing.

Nettl, Bruno. 1985. *The western impact on world music: Change, adaptation, and survival*. New York: Schirmer Books.

Ngô Văn Doanh. 1995. *Lễ hội bỏ mả (Pơthi) các dân tộc Bắc Tây Nguyên*. Hà Nội: Nhà Xuất Bản Văn Hóa Dân Tộc.

Nguyễn Chí Bền & Võ Quang Trọng（eds.）. 2009. *Âm nhạc cồng chiêng Tây Nguyên: Ảnh tư liệu lưu trữ tại Pháp*（*Gong music in the Central Highlands of Vietnam: photographs from French archives*）. Hà Nội: Nhà Xuất Bản Văn Hoá Thông Tin.

Nguyễn Kinh Chi & Nguyễn Đổng Chi. 2011. *Người Ba-na ở Kon Tum*（*Les Bahnar de Kontum*）. Nguyễn Văn Kỳ（Trans.）, Andrew Hardy（ed.）. Hà Nội: Nhà Xuất Bản Tri Thức.

Nguyễn Thanh Xuân. 2007. "Religions in the areas of ethnic minority compatriots in Vietnam." *Religious Studies Review*, 33(2): 64–73.

Nguyễn Thế Truyền. 2011. *Nhạc khí của tộc người H'Rê ở Quảng Ngãi*. Hà Nội: Nhà Xuất Bản Văn Hóa Thông Tin.

Nguyễn Thị Kim Vân. 2007. *Đến với lịch sử-văn hóa Bắc Tây Nguyên*. Đà Nẵng: Nhà Xuất Bản Đà Nẵng.

Nguyen Thi Phuong Cham. 2016. "Communal houses in the Central Highlands at present: Actual changes and influential factors." *Vietnam Social Sciences*, 2: 74–87.

Nguyen Thu Huong. 2016. "The red seedlings of the Central Highlands': Social relatedness and political integration of select ethnic minority groups in post-war Vietnam." In Philip Taylor (ed.), *Connected and disconnected in Viet Nam: Remaking social relations in a post-socialist nation*. Canberra: Australian National University Press, pp.173–201.

Nguyễn Từ Chi. 2003. "Introduction." In Nguyễn Văn Kự and Lưu Hùng (eds.), *Nhà Mo Tây Nguyen* (*Funeral houses in the Central Highlands of Vietnam*). Hà Nội: Thế Giới Publishers, pp.39–46.

Nguyễn Văn Huy. 2006. *Đai Gia Đình Các Dăn Tộc Việt Nam*. Hà Nội: Nhà Xuất Bản Giáo Dục.

Nguyễn Văn Kự & Lưu Hùng. 2003. *Nhà Mo Tây Nguyen* (*Funeral houses in the Central Highlands of Vietnam*). Hà Nội: Thế Giới Publishers.

Nicolas, Arsenio. 2009. "Gongs, bells, and cymbals: The archaeological record in Maritime Asia from the ninth to the seventeenth centuries." *Yearbook for Traditional Music*, 41: 62–93.

Nicolas, Arsenio. 2011. "Early musical exchange between India and Southeast Asia." In Pierre-Yves Manguin, A. Mani, & Geoff Wade (eds.), *Early interactions between South and Southeast Asia: Reflections on cross-cultural exchange*. Singapore: Institute of Southeast Asian Studies, pp.347–369.

Ó Briain, Lonán. 2018. *Musical minorities: The sounds of Hmong ethnicity in northern Vietnam*. New York: Oxford University Press.

Okazaki, Yoshiko. 2004. "An ethnic liturgical expression in multiethnic congregation." In Ursula Hemetek, Gerda Lechleitner, Inna Naroditskaya, & Anna Czekanowska (eds.), *Manifold identities: Studies on music and minorities. Proceedings of the 2nd meeting of the study group music and minorities of the international council for traditional music* (*ICTM*). London: Cambridge Scholars Press, pp.289–303.

Pearson, Thomas. 2009. *Missions and conversions: Creating the Montagnard-Dega refugee community*. Basingstoke: Palgrave Macmillan.

Pels, Peter & Oscar Salemink (eds.). 2000. *Colonial subjects: Essays on the practical history of anthropology*. Ann Arbor:

University of Michigan Press.

Phạm Cao Đạt. 2006. “Phác thảo bức tranh toàn cảnh về cồng chiêng ở tỉnh Kon Tum.” In Nguyễn Chí Bền et al.（eds.), *Các Nhạc Cụ Gõ Bằng Đồng*. Hà Nội: Nhà Xuất Bản Văn Hóa Dân Tộc, pp.83–98.

Phạm Nam Thanh. 2006. “Những khía cạnh tín ngưỡng của cồng chiêng và việc bảo tồn âm nhạc cồng chiêng Tây Nguyên,” In Nguyễn Chí Bền et al.（eds.), *Các Nhạc Cụ Gõ Bằng Đồng*. Hà Nội: Nhà Xuất Bản Văn Hóa Dân Tộc, pp.166–182.

Phong T. Nguyen. 2008. Minority Musics in Vietnam. In Terry E. Miller & Sean Williams（eds.), *The garland handbook of Southeast Asian music*. New York: Routledge, pp.297–302.

Pimhidzai, Obert. 2018. *Climbing the ladder: Poverty reduction and shared prosperity in Vietnam*. Washington, D.C.: World Bank Group.

Salemink, Oscar. 1997. “The king of fire and Vietnamese ethnic policy in the Central Highlands.” In Don N. McCaskill & Ken Kampe（eds.), *Development or domestication?: Indigenous peoples of Southeast Asia*. Chiang Mai: Silkworm Books, pp.488–535.

Salemink, Oscar（ed.). 2001. *Viet Nam's cultural diversity: Approaches to preservation*. Paris: UNESCO Publishing.

Salemink, Oscar. 2003. *The ethnography of Vietnam's Central Highlanders: A historical contextualization, 1850–1990*. Hawaii: University of Hawaii Press.

Salemink, Oscar. 2006. “Changing rights and wrongs: The transnational construction of indigenous and human rights among Vietnam's Central Highlanders.” *Focaal*, 47: 32-47.

Salemink, Oscar. 2009. “Is protestant conversion a form of protest? Urban and upland protestants in Southeast Asia.” In Julius Bautista & Francis Khek Gee Lim（eds.), *Christianity and the state in Asia: Complicity and conflict*. New York: Routledge, pp.48–70.

Salemink, Oscar. 2012. “Is there space for Vietnam's gong culture?: Economic and social challenges for the safeguarding of the Space of Gong Culture”. In Izabela Kopania（ed.), *South-east Asia: Studies in art, cultural heritage and artistic relations with Europe*. Toruń: Polish Institute of World Art Studies, pp.127–134.

Salemink, Oscar. 2013. "Sedentarization and selective preservation among the Montagnards in the Vietnamese Central Highlands." In Jean Michaud & Jan Ovesen (eds.), *Turbulent times and enduring peoples: Mountain minorities in the South-East Asian massif*. New York: Routledge, pp. 139-164.

Salemink, Oscar. 2016. "Described, inscribed, written off: Heritagisation as (dis)connection." In Philip Taylor (ed.), *Connected & disconnected in Viet Nam: Remaking social relations in a post-socialist nation*. Canberra: Australian National University Press, pp.311–345.

Salemink, Oscar. 2018. "The regional centrality of Vietnam's Central Highlands." In David Ludden (ed.), *Oxford research encyclopedia of Asian history*. Oxford: Oxford University Press, pp.1–30.

Sam, Sam-Ang. 2003. "Musical Instruments of Cambodia." Senri *Ethnological Reports*, 29: 1-162.

Schechner, Richard. 1988. *Performance theory*. New York: Routledge.

Schliesinger, Joachim. 2014. *Ethnic groups of Laos (Vol. 2): Profile of Austro-Thai-speaking peoples*. Bangkok: Booksmango.

Schrock, Joann L. 1966. *Minority groups in the Republic of Vietnam*. Washington, D.C.: Headquarters, Dept. of the Army.

Seeger, Anthony. 1986. "The role of sound archives in ethnomusicology today." *Ethnomusicology*, 30(2): 261–276.

Seeger, Anthony. 1987. *Why Suyá Sing: A musical anthropology of an Amazonian People*. Cambridge: Cambridge University Press.

Seeger, Anthony & Shubha Chaudhuri (eds.). 2004. *Archives for the future: Global perspectives on audiovisual archives in the 21st century*. Calcutta: Seagull Books.

Sethares, William A. 2005. *Tuning, timbre, spectrum, scale*. London: Springer.

Simbriger, Heinrich. 1939. *Gong und Gongspiele*. Leiden: E. J. Brill.

Smith, Gordon H. 2007. *Gongs in the night: Reaching the tribes of French Indo-China* (reprint of second edition published by Zondervan Publishing House in 1944). Montana: Kessinger Publishing.

Taylor, Eric. 1989. *Musical instruments of South-East Asia*. Singapore: Oxford University Press.

Terada, Yoshitaka. 2013. "Audiovisual ethnography of Philippine music: A Process-oriented approach." *Humanities Diliman: A*

Philippine Journal of Humanities, 10(1): 90-112.

Thram, Diane. 2014. "The legacy of music archives in historical ethnomusicology: A model for engaged ethnomusicology." In Jonathan McCollum & David G. Hebert（eds.）, *Theory and method in historical ethnomusicology*. Lanham: Lexington Books, pp.309–335.

Tô Đông Hải. 2002. *Nghi lễ và âm nhạc trong nghi lễ của người Jrai*. Hà Nội: Nhà Xuất Bản Khoa Học Xã Hội.

Tô Đông Hải. 2004. "Một vài suy nghĩ về việc cải tiến dàn chiêng ở Gia Lai-Kon Tum dưới góc độ âm nhạc học và dân tộc học." In Võ Hòang Lan（ed.）, *Vùng văn hoá Cồng Chiêng Tây Nguyên*. Hà Nội: Viện Văn Hoá Thông Tin, pp.312–321.

Tô Ngọc Thành. 1988. *Fôn-clo Bâhnar*. Pleiku: Sở Văn Hóa Thông Tin Gia Lai–Kon Tum.

Tô Ngọc Thành. 1997. *Musical instruments of Vietnam's ethnic minorities*. Hà Nội: The Gioi Publishers.

Treloyn, Sally & Andrea Emberly. 2013. Sustaining traditions: Ethnomusicological collections, access and sustainability in Australia. *Musicology Australia*, 35(2), 159–177.

Turino, Thomas. 2008. *Music as social life: The politics of participation*. Chicago: University of Chicago Press.

Viện Văn hoá Thông tin. 2006. *Không gian văn hóa cồng chiêng Tây Nguyên*. Tô Ngọc Thành & Nguyễn Chỉ Bền（eds.）. Hà Nội: The Gioi Publishers˙

Vũ Quốc Khánh. 2007. *Người Ba Na ở Tây Nguyên*（*The Bahna in the Central Highlands of Vietnam*）. Hà Nội: Nhà Xuất Bản Thông Tấn.

Vũ Quốc Khánh. 2012. *Người Gia Rai ở Tây Nguyên*（*Jarai ethnic group in Central Highlands*）. Hà Nội: Nhà Xuất Bản Thông Tấn.

West, Barbara A.（ed.）. 2010. *Encyclopedia of the peoples of Asia and Oceania*. New York: Infobase Publishing.

Wettermark, Esbjörn & Håkan Lundström. 2016. "Ca trù: The Revival and Repositioning of a Vietnamese Music Tradition." In Huib Schippers & Catherine Grant（eds.）, *Sustainable futures for music cultures: An ecological perspective*. New York: Oxford University Press, pp.303-332.

Winzeler, Robert L. 2012. *Anthropology and religion: What we know, think, and question*. Lanham: Rowman & Littlefield.

Yanagisawa, Eisuke. 2016. *Music of the Bahnar People from the Central Highlands of Vietnam*（LP record）. Seattle: Sublime

Frequencies.

〈ウェブサイト（最終アクセス日は、すべて二〇一九年六月二日）〉

General Statistics Office of Vietnam. 2009. “The 2009 Vietnam Population and Housing Census: Completed Results” 〈http://www.gso.gov.vn/default_en.aspx?tabid=515&idmid=5&ItemID=10799〉
Hoàng Diên. 2014. “Tiêu chuẩn xét tặng "Nghệ nhân nhân dân”, “Nghệ nhân ưu tú” nghề thủ công mỹ nghệ” 〈http://baochinhphu.vn/Chi-dao-quyet-dinh-cua-Chinh-phu-Thu-tuong-Chinh-phu/Tieu-chuan-xet- tang-Nghe-nhan-nhan-dan-Nghe-nhan-uu-tu-nghe-thu-cong-my-nghe/216275.vgp〉
Hoàng Ngọc. 2019. “Khi nghệ nhân ưu tú bị... lãng quên?” 〈https://baogialai.com.vn/channel/1625/201901/khi-nghe-nhan-uu-tu-bi-lang-quen-5617672/〉
Hồng Thủy. 2009. “Khai mạc Liên hoan cồng chiêng quốc tế năm 2009–Hùng tráng Tây Nguyên” 〈http://www.vietnam-tourism.com/index.php/news/items/2506〉
Phan Diệp Hoàng. 2017. “Đặc sắc lễ hội cầu mưa của dân tộc Jrai” 〈http://cand.com.vn/Chuyen-dong-van-hoa/Dac-sac-le-hoi-cau-mua-cua-dan-tocJrai-439064/〉
Pháp luật và Xã hội. 2012. “Những người thầm lặng giữ tinh hoa làng nghề đúc đồng Phước Kiều.” 〈http://langnghevietnam.vn/?go=New&page=d&igid=670&iid=2532〉
Sublime Frequencies 〈http://www.sublimefrequencies.com/〉
Thái Bá Dũng. 2015. “Sử thi dân tộc Ba Na: di sản văn hóa phi vật thể” 〈https://tuoitre.vn/su-thi-dan-toc-bana-di-san-van-hoa-phi-vat-the-737234.htm〉
VOV5. 2016. “Đắk Nông đầu tư gần 16 tỷ đồng bảo tồn, phát huy di sản văn hóa cồng chiêng” 〈http://vovworld.vn/vi-VN/van-hoa/dak-nong-dau-tu-gan-16-ty-dong-bao-ton-phat-huy-di-san-van-hoa-cong-chieng-461416.vov〉

▶付録1　質 問 表

以下は調査時に主に用いた質問の一覧である。ただし、質問項目は調査者（筆者）の理解度や関心、インタビューの状況などに応じて変化した。

① 民族名（下位グループ名も）
② 村名（社、県、省名も）
③ インフォーマントの氏名、年齢、性別
④ 村の人口
⑤ 村の宗教（キリスト教の場合、教会の有無も）
⑥ 集会所の建設（補修）年
⑦ インフォーマントの生業、村の主な生業
⑧ ゴングセットの名前
⑨ 各ゴングセットにおけるこぶ付きゴングと平ゴングの数
⑩ 各ゴングの名称（大きい方から順に）[*1)]
⑪ 各ゴングのサイズ（大きい方から順に）[*2)]
⑫ 各ゴングの音高（大きい方から順に）[*3)]
⑬ どのような機会（儀礼、祭礼）においてゴングを演奏するのか？
⑭ 演奏できる曲名
⑮ 誰がゴングセットを所持・管理しているのか？
⑯ ゴングセットはいつ、誰から、いくらで購入した（あるいは受け継いだ）のか？
⑰ ゴングを売ったことはあるか？　ある場合いつ、いくらで売ったのか？
⑱ ゴンググループは幾つあるか？　またその年齢構成は？
⑲ ゴングを調律、修理できる人はいるか？いない場合、どの村の誰が調律するのか？
⑳ ゴングの他に演奏できる楽器はあるか？

*1)　ゴングの名称、曲名などは、その意味やその村のネイティブ言語での表記も（あれば）聞くようにした。
*2)　ゴングのサイズは筆者が実測した。
*3)　ゴングの音高は筆者が録音し、測定した。

宗教[2]	集会所[3]	教会	ゴングセット	演奏グループ
C	有り	有り	複数の家族	若者と年長者
C	有り（2006）	なし	複数の家族	若者と年長者
C	有り（2007）	なし	木造教会が管理	若　者
C	有り（2005）		複　数	年長者
C	有り（2003）	なし		若者と年長者
C	有り	なし	複　数	若者と年長者
C	有り	なし		
	有り			
	有り			
C	有り	なし		
	有り			
C	なし	なし		
C	有り	有り		若　者
C	有り（2005）	有り	複数の家族	年長者
C	有り（2005）	有り	複数の家族	
				若者、年長者
C	有り			
C	有り			
C	有り	有り		
C	有り	有り		
C	有り	有り	複数の家族	若者と年長者
	有り		破損して使われず	
C				
C	有り（2008年）			
C	有り	有り		
C	有り（2001年）	有り		
	有り			
	有り（2010年）			
	有り			
	有り（2009年）			
C	有り	有り		
C	有り			
	有り			
	有り			
C	有り			
C	有り	有り		
C	有り（2003）	有り		
C	有り	有り		
C	有り（2005）			若者と年長者
なし	有り（1992）		複数の家族	若　者
C	有り		一組	若者と年長者
C	有り（2008）	有り	二組	若　者
C	有り（2005）	有り	複数の家族	中年、少年、児童
C	有り	有り		
	有り			
C	有り（2000）	なし	複数の家族（10組）	若者と年長者
C	有り		複数の家族	若者と年長者
C	有り			
なし	有り	なし		
なし	有り（2002）	なし		

▶付録 2　調査村リスト（305, 304 頁につづく）

	村名（ベトナム語）	民族名	社（坊、町）	県（市）	省 *1
1	プレイルーハイモット（Plei Rơ Hai 1）	バナ	レロイ	コントゥム市	K
2	コンフラチョット（Kon Hra Chốt）	バナ	トンニャット	コントゥム市	K
3	コントゥムコポン（Kon Tum Kơpơng）	バナ	タンロイ	コントゥム市	K
4	プレイドン（Plei Đon）	バナ	クアンチュン	コントゥム市	K
5	プレイトンギア（Plei Tơ Nghĩa）	バナ	クアンチュン	コントゥム市	K
6	コンローバン（Kon Rờ Bàng）	バナ（ロンガオ）	ビンクアン	コントゥム市	K
7	コンフゴーカトゥ（Kon Hơngo Kơtu ）	バナ	ビンクアン	コントゥム市	K
8	コントーシン（Kon Tơ Xing）	バナ（ジョロン）	ダクトレ	コンゼイ県	K
9	コンロンブック（Kon Long Buk）	バナ（ジョロン）	ダクトレ	コンゼイ県	K
10	コンクロー（Kon Klor）	バナ（ロンガオ）	タンロイ	コントゥム市	K
11	コンローヴァン（Kon Rơ Wang）	バナ	タンロイ	コントゥム市	K
12	コントゥムコナム（Kontum Kơnâm）	バナ	トンニャット	コントゥム市	K
13	コンカトゥ（Kon Ktu）	バナ（ジョロン）	ダクロバ	コントゥム市	K
14	コンジェイ（Kon Drei）	バナ（ジョロン）	ダクブラ	コントゥム市	K
15	コンジョゼ（Kon Jơ Dreh）	バナ	ダクブラ	コントゥム市	K
16	コントーメー（Kon Tơ Meh）	バナ	不明	コントゥム市	K
17	ダクレック（Đak Lek）	バナ	不明	コントゥム市	K
18	コーナン（Kơnăng）	バナ	ンゴックバイ	コントゥム市	K
19	コンフゴークラー（Kon Hngo Klăh）	バナ（ロンガオ）	ンゴックバイ	コントゥム市	K
20	マンラー（Măng La）	バナ	ンゴックバイ	コントゥム市	K
21	プレイクレック（plei K'Lêch）	バナ	ンゴックバイ	コントゥム市	K
22	プレイローヴァク（Plei Rơ Wăk）	バナ	ダクナン	コントゥム市	K
23	コンフラカトゥ（Kon Hra Kơtu）	バナ	チュウレン	コントゥム市	K
24	ダクブロン（Đăk Brông）	バナ	チュウレン	コントゥム市	K
25	コンモーネイカトゥモット（Kon Mơnay Kơtu1）	バナ	ダクブラ	コントゥム市	K
26	コンモーネイカトゥハイ（Kon Mơnay Kơtu2）	バナ	ダクブラ	コントゥム市	K
27	コンジリスット（Kon Jri Xut）	バナ	ダクブラ	コントゥム市	K
28	コンフリン（Kon Hring）	バナ	ダクブラ	コントゥム市	K
29	コンローラン（Kon Rơ Lang）	バナ	ダクブラ	コントゥム市	K
30	コンジョゼープラン（Kon Jơdreh Plâng）	バナ	ダクブラ	コントゥム市	K
31	コングール（Kon Gur）	バナ	ダクブラ	コントゥム市	K
32	コンソムルー（Kon Sơmluh）	バナ	ダクトレ	コンゼイ県	K
33	コンフジャム（Kon Hdrằm）	バナ	ダクトレ	コンゼイ県	K
34	コンローヌー（Kon Rơ Nu）	バナ	ダクトレ	コンゼイ県	K
35	コンプー（Kon Pưu）	バナ	タンラップ	コンゼイ県	K
36	プレイグローイ（Plei Groi）	バナ	チュウレン	コントゥム市	K
37	コングン（Kon Gung）	バナ（ロンガオ）	ダクマ	ダクハ県	K
38	ダクムット（Đăk Mút）	バナ（ロンガオ）	ダクマ	ダクハ県	K
39	クルーンクラー（Kroong Klah）	バナ（ロンガオ）	クルーン	コントゥム市	K
40	コントーナン（KonTơ Năng（thôn 9））	バナ	ダクトレ	コンゼイ県	K
41	コンブラップユ（Kon Brăp Ju（Thôn5））	バナ（ジョロン）	タンラップ	コンゼイ県	K
42	コンモーネイソーラム（Kon Mơnay Sơlam）	バナ（ジョロン）	チュオンチン	コントゥム市	K
43	コンチャンモーネイ（Kon Trang Mơnấy（thôn 8））	バナ（ロンガオ）	ダクラ	ダクハ県	K
44	ダクヴォク（Đăk Wơk）	バナ（ロンガオ）	ホモーン	サータイ県	K
45	コンジョリー（Kon Jơri）	バナ（ロンガオ）	ダクゾバ	コントゥム市	K
46	コンチャンロンロイ（Kon Trang Long Loi）	バナ（ロンガオ）	ダクハ	ダクハ県	K
47	トンナム（Thôn5）	バナ（ロンガオ）	ダクラ	ダクハ県	K
48	ケプラム（Kép Ram（Thôn5））	ジャライ	ホアビン	コントゥム市	K
49	プレイチョール（Plei Chor（Thôn6））	ジャライ	ホアビン	コントゥム市	K
50	プレイクラー（Plei Klah）	ジャライ	イアチム	コントゥム市	K
51	プレイレイ（Plei Lây）	ジャライ	イアチム	コントゥム市	K
52	プレイブール（Plei Bur）	ジャライ	イアチム	コントゥム市	K

宗教[*2]	集会所[*3]	教会	ゴングセット	演奏グループ
なし	有り	なし	複数の家族	若者と年長者
	有り			
なし	有り	なし	村長ほか	
なし	有り	なし	一つの家族	若　者
なし	有り	なし		
なし	有り	なし		
	有り（2005）			
なし	有り（1994）	なし	複数の家族	ほぼ全員
	有り			
なし	有り		村が管理	若　者
なし	有り（1976）	なし	複数の家族	若者と年長者
C	有り（1975）		複数の家族	若者と年長者
	有り（1994）			
	有り（2003）			
	有り			
C	有り（2007）		複数の家族	若者と年長者
なし				
なし	有り（2004）	なし		
なし		なし	複数の家族	若者と年長者
C	有り（2006）			
なし				
				若　者
なし	有り	なし	複数の家族	若者、年長者
P	有り		二組（一組は公共）	若者＋年長者
P	無し	有り		
なし		なし	複数の家族	年長者、若者、年長者＋若者
なし		有り		若者（改良ゴング）
	有り			
	有り			
C	有り	有り	複数の家族	
C＋P	有り（2005）		複数の家族	
C	有り	有り		
なし	有り	なし	複数の家族	
なし	有り（2006）	なし	複数の家族	
C	有り	有り		
C	有り（1985）	有り	複数の家族	
C	有り（1988）		複数の家族	若者、年長者
	有り			
	有り			
なし	なし			
なし	有り			
	有り			
	有り			
	有り			
なし	2009年に火事で焼失	なし	二組	若者、年長者
P		有り	一組（昔は多数、経済的理由から他村に売却）	
なし	有り	なし	複数の家族	

	村名（ベトナム語）	民族名	社（坊、町）	県（市）	省[*1]
53	プレイヴェー（Plei Weh）	ジャライ	イアチム	コントゥム市	K
54	トンプレイ（thôn Play）	ジャライ	イアチム	コントゥム市	K
55	プレイアプ（Plei Ấp）	ジャライ	イアフィー	チュパ県	GL
56	プレイカン（Plei Kênh）	ジャライ	イアフィー	チュパ県	GL
57	トゥム（Tum）	ジャライ	イアフィー	チュパ県	GL
58	プレイルット（Plei Lút）	ジャライ	イアフィー	チュパ県	GL
59	トンルン（Thôn Lung）	ジャライ	イアシエール	サータイ県	K
60	チョー（Chờ）	ジャライ	イアリー	サータイ県	K
61	プレップ（Prép）	ジャライ	イアフィー	チュパ県	GL
62	プレイテー（Plei Te）	ジャライ	イアフィー	チュパ県	GL
63	ムロンゴーボン（Mrông Ngó 4）	ジャライ	イアカー	チュパ県	GL
64	プレイヤン（Plei Yăng）	ジャライ	イアフィー	チュパ県	GL
65	プレイヤンハイ（Plei Yăng2）	ジャライ	イアフィー	チュパ県	GL
66	プレイヤンバー（Plei Yăng3）	ジャライ	イアフィー	チュパ県	GL
67	フノール（Hnor）	ジャライ	ドアンケット	コントゥム市	K
68	クラウンゴルゴー（KLâu Ngol Ngó）	ジャライ	イアチム	コントゥム市	K
69	バン（Bang）	ジャライ	イアニン	チュパ県	GL
70	プレイグルット（Plei Grút）	ジャライ	イアクウォル	チュパ県	GL
71	ブオンズー（Buôn Dù）	ジャライ	フートゥック	クロンパ県	GL
72	プレイケップ（Plei Kep）	ジャライ	トンニャット	プレイク市	GL
73	ボンマロック（Bôn Marok）	ジャライ	チューグー	クロンパ県	GL
74	ヴァン（Vân）	ジャライ	イアリー	チュパ県	GL
75	プレイヤー（Plei Yăh）	ジャライ	イアリー	チュパ県	GL
76	ブルックンゴル（Bruk Ngol）	ジャライ	イエンテー	プレイク市	GL
77	ブーイ（Bui）	ジャライ	ンギアフン	チュパ県	GL
78	ブオンフロイ（Buôn H Lôi）	ジャライ（ムトゥール）	クロンナン	クロンパ県	GL
79	コンコテー（Kon Kơ te）	ジャライ	イアフィー	チュパ県	GL
80	トンアマサン（thôn A Ma San（Bôn Sô ma San））	ジャライ（チェオレオ）	イアムロン	イアパ県	GL
81	チエンチエット（Chiên Chiết）	セダン	ダクスー	ンゴックホイ県	K
82	コンヨン（Kon Jong）	セダン	ンゴックゼオ	ダクハ県	K
83	コンゼー（Kon Rế）	セダン（トジャー）	ンゴックゼオ	ダクハ県	K
84	コンゾック（Kon Rốk）	セダン（スラー）	ンゴックゼオ	ダクハ県	K
85	ダクロデー（Đăk Rơđe）	セダン（ハラン）	ンゴックバイ	コントゥム市	K
86	ダクザン（Đak Răng）	セダン（カヨン）	ボーイー	ンゴックホイ県	K
87	コンコン（Kon Khôn）	セダン（カヨン）	ボーイー	ンゴックホイ県	K
88	コンボーバン（Kon Bơ Băn）	セダン	ンゴックゼオ	ダクハ県	K
89	ダクモット（Đak Mốt）	セダン（コムロー）	プレイカン	ンゴックホイ県	K
90	ヤンローモット（Giang Lố 1）	セダン（コムロー）	サローン	ンゴックホイ県	K
91	ダクデー（Đắk Đe）	セダン（ハラン）	ゾーコイ	サータイ県	K
92	ヤーシエン（Gia Xiêng）	セダン（ハラン）	ゾーコイ	サータイ県	K
93	コンヴォンケーモット（Kon Vơng Ke 1）	セダン（ムナム）	ダクロン	コンプロン県	K
94	コーイボン（Khối 4）	セダン	ダクトー	ダクトー県	K
95	コンコーロック（Kon Kơ Lốk）	セダン	ダクマー	ダクハ県	K
96	ノンノイ（Nông Nội）	ゼチエン	ダクノン	ンゴックホイ県	K
97	ズックノイ（Dục Nội）	ゼチエン	ダクノイ	ンゴックホイ県	K
98	ダクフー（Đăk Hú）	ゼチエン	ダクズック	ンゴックホイ県	K
99	ノンコン（Nông Kon）	ゼチエン（ゼ）	ダクズック	ンゴックホイ県	K
100	ダクザン（Đăk Răng）	ゼチエン（チエン）	ダクズック	ンゴックホイ県	K
101	ダクゴー（Đăk Go）	ゼチエン（ゼ）	ダククルーン	ダクグレイ県	K
102	ダクメー（Đắk Mê）	ブラウ	ボーイー	ンゴックホイ県	K

*1）K はコントゥム省、GL はザライ省。

*2）C はカトリック、P はプロテスタント。

*3）調査時点における集会所の落成年（補修、建て替えを含む）を括弧で示す。

*4）空白の項目は聞き取り・確認ができなかった項目である。

*5）この表に記載している以外に訪れた村は 15 村ほどあるが、聞き取りができなかったので記載していない。

▶付録３　葬礼曲における平ゴングの旋律

*1)　Fine からさらにつづける場合は、１小節目から新たに始める。

あとがき

本書の一部は以下の既発表論文が元になっている。各論文は本書の執筆に際して、一部または全体の改稿を行なった。

・柳沢英輔　二〇〇九「ベトナム中部高原ゴング演奏の現在――演奏形態と旋律に関する一考察『アジア・アフリカ地域研究』九巻一号、六五―八五頁。（第3章、第4章）

・柳沢英輔　二〇一〇「ゴングの価値を創る調律師――ベトナム中部高原の事例から」『民族藝術』二六号、二二三―二三二頁。（第6章）

・柳沢英輔　二〇一二「ベトナム中部高原の音文化――ゴングを中心とした事例から」『東アジア・シンクロナイゼーション　第一回アジア学術フォーラムの記録』青山学院大学ACL出版局、一一三―一二六頁。（第6章）

・柳沢英輔　二〇一四「ベトナムにおけるゴング製作――フッキウ村を事例として」『国立民族学博物館研究報告』三八巻三号、四二一―四五三頁。（第5章）

・柳沢英輔　二〇一八「ベトナム中部高原少数民族のゴング文化――コントゥム周辺の事例から」『ベトナムの社会と文化』八号、九〇―一一九頁。（第2章、第4章）

・柳沢英輔・桜井真樹子・櫻井直樹　二〇一八「バナ族のゴング音階とその演奏形式――ベトナム中部高原コントゥム省ダクヴォク村の事例から」『東洋音楽研究』八三号、一一―二四頁。（第7章、第8章）

また本書の元となる研究の一部は以下の研究助成・研究費を頂いた。記して謝意を示したい。

・京都大学アジア・アフリカ地域研究研究科「魅力ある大学院教育」イニシアティブ「臨地教育研究による実践的地域研究者の養成」（二〇〇六年度、学内助成）
・京都大学GCOE「生存基盤持続型の発展を目指す地域研究拠点」（二〇〇八年度、学内助成）
・ロームミュージックファンデーション音楽研究助成「ベトナム中部高原のゴングミュージック」（二〇〇八年四月―二〇〇九年三月、研究代表者）
・日本学術振興会特別研究員奨励費「ゴング文化を通して見る「伝統」の継承と変容――ベトナム中部高原の事例から」（研究課題番号：09J04616、二〇〇九年四月―二〇一一年三月、研究代表者）
・科学研究費補助金研究活動スタート支援「ベトナム中部地域におけるゴング文化の動態――楽器の製造・流通に着目して」（研究課題番号：24810033、二〇一二年八月―二〇一四年三月、研究代表者）
・科学研究費補助金基盤研究（B）「映像を用いた東南アジアのゴング文化の音楽人類学的研究」

（研究課題番号：24320178、二〇一二年四月―二〇一六年三月、研究協力者）
・公益財団法人りそなアジア・オセアニア財団調査研究助成「生業における音と身体技法の相互関係に関する映像人類学的研究――ベトナム中部高原の少数民族村落を事例として」（二〇一五年四月―二〇一七年三月、研究代表者）
・公益財団法人三菱財団人文科学研究助成「ベトナム中部高原ゴング音楽の音律の解明とその歴史的起源――アジア他地域の音階との比較から」（二〇一七年一〇月―二〇一八年九月、研究代表者）
・同志社大学文化情報学部個人研究費（二〇一五―二〇一八年度、学内助成）

ここまで来るまでにたくさんの方にお世話になった。すべての方のお名前を挙げることはできないが、本研究に関して特にお世話になった方々のお名前を挙げて謝意を示したい。まず博士課程の指導教官である平松幸三先生（京都大学）にお礼を申し上げたい。先生からは特に音響・映像メディアを活用したフィールドワーク研究をさまざまな面からサポートしていただいた。伊藤正子先生（京都大学）には、ベトナムの調査などについて有益な助言やご指導をいただいた。また学振特別研究員として受け入れて頂いた鳥越けい子先生（青山学院大学）、映像人類学の先輩であり、筆者が現地で撮影した映像を作品化する後押しをいただいた川瀬慈氏（国立民族学博物館）、ゴング科研や外来研究員の受け入れなどでもお世話になった福岡正太先生（国立民族学博物館）に感謝申し上げたい。

また人間文化研究機構連携研究「映像による芸能の民族誌の人間文化資源的活用」のメンバーの先生方からは筆者の発表の際に貴重なコメントを頂いた。特に本書の原稿を丁寧に読んでいただき、重要な修正点を教えていただいた寺田吉孝先生（国立民族学博物館）には心より感謝申し上げたい。

現地調査ではボー・タイン・ロン氏に二〇〇六年から現在まで調査を手伝っていただいている。第1章でも触れたように、私のこれまでの現地調査は彼の経験と人脈に負うところが大きい。またバナ族のブルーイ氏、ヒアム氏には文章の翻訳、通訳などでお世話になった。またジャライ族のコービエン氏は筆者のよき話し相手になってくれた。コントゥム省文芸局のフーキム氏にはいつも筆者の調査を応援していただいた。ザライ省文学芸術協会会長のレ・スアン・ホアン先生、ベトナム民間文芸協会会長のトー・ゴック・タン先生からも貴重なアドバイスを頂いた。そしてバナ族のトゥット氏、キウ氏、チャン氏、ジャライ族のウェック氏、ナイファイ氏、セダン族のシン氏、キン族のサン氏をはじめとするゴング文化の担い手からは多大なるご協力をいただき、多くのインスピレーションを与えていただいた。筆者の突然の訪問を受け入れていただいた調査地のすべての人びとに感謝を述べたい。

筆者が当地のゴング文化を知るきっかけとなったCDを制作したパトリック・ケーセール（Patrick Kersalé）氏、ジャライ族の墓放棄祭を共に調査し、映像作品を共作したヴィンチェンツォ・デラ・ラッタ（Vincenzo Della Ratta）氏、ゴング文化の調査を共に行なった藤岡幹嗣氏（立命館大学）、虫明悦生氏（ラオス在住）にも感謝を述べたい。また筆者の現地録音をリリースしていただいたSublime Frequenciesのアラン・ビショップ（Alan Bishop）氏、本書籍の刊行記念イベントを企画していただいた批評家の佐々木敦氏にも感謝を述べたい。筆者は、二〇一六年秋頃から植物生理学・音響学が専門の櫻井直樹先生（広島大学）、東京在住の作曲家で白拍子のパフォーマーである桜井真樹子先生、物理学者の秋元秀美先生（広島大学）と共同研究を行なっている。円盤の振動モードなど音響学的、物理学的見地からゴングを分析し、また音階や旋法などの音楽学的な分析を行うことで、ゴング音楽の新たな側面を明らかにすることができたのもすべて先生方のご協力、ご指導の賜物である。特に第7章、第8章の元となった論文は、現地での共同調査、そして、東京、広島、京都で何度も顔を合わせて議論を重ねた成果の一つであり、書籍化するにあたって必要な改稿でもたいへんお世話になった。心より感謝申し上げたい。

そして、この出版不況のさなか、志をもって出版社を立ち上げた灯光舎の面髙悠氏に敬意を表するとともに、原稿がたびたび遅れるなかでも辛抱強く待っていただいたこと、筆者の要望にできるかぎり応じていただいたことに感謝申し上げたい。最後に、筆者の研究を遠くから見守ってくれた東京の家族と、本書の原稿を最初に読んで的確なコメントをくれた妻の瞳に感謝するとともに、生まれたばかりの娘（和香《わこ》）にこの本を捧げる。

二〇一九年晩夏　　柳沢英輔

事項索引

な行

は行

ま行

や・ら・わ行

人名索引

柳沢 英輔（やなぎさわ　えいすけ）

1981年、東京都生まれ。

専門は映像人類学、民族音楽学。

京都大学大学院アジア・アフリカ地域研究研究科博士課程修了。

博士（地域研究）。現在、同志社大学文化情報学部助教。

主なフィールド録音作品に『Ultrasonic Scapes』(Gruenrekorder 2011)、『Music of the Bahnar People from the Central Highlands of Vietnam』（Sublime Frequencies 2016)、『Path of the Wind』(Gruenrekorder 2018)。映像作品に『ベトナム中部高原のゴング文化』、『Pơ thi（ジャライ族の墓放棄祭）』などがある。

www.eisukeyanagisawa.com

ベトナムの大地にゴングが響く

二〇一九年一一月一日初版第一刷発行

著者　柳沢英輔
発行者　面髙　悠
発行所　株式会社　灯光舎
〒六〇三-八二三三　京都市北区紫野西野町二五-八
電話　〇七五-三六六-三八七二
ファクシミリ　〇七五-三六六-三八七三
https://tokosha-publishing.com
印刷　創栄図書印刷株式会社
装丁　野田和浩

ISBN978-4-909992-00-0　C3039